# A MATRIZ DA MENTE

**Blucher**                    KARNAC

# A MATRIZ DA MENTE

Relações objetais e o diálogo psicanalítico

Thomas H. Ogden

Tradução
Giovanna Del Grande da Silva

Revisão técnica da tradução
Vasco Moscovici da Cruz

*Authorised translation from the English language edition published by Karnac Books Ltd.*
Título original: *The Matrix of the Mind: Object Relations and the Psychoanalytic Dialogue*
© 1986, 1990 Thomas H. Ogden
© 2017 Editora Edgard Blücher Ltda.
1ª reimpressão – 2018

Alguns capítulos deste volume são baseados em publicações prévias do autor, que seguem: Capítulo 2: "Instinct, phantasy and psychological deep structure: a reinterpretation of aspects of the work of Melanie Klein", *Contemporary Psychoanalysis* 20: 500-525, 1984; Capítulo 6: "The concept of internal object relations", *International Journal of Psycho-Analysis* 64: 181-198, 1983; Capítulo 7: "The mother, the infant, and the matrix: interpretations of aspects of the work of Donald Winnicott", *Contemporary Psychoanalysis* 21: 346-371, 1985; Capítulo 8: "On potential space", *International Journal of Psycho-Analysis* 66: 129-141, 1985.

**Equipe Karnac Books**
*Editor-assistente para o Brasil* Paulo Cesar Sandler
*Coordenador de traduções* Vasco Moscovici da Cruz
*Revisão gramatical* Beatriz Aratangy Berger
*Conselho consultivo* Nilde Parada Franch, Maria Cristina Gil Auge, Rogério N. Coelho de Souza, Eduardo Boralli Rocha

## Blucher

Rua Pedroso Alvarenga, 1245, 4º andar
04531-934 – São Paulo – SP – Brasil
Tel.: 55 11 3078-5366
contato@blucher.com.br
www.blucher.com.br

Segundo o Novo Acordo Ortográfico, conforme 5. ed. do *Vocabulário Ortográfico da Língua Portuguesa*, Academia Brasileira de Letras, março de 2009.

É proibida a reprodução total ou parcial por quaisquer meios sem autorização escrita da editora.

Todos os direitos reservados pela Editora Edgard Blücher Ltda.

Dados Internacionais de Catalogação na Publicação (CIP)
Angélica Ilacqua CRB-8/7057

Ogden, Thomas H.
 A matriz da mente : relações objetais e o diálogo psicanalítico / Thomas H. Ogden ; tradução de Giovanna Del Grande da Silva ; revisão da tradução: Vasco Moscovici da Cruz. – São Paulo : Blucher, 2017.
 278 p.

 ISBN 978-85-212-1108-2
 Título original : *The Matrix of the Mind : Object Relations and the Psychoanalytic Dialogue*

 1. Psicanálise I. Título II. Silva, Giovanna Del Grande da III. Cruz, Vasco Moscovici da

16-1054                                    CDD 150.195

Índice para catálogo sistemático:
1. Psicanálise

# Conteúdo

Prefácio — 7
Agradecimentos — 9
1. O diálogo psicanalítico — 11
2. Instinto, fantasia e estrutura psicológica profunda no trabalho de Melanie Klein — 19
3. A posição esquizoparanoide: o *self* como objeto — 51
4. A posição depressiva e o nascimento do sujeito histórico — 77
5. Entre a posição esquizoparanoide e a posição depressiva — 109
6. Relações objetais internas — 139
7. A mãe, o bebê e a matriz no trabalho de Donald Winnicott — 173
8. O espaço potencial — 207
9. O espaço onírico e o espaço analítico — 237
Referências — 251
Índice remissivo — 269

# Prefácio

Se fosse possível, este volume teria sido escrito de forma a apresentar os vários temas simultaneamente, com uma tensão dinâmica entre si. Apesar da linearidade inevitável do livro, eu espero ter conseguido capturar a natureza da coexistência dos aspectos primitivos e maduros da experiência – por exemplo, o relacionamento dialético entre os estados esquizoparanoide e depressivo e a simultaneidade da experiência infantil de unidade e separação da mãe. Eu gostaria de sugerir que, a cada vez que o texto apresentar uma concepção linear do relacionamento entre essas ideias, o leitor tente organizá-las na sua mente de uma forma que preserve o sentido de simultaneidade entre as diversas dimensões da experiência. Dessa forma, não existe uma relação de causa ou sucessão entre os elementos, mas sim uma coexistência de elementos que diferem sem possibilidade de resolução em um relacionamento mútuo de desenvolvimento e enriquecedoras negações entre eles.

T. H. O.

São Francisco, Califórnia
10 de setembro de 1989

# Agradecimentos

Eu gostaria de expressar minha gratidão à minha esposa, Sandra, cujas considerações sobre as ideias que tenho desenvolvido foram indispensáveis para a composição deste livro.

As discussões clínicas e teóricas com o Dr. James Grotstein construíram um importante embasamento para muitos dos conceitos aqui apresentados. Tenho uma grande dívida com ele pelo carinho e generosidade, demonstrados como amigo e professor.

Sou grato ao Dr. Bryce Boyer, por tudo que me ensinou sobre a arte, a disciplina e a coragem envolvidas no tratamento de pacientes com transtornos graves. Os seminários que lecionamos juntos foram muito prazerosos.

Como ficará claro neste livro, eu acredito que as ideais são formuladas e desenvolvidas de forma dialética. Agradeço aos supervisionandos com os quais trabalhei e aos membros dos vários seminários que ministrei sobre a teoria das relações objetais, pelo auxílio na criação de uma série de diálogos geradores que moldaram as ideias discutidas neste volume.

# 1. O diálogo psicanalítico

*Morremos com os que morrem:*
*Vê, eles partem e nós vamos com eles.*
*Nascemos com os mortos:*
*Vê: eles regressam e trazem-nos com eles.*

—T. S. Eliot, *Four Quartets*

Este livro é apresentado como um ato de interpretação. Perspectivas psicanalíticas diferentes são como línguas diferentes. Apesar da extensiva sobreposição do conteúdo semântico de textos em idiomas diferentes, cada língua cria um significado que não pode ser gerado pelos outros idiomas hoje falados ou preservados na forma escrita. O sujeito interpretador não é um mero carregador passivo de informação de uma pessoa para outra; ele é um preservador ativo e criador de significado, bem como restaurador dos que se encontram alienados. Dessa forma, o sujeito interpretador salvaguarda a completude do discurso humano.

A psicanálise como processo terapêutico e enquanto um conjunto de ideias desenvolve-se na forma de um discurso entre sujeitos, onde cada um interpreta suas próprias produções e as produções do outro. Abordando, por ora, a psicanálise enquanto teoria (ou mais precisamente um conjunto de teorias), cada contribuição significativa traz uma certa resolução de problemas clínicos ou teóricos e, ao fazê-lo, cria um novo dilema epistemológico. Uma contribuição subsequente não se refere mais ao mesmo assunto abordado por uma contribuição anterior, visto que o problema não mais existe; ele foi alterado para sempre. Quanto mais significativa for a contribuição, mais radicalmente (e de forma mais interessante) o problema epistemológico é transformado.

A teoria britânica de relações objetais representa um conjunto de diversas contribuições para o discurso psicanalítico, que alterou a natureza dos problemas epistemológicos atualmente acessíveis a considerações psicanalíticas. Neste volume, várias ideias fundamentais emergentes da escola britânica serão discutidas, principalmente os conceitos introduzidos por Melanie Klein e Donald Winnicott e, de forma mais limitada, os de Ronald Fairbairn e Wilfred Bion. Eu não pretendo avaliar ou sintetizar as contribuições desses analistas; pelo contrário, meu objetivo é esclarecer, criticar e interpretar para, neste processo, gerar novas compreensões analíticas. Apesar de discutir conceitos individuais e grupos de conceitos proporcionados pela escola britânica, eu espero demonstrar o movimento do pensar subjacente ao discurso altamente produtivo no qual essas ideias foram desenvolvidas. As contribuições ao diálogo psicanalítico que pretendo abordar são originárias do período compreendido entre 1925 e o início dos anos 1970. Esse discurso acabou e eu não tentarei reconstruí-lo historicamente. Minha representação de Klein, Winnicott, Fairbairn, Bion e outros não é uma tentativa de replicar o pensamento desses analistas, visto que o momento do diálogo no qual suas contribuições foram feitas já passou. O que pode permanecer vivo no presente é nossa capacidade de interpretação e é para esse fim que irei direcionar meus esforços.

Tanto no diálogo analítico (entre analista e analisando) como no discurso psicanalítico (entre os pensadores analíticos), cada ato de interpretação preserva a experiência ou ideia original, ao mesmo tempo que simultaneamente gera novos significados e compreensões acerca de si e dos outros. Se o original não for preservado através da linguagem e da memória consciente e inconsciente, nós ficaremos presos em um presente sem fim, sobre o qual não poderemos refletir e sobre o qual não poderemos aprender. O isolamento de qualquer porção do diálogo analítico entre analista e analisando, ou do discurso entre pensadores analíticos resulta em alienação individual ou cultural. Não é como se uma parte do passado desaparecesse; isto não pode acontecer porque o passado é imutável. Porém, nós podemos isolar a nós mesmos da nossa história. História difere de passado pelo fato de que o último é simplesmente uma coleção de eventos, enquanto história é uma criação que reflete nossa memória consciente e inconsciente das nossas representações individuais e coletivas, distorções e interpretações sobre o passado. Ao nos isolarmos da história dialógica que nos precedeu e, de certa forma, criou o nosso presente, passamos a ter mais dificuldade para reconhecer e compreender nós mesmos totalmente através de símbolos, significados, ideias, sentimentos, arte e do trabalho que criamos. Conforme nos isolamos de uma porção do discurso, nós morremos, porque, proporcionalmente a esse isolamento não existimos para nós mesmos (por exemplo, em termos de autorreflexão). Uma das metas principais da psicanálise clínica é a de recuperar a experiência pessoal alienada, isolada do discurso intra e interpessoal, um processo que permite ao analisando reconhecer mais profundamente quem ele é e quem está se tornando. Nessa recuperação, o analisando torna-se mais vivo enquanto ser humano subjetivo e histórico. Ele aumenta a sua capacidade de participar de um diálogo intra- e interpessoal mais completo (e menos alienado de si mesmo). Ele torna-se menos amedrontado com relação àquilo que isolou de si mesmo e, consequentemente, torna-se mais livre.

Meu objetivo no presente volume é contribuir para a recuperação do conteúdo alienado através de minhas próprias interpretações das ideias introduzidas por Klein, Winnicott, Fairbairn e Bion. A amplitude das contribuições desses analistas foi isolada do diálogo psicanalítico mundial, levando a uma forma extenuada de alienação do pensamento psicanalítico (ver Jacoby [1983] para uma discussão do caráter não histórico da psicanálise americana nos últimos quarenta anos).

A primeira parte desse volume reinterpreta aspectos do trabalho de Melanie Klein. No capítulo inicial sobre Klein (Capítulo 2), é utilizado um estudo da concepção kleiniana de fantasia, como um veículo para explorar a teoria psicanalítica do instinto como uma teoria do significado. Irei propor que o conceito de Chomsky de estrutura linguística profunda seja uma analogia útil no entendimento da concepção kleiniana de "herança filogenética de ideias". A teoria do instinto não é vista como uma teoria do que é herdado ou de ideias pré-formadas, mas sim como uma teoria de códigos organizadores inatos (associados com os instintos de vida e de morte), pelos quais a percepção é organizada e os significados são atrelados à experiência de um modo altamente determinado.

A reinterpretação da teoria kleiniana de instinto proporciona uma nova compreensão do significado monumental que tem a teoria de instinto de Freud. A contribuição de Freud não é um texto estático, mas sim um conjunto de ideias em constante evolução e transformação no contexto do diálogo subsequente. Tomamos como fato indiscutível a impossibilidade de entender Klein, sem compreender Freud; também é verdade que não se pode compreender amplamente Freud sem entender Klein. Freud sabia que sua escrita continha mais significado do que ele próprio percebera. Por essa razão, ele raramente revisava seus trabalhos anteriores; ao invés disso, ele mantinha a forma original do texto e acrescentava as ideias desenvolvidas posteriormente como notas de rodapé. Dessa forma, ele evitava ofuscar inadvertidamente a verdade expressa na versão anterior, verdade essa que se preocupava em não perder a medida que seu pensamento "progredia".

A teoria kleiniana está fortemente centrada na natureza primitiva dos conteúdos, porém esse aspecto mais explícito do pensamento de Klein deixa de levar em consideração a teoria implícita da teoria biológica como continente organizador dos conteúdos cognitivos e afetivos da mente. Nos Capítulos 3, 4 e 5, as concepções kleinianas de posição esquizoparanoide e posição depressiva são interpretadas como concepções de estados do ser. Entrar nessas posições representa a transição da experiência puramente biológica para uma psicológica (posição esquizoparanoide) e da experiência psicológica impessoal para uma subjetiva (posição depressiva). Os estados distintos do ser associados a cada uma dessas posições (em um interjogo dialético similar ao da mente consciente-inconsciente, porém sem divisões ao longo de linhas de consciência) constituem componentes duradouros fundamentais para todos os estados psicológicos subsequentes.

Uma série de vinhetas clínicas é apresentada no Capítulo 5, com foco em pacientes envolvidos na transição que parte de um modo predominantemente esquizoparanoide para um modo depressivo de organização das experiências. É fundamental que o terapeuta consiga reconhecer e compreender a natureza dessa transição, visto que a forma como ele vê essa mudança no paciente influencia fortemente no modo como o terapeuta ouve e intervém com o paciente, além de como ele compreende as respostas do paciente às suas intervenções.

No Capítulo 6, traça-se o desenvolvimento do conceito de relações objetais internas a partir dos trabalhos de Freud, Abraham, Klein, Fairbairn, Winnicott e Bion. A revisão de Fairbairn sobre Freud e Klein constitui um avanço crítico no desenvolvimento da teoria das relações objetais. Eu proponho, nesse capítulo, que as relações objetais internas sejam pensadas como aspectos pareados, divididos, ou reprimidos do ego. Esses aspectos pareados do *self* (o relacionamento objetal interno) não são vistos apenas como representações de *self* e objeto, mas como suborganizações pareadas de personalidade, capazes de gerar experiência de forma semiautônoma.

Essa discussão sobre o conceito de relações objetais internas representa uma exploração de um dos lados – o lado do objeto ou conteúdo – de um relacionamento dialético entre o continente e o que é contido, um relacionamento entre o espaço psicológico interpessoal e seus conteúdos mentais. Assim, esse capítulo prepara o campo para o estudo do trabalho de Donald Winnicott, que se dedicou ao estudo do outro lado – o do continente – desse par dialético.

Nos três capítulos finais, procuro esclarecer, interpretar e ampliar aspectos do trabalho de Donald Winnicott, incluindo suas concepções acerca do desenvolvimento mãe-criança. Tanto o trabalho de Freud como o de Klein enfocaram a natureza dos conteúdos, funções e estruturas psicológicas e suas manifestações intrapsíquicas e interpessoais (por exemplo, transferenciais). Winnicott expandiu seu campo de exploração psicanalítica com o estudo acerca do desenvolvimento do espaço no qual os conteúdos mentais, as funções, estruturas e as relações interpessoais existem.

Nos Capítulos 8 e 9, o conceito de espaço potencial de Winnicott é discutido em termos de uma série de relacionamentos dialéticos entre realidade e fantasia, eu e não eu, símbolo e simbolizado etc., sendo que cada polo cria, preserva e nega o seu oposto. Esse conceito talvez seja a contribuição mais importante de Winnicott à psicanálise e, ao mesmo tempo, sua ideia mais inatingível. O espaço potencial não inicialmente intrapsíquico, pois nos estágios iniciais da infância ainda não há uma psique individual, mas sim um espaço interpessoal criado primeiramente em conjunto, pela mãe e pela criança. É nesse espaço que o indivíduo criança "começa a ser" (Winnicott, 1967a) e posteriormente aprende a jogar, sonhar, trabalhar e a criar e interpretar símbolos. Uma falha no processo de criação ou manutenção desse processo dialético leva a psicopatologias que incluem pensamentos, sentimentos e percepções vistos como "coisas em si mesmas"; o fim da imaginação; o uso fetichista do objeto; e uma falha na assunção de significado à experiência.

Contribuições importantes para a conceituação dos conteúdos mentais psicanalíticos emergem do diálogo que constitui a teoria das relações objetais (por exemplo, o conceito de preconcepção de objetos [estrutura psicológica profunda], o conceito de relações objetais internas, a noção de descobrimento quanto ao caráter externo dos objetos). Porém, além desses pontos, há o entendimento desenvolvido nessa porção do diálogo psicanalítico de que conteúdos mentais existem em um espaço psicológico que é, primeiramente, quase que completamente interpessoal, para evoluir mais tarde em um ambiente pessoal interno. É esse interjogo dialético entre os nossos conteúdos mentais, e o espaço psicológico pessoal e interpessoal onde são vividos que constituem a matriz da mente.

# 2. Instinto, fantasia e estrutura psicológica profunda no trabalho de Melanie Klein

> *Se você está aplicando o tratamento psicanalítico em crianças, deveria conhecer Melanie Klein... Ela está falando algumas coisas que podem ou não ser verdade e você deve descobrir por si mesmo, pois não irá aprender o que Melanie Klein ensina na minha análise com você.*
>
> —Comunicação de James Strachey ao seu analisando, Donald Winnicott

Apesar de grande parte dos analistas ao redor do mundo seguir a linha kleiniana, muito do trabalho de Melanie Klein não fez parte do diálogo que constitui o pensamento psicanalítico americano. Com muita frequência, a teoria de Klein é estudada e examinada a fundo apenas o suficiente para ser dispensada com alegações de "insustentabilidade" de um ou mais de seus conceitos, como por exemplo, o de instinto de morte, seu esquema de etapasdo desenvolvimento, ou sua teoria da técnica.

Embora eu não seja kleiniano e tenha profundos desacordos com muitos aspectos de seu trabalho, meu objetivo é apresentar o pensamento de Klein de forma a fazer jus à importante influência de suas ideias sobre o desenvolvimento do pensamento psicanalítico fora dos Estados Unidos. Especificamente, Klein exerceu poderosa influência sobre o desenvolvimento da teoria britânica das relações objetais, tanto pela aceitação quanto pela rejeição de suas considerações. Os trabalhos de Winnicott, Fairbairn, Guntrip e Balint podem ser compreendidos em grande parte como reações à teoria kleiniana. As ideias de Klein e as reações contrárias à essas constituem boa parte do diálogo subjacente ao desenvolvimento da teoria de relações objetais. As dinâmicas desse diálogo são incompreensíveis até que se aceite as ideias de Klein, mesmo que por um momento. É preciso entender a teoria de Klein para transcendê-la.

## O conceito de fantasia

Para discutir Klein, é necessário começar pelo conceito de fantasia, pois este é o aspecto central do sistema corpo-mente segundo a visão da autora. Para Klein, fantasia[1] (1952a) é a representação psíquica do instinto. O instinto em si é uma entidade biológica e, portanto, fantasia é a representação psíquica da biologia do indivíduo. O instinto deve ser submetido a alguma forma de transformação para gerar "corolários mentais" (Isaacs, 1952) – isto é, fantasias. A unidade funcional da mente que é responsável por essa transformação é o Id. Os instintos, como componentes biológicos, estão presentes desde o nascimento, sendo que desde o início o Id executa sua função de transformação. O mundo do recém-nascido é originariamente um mundo corporal, onde a fantasia representa uma tentativa de transformar eventos somáticos em psíquicos. Até mesmo na idade adulta, a fantasia nunca perde sua conexão com o corpo. O conteúdo fantasioso é sempre rastreável aos pensamentos e sentimentos acerca do funcionamento e dos conteúdos corporais de um indivíduo em relação ao funcionamento e aos conteúdos corporais de outro.

O conceito de instinto de Klein deriva da definição de Freud (1905), de "demanda exercida [pelo corpo] sobre a mente por atividade" (p. 168). Para Klein, a demanda corporal possui informações codificadas que a mente (especificamente, o Id) recebe e transforma em fenômenos psíquicos com conteúdos específicos.

Grande parte da constituição herdada de um indivíduo é operacionalizada no plano psicológico pelos instintos. Isso significa que o bebê herda pensamentos e pensa sobre eles desde o início? Com certeza, essa seria uma teoria insustentável. Infelizmente, é muito comum que a teoria kleiniana seja descartada como absurda nessa conjuntura. Muitos analistas não percebem utilidade em seguir uma teoria que evolui a partir da concepção de que o bebê nasce com ideias que não derivam da experiência e que, esse mesmo bebê pode pensar, já ao seu nascimento, de formas que Piaget demonstrou só serem possíveis em estágios muito mais avançados do seu desenvolvimento. Entretanto, antes de descartar todo o sistema kleiniano a partir dessas considerações, é importante ouvir claramente a linguagem dos que seguem essa linha, para ver se tais teorias, aparentemente absurdas, fazem sentido sob alguma perspectiva.

Em seu clássico trabalho sobre fantasia, Isaacs (1952) diz que,

> *Tem-se sugerido que fantasias inconscientes, como a de "dilacerar o seio" não surgem na mente do bebê até que*

> *ele tenha adquirido o conhecimento de que dilacerar uma pessoa significa efetivamente matá-la. Neste caso, tal visão não considera o fato de que esse conhecimento é inerente aos impulsos corporais como veículos dos instintos, como uma finalidade específica que é a excitação do órgão – nesse caso, a boca.*
>
> *A fantasia de que seus impulsos arrebatadores irão destruir o seio não exigem que o bebê tenha visto objetos sendo comidos e destruídos de fato para, então, concluir que ele poderia fazê-lo também. Essa finalidade, essa relação com o objeto, é inerente ao caráter e direção do impulso e os afetos relacionados a ele (pp. 93-94).*

A postulação de Isaacs é de que a ideia de dilacerar um objeto não é aprendida, mas sim intrínseca à finalidade do instinto. Klein refere-se a esse mesmo conceito quando atribui ao bebê o conhecimento do seio antes mesmo dele ser encontrado por "herança filogenética" (1952a, p. 117, nota de rodapé). Nessa concepção de instinto, os kleinianos expandiram o conceito original de Freud (1905, 1915a) segundo o qual a finalidade do instinto era a de descarga da tensão. Apesar de não ser incompatível com o conceito de Freud, o uso dado por Isaacs vai além dele ao propor que o objetivo do instinto em qualquer instância é caracterizado por um tipo específico de relação com um objeto, que inclui qualidades cognitivas e afetivas independentes de experiências reais com objetos.

## Estrutura psicológica profunda

Se o bebê não nasce com pensamentos, como ele toma "conhecimento" dos objetos se não pela experiência? A resposta oferecida pelos kleinianos não vai além do conceito de "herança filogenética"

(Klein, 1952c), mas acredito que a resposta possa ser obtida a partir de uma analogia com o conceito de Chomsky (1957, 1968) de estrutura linguística profunda. As crianças não nascem sabendo falar francês, inglês, russo, ou qualquer outro idioma. Porém, devido a um ambiente e características constitutivas usuais, cada criança aprende pelo menos um dos idiomas falados nesse planeta. De acordo com Chomsky, é impossível ao ser humano deduzir e operacionalizar estruturas gramaticais da linguagem sem um sistema preexistente a partir do qual possa selecionar e organizar a enormidade de sons ao qual é exposto. Chomsky refere-se a esse sistema, esse código, como "estrutura profunda" da linguagem. O indivíduo não tem por obrigação criar a gramática e, nem poderia. O bebê nasce com um código que sustenta seus aparatos perceptivos, cognitivos e motores, que irão determinar uma organização dos dados sensoriais e torná-los linguisticamente significativos de forma altamente específica. Em outras palavras, a criança irá organizar os estímulos auditivos de forma determinada pelo código inato.

A concepção subjacente ao conceito de estrutura profunda de Chomsky é a de que os seres humanos não organizam experiências aleatoriamente. Nada é percebido de forma absolutamente pura, isto é, livre de preconcepções, sistemas e esquemas preexistentes para organizar aquilo que é percebido. Os significados não podem de forma alguma ser gerados de novo. Compreensões muito semelhantes acerca do processamento da experiência em termos de estruturas inerentes foram desenvolvidas por Jakobson e de Saussure no campo da linguística, Levi-Strauss no campo da antropologia e Piaget, no campo da psicologia do desenvolvimento.

Para começar com um exemplo clássico de sistemas inerentes de organização das percepções, a percepção humana das cores não é simplesmente uma questão de dados sensoriais passivamente recebidos e convertidos em experiência visual. As cores primárias, percebidas como agrupamentos discretamente diferenciados, são produto de um esquema preexistente pelo qual organizamos certas porções em grupos de extensão contínua de ondas de cor (Borstein, 1975). Os agrupamentos de ondas, a que chamamos de cores, são universais e arbitrários entre os humanos e são produto da forma como organizamos o espectro contínuo de ondas, onde cada onda difere da próxima por uma quantidade fixa de energia. Todos nós dividimos o espectro de forma exatamente igual (na ausência de daltonismo), devido a um esquema biológico preexistente que utilizamos para organizar nossas percepções.

De forma similar, nossa organização de sons em fonemas (as unidades básicas de som a partir das quais as palavras são construídas) não é uma questão de recepção passiva de ordem externa. A distinção entre os fonemas "ba" e "pa", por exemplo, não é uma qualidade dos estímulos propriamente; pelo contrário, é construída no nosso sistema de organização de estímulos. O ser humano é incapaz de perceber qualquer som como existente entre esses dois fonemas (Eimas, 1975).

As formas e nuances que compõem o rosto humano são discerníveis pelo bebê com base preferencialmente em modos de organizar as percepções que são determinados pela sua constituição (Stern, 1983). Mais uma vez, nós organizamos dados visuais em agrupamentos (nesse caso de formas de características) que não são nossas criações individuais, mas sim produto de um sistema de organização da experiência que é compartilhado por todos os seres humanos.

Modos inatos de organização de experiências podem ser vistos como contraponto aos instintos animais. O pintinho tem um código inato através do qual organiza e responde a estímulos, um código que precede qualquer experiência real. Mesmo sem experiência prévia com predadores, o pintinho irá procurar abrigo e defesa ao visualizar o padrão das asas de um predador (Lorenz, 1937; Tinbergen, 1957).

A partir da perspectiva dos códigos ou modelos inatos pelos quais a experiência é organizada, o conceito kleiniano de "conhecimento [inato] [...] inerente aos impulsos corporais" (Isaacs, 1952, p. 94) pode ser entendido não como pensamentos herdados, mas como um código biológico que é parte integrante do instinto. O bebê não nasce com o conhecimento ou fantasia acerca de dilacerar o seio, mas tem uma poderosa predisposição em organizar e dar sentido à experiência em linhas contínuas específicas. Se essas linhas predeterminadas são as propostas por Klein, é uma questão ainda sem resposta. A conceituação de instintos como estrutura psicológica profunda, entretanto, parece ser uma adição necessária à teoria psicanalítica de instintos (Grotstein, 1985; Ogden, 1985). (Ver Samuels, 1983, para uma aplicação de um conceito similar de "herança de conhecimento" à compreensão dos conceitos de arquétipos de Jung.)

## A preconcepção e a realização

No princípio, fantasia é a interpretação que o bebê tem da experiência. (Irei postergar a discussão sobre a forma de simbolização e o grau de subjetividade que Klein atribui à experiência infantil no início do desenvolvimento). O interjogo entre a constituição do bebê e a experiência real determina quais fantasias serão mais atraentes para ele em determinados momentos. Para Klein, a ênfase é claramente na constituição: "A força do ego – refletindo o estado de fusão entre os dois instintos – é, acredito, determinado pela constituição" (Klein, 1958, pp. 238-239).

Utilizando o paradigma de códigos análogo à estrutura profunda de linguagem, irei reformular as ideias de Klein da seguinte forma: A relativa capacidade constitucional dos instintos de vida e de morte[2] é o maior determinante de qual código do bebê irá ser utilizado para interpretar a experiência. Experiências interpretadas de acordo com o instinto de morte terão significados agressivos e perigosos,[3] enquanto que a experiência organizada em termos de instinto de vida será compreendida em termos de amor e acolhimento.

O papel da experiência real com a mãe é importante, porém secundário:

> *O ponto até o qual a força egoica pode ser mantida e fortalecida é parcialmente afetado por fatores externos, em especial, pela atitude materna com relação ao bebê. Entretanto, mesmo quando o instinto de vida e a capacidade de amar predominam, impulsos destrutivos ainda são projetados e contribuem para a criação de objetos persecutórios e perigosos, que são reintrojetados (Klein, 1958, p. 239).*

A experiência real pode auxiliar no modo instintivo de organizar experiências, porém não cria o modo pelo qual a experiência é interpretada. Por exemplo, circunstâncias de privação persistentes irão intensificar emocionalmente interpretações feitas de acordo com o instinto de morte. Uma real privação irá confirmar a expectativa do bebê de vivenciar o objeto como perigoso. O sentido de perigo não é criado pela privação; o perigo real simplesmente confirma a expectativa do bebê de que tal perigo existe. Além disso, essa antecipação do perigo não será completamente refutada pela ausência de um perigo real. A interpretação da experiência conforme as linhas de significado que seguem um código baseado no instinto de morte persiste apesar da ocorrência de uma experiência boa: "Mesmo o bebê que tem uma relação amorosa com sua mãe tem um terror inconsciente de ser devorado, despedaçado e destruído por ela" (Klein, 1963b, p. 277).

Na teoria kleiniana, os instintos são concebidos como organizações biologicamente determinadas que utilizam experiências reais para ligar uma preconcepção" com sua "realização" (Bion, 1962b). Por exemplo, a preconcepção de perigo está ligada com uma faceta da realidade que pode ser vivenciada como perigosa. A preconcepção não é uma ideia, mas sim o potencial para uma. É somente na ligação entre a preconcepção e o real que um conceito (um pensamento) é gerado.

## O conceito de Freud de "conhecimento herdado"

Eu considero esse entendimento do conceito kleiniano de "conhecimento" filogeneticamente herdado (o que Bion [1962a] chama de preconcepção) como produto da segunda (cronologicamente) das duas contribuições mais fundamentais de Freud para a psicologia. A primeira dessas contribuições é o seu conceito de mente inconsciente, segundo a qual o sujeito tem pensamentos, sentimentos, motivações etc., dos quais não está ciente, mas que, entretanto, exercem um papel poderoso na determinação da natureza dos seus pensamentos, sentimentos e comportamentos observáveis. A segunda fundamental contribuição de Freud foi a sua teoria da sexualidade. Eu acredito que o significado dessa segunda pedra angular da teoria psicanalítica foi consideravelmente esquecido nos últimos anos. Freud postulou que o desejo sexual não somente é uma motivação humana extremamente poderosa, como também está presente desde o nascimento. (Esse aspecto da teoria da sexualidade de Freud é em geral compreendido e apreciado, porém não acredito que esse seja o aspecto de maior relevância dessa sua teoria.) Uma proposta mais extrema foi o conceito freudiano de que todas as motivações, psicopatologias, realizações culturais e comportamentos humanos, podem ser compreendidos em termos de significados sexuais.[4] A partir dessa perspectiva, o instinto sexual não é simplesmente um esforço, um impulso, um desejo, mas o veículo pelo qual os seres humanos criam significado. Freud não propôs que o instinto sexual fosse pensado simplesmente como gerador de desejos sexuais e impulsos. Com significado muito mais amplo, está a implicação de que os seres humanos interpretam todas as suas percepções em termos sexuais, criando, portanto, experiências. O indivíduo dá sentido às suas percepções internas e externas através das lentes do sistema de significados sexuais. Outra metáfora pertinente é a de que o instinto sexual é a pedra de Rosetta que permite ao ser humano traduzir dados sensoriais brutos em experiências providas de significado (ver Greenberg e Mitchell, 1983, para uma discussão dessa ideia sob uma perspectiva diferente).

A teoria de Freud de desenvolvimento psicológico é construída acerca do conceito da expectativa inata de constelações particulares de significados (incluindo perigos específicos a cada fase do desenvolvimento), onde expectativa não depende da experiência real.[5] A universalidade da ansiedade de castração, por exemplo, não é um simples produto de fatores ambientais; pelo contrário, a experiência serve como gatilho para uma expectativa inata de uma forma específica de dano corporal. Mais além, o complexo de Édipo como um todo, é visto como uma maneira universal de organizar e responder às experiências, não somente como uma característica do ambiente familiar à qual a criança responde. Fica evidente, mais uma vez, a coragem de Freud: ele não somente sugeriu que toda experiência humana pode ser compreendida em termos de significados sexuais, como também propôs que o complexo de Édipo é um princípio fundamental pelo qual esses significados (de natureza sexual) são organizados. Pode-se imaginar a enormidade do desafio imposto por Freud a si mesmo ao tentar discernir um único sistema pelo qual o significado humano é criado, uma lente única através da qual todos os dados sensoriais brutos são filtrados, organizados e têm significados atribuídos. Esse é o enigma para o qual as teorias freudianas da sexualidade e do complexo de Édipo são as soluções propostas.

Para Freud, a herança filogenética é a base para a capacidade do instinto de fazer emergir constelações universais de significados sexuais:

> *De onde vem a necessidade dessas fantasias [sexuais universais] e seus materiais? Não há dúvida de que sua fonte são os instintos; mas ainda há que se explicar o motivo pelo qual as mesmas fantasias com os mesmos conteúdos são criadas em todas as ocasiões. Tenho uma resposta a essa questão que, com certeza, irá lhes parecer ousada. Eu acredito que essas fantasias primais, como gostaria de chamá-las, bem como, com toda certeza algumas outras, são constituições filogenéticas. Nelas, o indivíduo transcende sua própria experiência a uma experiência primitiva em pontos onde sua própria experiência tenha sido muito rudimentar. Parece-me possível que tudo que nos é dito em análise atualmente como fantasia – a sedução da criança, a excitação sexual ao observar a relação sexual dos pais, a ameaça de castração (ou a castração propriamente dita) – tenham sido ocorrências reais em tempos primi-*

*tivos da família humana, onde crianças em suas fantasias, estariam simplesmente preenchendo as lacunas de verdades individuais com verdades pré-históricas. Eu tenho sido levado a acreditar que a psicologia das neuroses acumulou mais antiguidades do desenvolvimento humano do que qualquer outra fonte (Freud, 1916-1917, pp. 370-371).*

Dessa perspectiva, Klein não introduziu uma mudança tão radical da concepção de Freud sobre uma "herança" do conhecimento; ela expandiu sua noção de prontidão inata para organizar experiências de formas específicas estendendo-a para a experiência pré-edípica. Particularmente, ela enfatizou as formas de preconcepção que caracterizam os níveis oral, anal e fálico inicial, de desenvolvimento. Quando Isaacs (1952) propôs que o conhecimento do bebê sobre o seio e seu desejo de dilacerá-lo fosse entendido como inerente aos instintos, ela estava elaborando e estendendo suas ideias a fases iniciais do desenvolvimento dos instintos, princípios que são o coração de uma das revolucionárias contribuições de Freud para a psicologia: o potencial do instinto para ser a pedra de Rosetta utilizada pelo homem para atribuir significado à experiência.

Para Klein, a experiência real, que varia consideravelmente em diferentes famílias, culturas e eras, tem o propósito de provir dados a serem organizados de forma altamente pré-determinada pelo código inerente aos instintos. Utilizando a analogia da estrutura profunda de linguagem, uma vasta gama de dados fonêmicos (o som da linguagem falada) irá fornecer estímulos suficientes para a criança perceber e organizar as unidades de som da linguagem em um sistema que constitui as estruturas semântica e sintática de um idioma específico. A interação com figuras parentais, incluindo a exposição à linguagem falada, é essencial, porém não como fonte de informações específicas sobre construção gramatical. Pelo contrário, a experiência real desencadeia uma sequência de funções inatas pelas quais os sons falados são percebidos e organizados.

Em termos da analogia etológica introduzida anteriormente, a mãe galinha não ensina aos seus pintinhos os detalhes dos movimentos das asas de predadores, nem os ensina pelo exemplo em lutas adaptativas e respostas de vôo ao reconhecer seu predador. Pelo contrário, as atividades da mãe salvaguardam os processos maturacionais biologicamente determinados do pintinho, que incluem padrões de resposta complexos e instintivamente muito diferentes, tais como a habilidade de diferenciar predadores de não predadores e de responder da maneira apropriada a ambos.

A compreensão de Bowlby (1969) de vínculo inato e padrões de comportamentos de separação está relacionada, apesar de não ser idêntica, ao conceito de estrutura psicológica profunda aqui destacado. O foco de Bowlby não é na organização psicológica de significados em linhas específicas, mas sim no interjogo entre o ambiente e os sistemas comportamentais inatos:

> *Comportamento vinculativo [...] tem uma função biológica específica [...] O comportamento vinculativo é visto como o que ocorre quando certos sistemas comportamentais são ativados. Acredita-se que esses sistemas comportamentais desenvolvem-se no bebê como resultado da sua interação com o ambiente de adaptação evolucionária e, especificamente, da sua interação com a principal figura no seu ambiente, sua mãe (pp. 179-180).*

A teoria de Bowlby é similar ao conceito de estrutura psicológica profunda no que enfoca os elementos não aprendidos, "supraindividuais" de comportamento de vínculo e separação. Entretanto, difere da concepção de estrutura psicanalítica profunda no que tange a padrões de comportamento, em vez de sistemas geradores e organizadores de significados.

## A forma simbólica de atividade primitiva de fantasiar

Até o momento, dois aspectos do desenvolvimento inicial da vida mental foram desconsiderados com o objetivo de enfatizar o processo pelo qual a "herança filogenética de conhecimento" pode ocorrer. A atenção agora será focada na forma como os conteúdos mentais precoces (fantasias primitivas) são vivenciadas pelo bebê. Perguntamos agora: de acordo com Klein, qual é a forma de simbolização utilizada pelo bebê (por exemplo, palavras, imagens visuais, sensações corporais), e qual grau de subjetividade ao que o bebê é capaz?

Irei referir-me primeiramente ao conceito kleiniano sobre a forma, não o modo, de simbolização envolvida nas atividades iniciais de fantasiar. (O modo de simbolização envolvido na posição esquizoparanoide, como a equação simbólica, será discutido posteriormente.) É impossível não ficar cético quanto à teoria de desenvolvimento primitivo de Klein, se a compreendermos como representando o bebê engajado em uma atividade mental simbólica comparável a fantasia do adulto, diferindo apenas no grau de primitividade dos conteúdos. O que frequentemente se escuta é que os kleinianos imaginam o bebê capaz de fantasiar bem antes que as suas capacidades simbólicas (particularmente verbais), tenham sido desenvolvidas ao ponto necessário para tal atividade. Tal crítica baseia-se em uma compreensão incompleta do conceito de Klein de fantasia. Os kleinianos não limitam esse conceito a fantasias na forma de símbolos visuais e verbais: "Primeiro, todo o peso do desejo e da fantasia recai sobre sensação e afeto" (Isaacs, 1952, p. 92).

Para compreendermos a teoria kleiniana sobre a atividade primitiva de fantasiar, é preciso manter em mente que as descrições escritas de Klein sobre fantasias iniciais são necessariamente em termos verbais e, portanto, são apenas indiretamente relacionadas a uma real atividade pré-verbal do bebê de fantasiar. O bebê não pensa em termos verbais:

> *A maneira adulta de referenciar o corpo e a mente como dois tipos distintos de experiência certamente não corresponde ao que acontece no mundo infantil. É mais fácil para os adultos observarem a atividade de sugar do que lembrar ou compreender essa experiência para o bebê, para quem não há dicotomia entre corpo e mente, mas uma experiência única e indiferenciada de sugar e fantasiar. Mesmo os aspectos da experiência psicológica que mais tarde distinguimos como "sensação", "sentimento" etc., não podem ser distinguidos e separados nos dias iniciais. As sensações e sentimentos como tal emergem a partir do desenvolvimento da experiência primária completa de sugar, tal como sugar – sensação – sentimento – fantasia. Essa experiência total torna-se gradualmente diferenciada em seus vários aspectos: movimentos corporais, sensações, imaginação, conhecimento, e assim por diante (W. C. M. Scott, 1943, em Isaacs, 1952, pp. 92-93, nota de rodapé).*

Para começar a entender a experiência do bebê ao fantasiar, deve-se tentar o impossível, tentar imaginar-se fora do sistema de símbolos verbais nos quais os adultos vivem e estão presos e, em vez disso, imaginar-se em um sistema de experiência não verbal, sensorial (incluindo experiências viscerais e cinestésicas). Esse ato de imaginação envolve, em parte, uma tentativa de pensar sem palavras. Apesar da extrema dificuldade que temos em nos imaginarmos no estado psicológico do bebê, não há nada de místico na ideia da fantasia infantil. A descontinuidade entre o estado adulto e o infantil pode ser em parte compreendida como resultado da diferença na forma e modo como a atividade simbólica é executada pelo bebê ou por crianças e adultos. O fato de que a fantasia infantil não é diretamente observável impõe um problema teórico não maior do que o da mente inconsciente, que é por definição não observável. Como no inconsciente, apenas os derivados da fantasia infantil são observáveis.

## O grau de subjetividade e o modo de simbolização na atividade primitiva da fantasia

Ao desenvolver um sentido da natureza do conceito kleiniano de atividade de fantasia primitiva, devemos questionar a maneira pela qual os kleinianos concebem o lugar do sujeito em relação aos signos e símbolos no processo de representação das experiências corporais na fantasia. Em outras palavras, deve-se tentar entender como Klein concebia a maneira pela qual o bebê vivencia a si mesmo em relação aos seus pensamentos e sensações.

Klein não é clara quanto à forma pela qual ela vê a experiência do bebê em suas relações primitivas com objetos parciais. A descrição a seguir é representativa das discussões de Klein acerca do sentimento do bebê em relação aos objetos internos idealizados e persecutórios:

> *É característico das emoções de bebês muito pequenos que sejam por natureza extremas e poderosas. O objeto frustrante (mau) é sentido como um perseguidor aterro-*

> *rizante, o seio bom tende a tornar-se o seio "ideal" que deve preencher o desejo ganancioso de gratificação ilimitada, imediata e eterna. Assim, emergem sentimentos sobre um seio perfeito e inexaurível, sempre disponível, sempre gratificante. Outro fator que contribui para a idealização do seio bom é o poder do medo persecutório do bebê, que cria a necessidade de ser protegido de todos os seus perseguidores e, portanto, aumenta o poder de um objeto "todo-gratificante". O seio idealizado forma o corolário do seio persecutório; e como a idealização é derivada da necessidade de proteção contra objetos persecutórios, ela é um método de defesa contra a ansiedade (1952c, p. 64).*

A partir desse relato e de muitos outros similares (ver, por exemplo, Klein, 1930), Klein deixa uma questão fundamental sem resposta: existe um *self* subjetivo que se sente amedrontado por maus objetos e protegido por objetos bons; ou essa questão é simplesmente um fato (vivenciado por ninguém em particular) de que existe um perigo imposto por objetos maus e uma necessidade correspondente de proteção pelos objetos bons? Na segunda opção (onde as coisas simplesmente acontecem), não há subjetividade envolvida; há simplesmente um registro de sensações em que um sentimento de "eu-dade" está ausente, uma ausência de um sentido do indivíduo como observador e criador dos próprios pensamentos, sentimentos e percepções. A linguagem utilizada aqui por Klein é característica da sua discussão sobre fantasia infantil na qual ela se vale fortemente da voz passiva para descrever a experiência do bebê: "o objeto mau é sentido como...," "o seio bom tende a tornar-se...," "sentimentos emergem...," medos "criam a necessidade" de proteção, o objeto idealizado "é derivado da necessidade de proteção". Apenas indiretamente através desse uso da linguagem é que há indícios de que Klein concebia a experiência infantil primitiva como não subjetiva (isto é, desprovida de um sentido de "eu-dade").

Os trabalhos kleinianos subsequentes (Bick [1968], Bion [1962a], Meltzer [1975]. Segal [1957], Tustin [1972], e outros) moveram-se fortemente em direção a um conceito das primeiras experiências infantis como desprovidas de subjetividade. Esses seguidores de Klein concebem os pensamentos, sentimentos e percepções do bebê como coisas-em-si, eventos que simplesmente ocorrem. O bebê não se vivencia como tendo um ponto de vista ou perspectiva. Não há bebê pensante ou intérprete da sua experiência. Do ponto de vista do espectador, o bebê interpreta percepções de forma paranoide ou amorosa, por exemplo. Entretanto, o bebê não tem consciência de si mesmo como intérprete da experiência em sua fase mais primitiva do desenvolvimento (a posição esquizoparanoide). O *self* que existe é um *self* objeto, não o *self* subjetivo (Esse estado de ser será discutido detalhadamente no Capítulo 3).

## As capacidades mentais do bebê

Nesse ponto, a questão que emerge novamente é se os kleinianos "realmente acreditam" na atividade mental tão complicada envolvida na fantasia de dilacerar o seio nas primeiras semanas e meses de vida.

Questões importantes persistem, mesmo que as fantasias infantis tal como concebidas por Klein não sejam simbolizadas verbalmente, não pressuponham o desenvolvimento da função simbólica além do estado da equação simbólica não verbal e, envolvam muito pouca, se alguma, subjetividade. Como os kleinianos presumem a presença de capacidades cognitivas tão avançadas nas primeiras semanas de vida? Como eles supõem que a capacidade de diferenciar interno e externo, de representar a mãe em sua ausência, a capacidade de diferenciar *self* de não *self*, de diferenciar a mãe das outras pessoas etc., que tudo isso exista nas primeiras semanas de vida, sendo que Piaget demonstrou que tais capacidades só são alcançadas muito mais tarde no desenvolvimento?

Eu acredito que Klein e seu círculo primário (incluindo Isaacs, Rivière, Heimann e Rosenfeld) não tinham dados disponíveis que respondessem à essas questões. Isaacs (1952) invocou o conceito de continuidade do desenvolvimento ao dizer que, assim como as crianças compreendem a linguagem antes de poderem falar, a atividade de fantasiar requer um desenvolvimento considerável antes que a evidência da fantasia seja observável em produções verbais e atividades de jogos.

Acredito que agora uma consideração mais profunda acerca do desenvolvimento das capacidades mentais subjacentes à fantasia pode ser feita com base nos princípios do desenvolvimento formulados a partir das pesquisas observacionais neonatais de Bower (1977), Brazelton (1981), Eimas (1975), Sander (1975), Stern (1977), Trevarthan (1979), e outros. Esses dados sugerem que as capacidades cognitivas não são desenvolvidas unicamente ao longo de uma sequência unitária cronológica de estruturas integrativas e discriminativas. Poucos questionariam a existência da sequência desenvolvimental tão elegantemente demonstrada por Piaget (1936). Somado à compreensão de Piaget de desenvolvimento cognitivo, entretanto, está o conceito de operação de capacidades muito antes do que se esperava, capacidades essas cuja operação é necessária para a participação do bebê em uma forma de relacionamento com a mãe, inicial e essencial à preservação da vida, isto é, o diálogo mãe-bebê dos primeiros dias e semanas de vida (ver Grotstein, 1983; Stern, 1983).

Stern (1977) descreve a "predileção inata" do bebê por configurações visuais específicas que compõem o rosto humano. A capacidade do bebê de discriminar formas e nuances o permite discernir e selecionar tais configurações "sem quaisquer experiências prévias específicas de aprendizagem" (Stern, 1977, p. 36).

> *O interesse [do bebê] especial [no rosto humano] tem base biológica em função do viés inato do bebê para certos tipos e quantidades de estímulos [...] os ângulos pontudos providos pelos cantos dos olhos, assim como o contraste claro-escuro da pupila e do branco do olho (esclera) e da sobrancelha e pele, são especialmente fascinantes para o bebê. Desde o início, então, o bebê é "formatado" a achar o rosto humano fascinante [...] (Stern, 1977, p. 37).*

Muito cedo, o bebê torna-se capaz de diferenciar o rosto da mãe de outros rostos (Brazelton, 1981). Entretanto, as discriminações de forma e nuances envolvidas nessa tarefa cognitiva não são estáveis ou generalizáveis, nem tornar-se-ão parte das capacidades cognitivas discriminativas, observáveis, demonstráveis nas situações de teste de Piaget em etapas mais tardias do desenvolvimento. (A etapa de permanência do objeto de Piaget [1954], na qual o bebê alcança a capacidade de manter uma representação mental de um objeto inanimado na sua ausência, não ocorre até o último trimestre do primeiro ano de vida.) Utilizando esse modelo de capacidades cognitivas desenvolvidas ao longo de mais de um cronograma e, fortemente dependentes do contexto emocional e interpessoal específicos, é possível ventilar a possibilidade de que a atividade mental envolvida na concepção kleiniana de fantasia infantil envolve as operações cognitivas mais instáveis e limitadas ao contexto, que não estão sincronizadas com o desenvolvimento de estruturas cognitivas estáveis como descritas por Piaget.

Uma segunda tendência relevante que surge das pesquisas neonatais observacionais das últimas três décadas é a ideia de que o bebê usa mais de uma forma de conhecimento dos objetos. Uma forma de conhecimento parece desenvolver-se em uma sequência de etapas (cada desenvolvimento cognitivo é construído com base nos anteriores, de uma maneira que permite operações mentais cada vez mais complexas); a outra parece ser mais intuitiva e não depende de uma série de avanços em etapas no funcionamento mental. Por exemplo, Bower (1971) demonstrou que nas primeiras semanas de vida, o bebê tem um sentido de continuidade da existência do objeto no tempo e no espaço. Em um conjunto de experimentos, bebês de 20 dias de idade mostraram-se surpresos quando um objeto não reaparecia após uma tela que ficava entre o bebê o objeto ser removida. Em outro conjunto de experimentos, quando bebês de 8 semanas de vida viam que uma parte do caminho de um objeto em movimento estava bloqueada por uma tela, os olhos e os movimentos da cabeça do bebê antecipavam o reaparecimento do objeto no outro lado da tela, antes que objeto ficasse de fato visível na sua nova localização.

*Parece que mesmo bebês muito jovens sabem que um objeto permanece lá mesmo depois de ter sido escondido [...]. A idade precoce do bebê e o caráter inovador da situação de teste torna improvável que tal resposta tenha sido aprendida (Bower, 1971, p. 35).*

Esse sentido primitivo de continuidade no tempo e espaço do bebê pode ser entendido como uma parte importante do sentido "intuitivo" acerca dos objetos desde o nascimento. As consolidações do sentido de permanência do objeto aos 8 a 10 meses e aos 18 a 22 meses refletem conquistas cognitivas muito mais complexas, altamente estruturadas e estáveis. Ainda assim, essa antecipação precoce do objeto ausente deve ser levada em consideração ao avaliar-se o conceito de Klein sobre a capacidade do bebê de lembrar-se da mãe na sua ausência, nas primeiras semanas de vida.

Essa intuição primitiva sobre a natureza dos objetos reflete a operação de estruturas psicológicas profundas, modos inatos de organizar as percepções. Reconhecer que existem modos inatos de organização de experiências não pressupõe dizer que o bebê é capaz de atividades mentais complexas ou que o conteúdo de tal atividade mental se enquadra no que foi descrito por Klein.

## O papel do ambiente

A partir desse entendimento dos conceitos de Klein sobre instinto, fantasia e preconcepção, podemos então considerar as suas ideias acerca do relacionamento do bebê com o ambiente. Para Klein (1952c, 1957, 1958), o bebê é inicialmente prisioneiro do seu próprio estado mental que, porém, não é vivenciado como um estado mental. No princípio, o bebê vê no mundo externo apenas o que ele espera ver com base em suas preconcepções (a organização da percepção formada com base nos modos herdados de organizar experiências). Essas expectativas são, em geral, de dois tipos, refletindo as estruturas profundas correspondentes aos instintos de vida e de morte. Para Klein, o instinto de morte gera mais ansiedade que o instinto de vida, além de exercer uma influência mais poderosa sobre a forma como o bebê organiza suas experiências. Klein (1952a) postula que o instinto de morte gera um sentido de perigo que recebe forma específica quando o bebê organiza suas percepções (tanto sensações corporais internas, como a percepção de objetos externos) de acordo com o modo de distribuição de significado inerente àquele instinto. Um segundo sistema de significação é gerado pela organização da percepção do bebê de acordo com o instinto de vida. O bebê, aprisionado em suas expectativas, é incapaz de aprender pela experiência, pois nossas experiências são interpretadas apenas em termos de tais expectativas. De forma análoga, um paciente adulto profundamente paranoide vivencia todos seus novos relacionamentos em termos de expectativas de perigo. Uma pessoa genuinamente gentil com esse paciente intensamente paranoide é vista como fraudulenta e manipuladora do paciente para uma posição de vulnerabilidade. Similarmente, pacientes hipocondríacos vivenciam todas as experiências corporais de acordo com seu estado delirante de perigo interno. Achados normais em exames físicos e laboratoriais não são minimamente confortadores, pois esses dados têm significados atribuídos e negados de acordo com um sistema paranoide autorrealizador.

Em resumo, para Klein, o bebê inicialmente cria sua realidade: "A realidade mais primitiva da criança é totalmente fantasiosa" (Klein, 1930, p. 238). Isso pode ser entendido, em parte, como projeção do mundo interno do bebê nos objetos externos (Grotstein, 1980a). De forma ainda mais básica, o bebê é incapaz de fazer qualquer coisa a não ser atribuir significado às experiências com base nos códigos inatos e nos instintos de vida e de morte.

A questão que então surge diz respeito a como o bebê eventualmente liberta-se do aprisionamento nas suas preconcepções. Como o bebê concebido por Klein se torna capaz de aprender com a experiência? Uma das possíveis respostas propostas pelos kleinianos é que, em combinação com a maturação biológica do bebê, uma boa experiência flexibiliza a convicção do bebê acerca dos perigos no mundo:

> *Quando as boas experiências predominam sobre as más, o ego adquire crença na predominância do objeto ideal sobre os persecutórios, do instinto de vida sobre o instinto de morte (Segal, 1964, p. 37).*

Porém, esta não é uma resposta inteiramente satisfatória; pode-se pensar sobre o motivo pelo qual o bebê deve confiar em uma boa experiência em vez de dispensá-la como armadilha ou fraude.

A constituição inata relativa dos instintos de vida e de morte também figuram no pensamento kleiniano sobre a capacidade do bebê de emergir do seu sistema intrapsíquico inicialmente fechado. Acredita-se que se a constituição inata do instinto de vida predomina sobre o instinto de morte, a projeção de derivativos do instinto de vida sobre objetos permitirá a criação de objetos bons, idealizados, que servirão como defesa do ego contra os objetos persecutórios. Entretanto, essa explanação não explica a capacidade que o bebê tem de alterar seus relacionamentos com maus objetos que não pela confiança em objetos bons idealizados para lhe proteger do perigo. Por analogia, o paciente paranoide não emerge da paranoia pelo desenvolvimento de uma força policial mental que irá lhe proteger do perigo. Uma mudança na qualidade da experiência do bebê dos maus objetos não é explicada por um deslocamento quantitativo na balança de poder entre objetos bons e maus.

Apesar de não considerar nenhuma das explicações kleinianas supracitadas suficientes para explicar a aquisição de uma capacidade de aprendizagem a partir da experiência, sinto que há uma compreensão mais perspicaz implícita em um de seus conceitos. O conceito ao qual me refiro é o de identificação projetiva, que fornece uma maneira de compreender a forma pela qual o bebê consegue emergir do seu sistema fechado de seu mundo psicológico interno. Ao sobrepor seu mundo interno ao externo, o bebê fica aprisionado até que a mãe se permita ser utilizada em um processo pelo qual a entidade mãe-bebê é criada, que não é nem a mãe, nem o bebê, mas um produto dos dois. Apesar de Klein referir-se apenas de forma implícita ao conceito de identificação projetiva dessa forma,[6] acredito ser este o aspecto primitivo do desenvolvimento que permite ao bebê mover-se além de si mesmo (Ogden, 1979, 1981, 1982a).[7]

A identificação projetiva, como a entendo, permite ao bebê (mais especificamente, a unidade mãe-bebê) processar a experiência de maneira qualitativamente diferente de qualquer coisa que possa ter sido possível ao bebê por conta própria. Na identificação projetiva, o indivíduo que projeta induz um estado de sentimento no outro, que corresponde ao estado que não conseguiu sentir por ele mesmo. O objeto recebe a função de desempenhar um papel em uma versão externalizada do estado psicológico inconsciente de quem projeta. Quando um "receptor" de uma identificação projetiva permite-se vivenciar o estado induzido sem imediatamente tentar livrar-se desses sentimentos, o par projetador-receptor pode vivenciar o conteúdo projetado de maneira que não estaria disponível ao projetador somente.

A identificação projetiva não é um processo onde a mãe (como objeto da identificação projetiva) simplesmente "metaboliza" a experiência para o bebê (projetador) e então devolve a ele de uma forma que ele possa utilizá-la. Apesar desta ser uma concepção comum de identificação projetiva, esse conceito falha ao considerar que a receptividade do bebê permanece inalterada durante o processo. Sem uma mudança por parte do bebê, quanto à sua forma de vivenciar suas percepções, ele não poderia modificar suas expectativas mesmo que a sua projeção fosse modificada pela mãe e disponibilizada a ele através do seu cuidado empático. Acredito que uma forma de atividade psicológica qualitativamente diferente das concepções de "metabolização" ou "processamento" sobre o papel da mãe na identificação projetiva, está envolvida no movimento inicial do bebê de sair do sistema fechado em seu mundo interno. Na identificação projetiva, um potencial para uma certa qualidade de experiência é gerado pela entidade mãe-bebê. Lacan (1956b) refere-se à nova entidade psicológica criada pela mãe e pelo bebê (ou paciente e analista) como "o Outro". A mãe-bebê de uma exitosa identificação projetiva é uma entidade maior do que qualquer indivíduo, capaz de gerar uma qualidade de ser que nenhum indivíduo sozinho seria capaz de criar.

Acredito que os termos "metabolismo" e "processamento" são inapropriados no que se refere à atividade psicológica do objeto da identificação projetiva; estes termos referem-se a uma atividade psicológica que o receptor poderia realizar, com ou sem o projetador. O conceito de Bion (1962a) de continente e contido representa de forma mais precisa essa situação. Continência envolve não somente uma alteração do que foi projetado, mas também uma alteração do projetador no processo de criação do tipo de conexão emocional envolvida na identificação projetiva.

Acredito que os trabalhos de Donald Winnicott sobre preocupação materna primária (1956), estágio da ilusão (1951) e espaço potencial (1971), podem ser entendidos como um desenvolvimento da noção de identificação projetiva como unidade e dualidade simultâneas (unidade e separação da mãe e do bebê) que por sua vez cria um potencial para uma forma de experiência que é mais geradora do que a soma dos estados psicológicos individuais que contribuem nela. (Ver Capítulos 7 e 8 para maior discussão sobre o relacionamento do conceito de identificação projetiva e o conceito winnicottiano de espaço potencial.)

Com essa compreensão de identificação projetiva em mente, pode-se dizer que o pensamento kleiniano inclui uma concepção implícita sobre a importância do ambiente, apesar de ela mesma não ter reconhecido completamente essa implicação do conceito de identificação projetiva. Se a mãe não servir como continente para as identificações projetivas do bebê, ele está condenado a uma existência autista ou psicótica. Bion (1959, 1962a) refere-se à inabilidade ou recusa da mãe em aceitar a identificação projetiva do bebê como um "ataque à vinculação". Esse comportamento é então internalizado pelo bebê na forma de ataques autodirecionados sobre esforços para relacionar pensamentos e gerar laços emocionais (vínculos) com outras pessoas. Esse processo, de acordo com Bion (1959), é um fator essencial na etiologia da esquizofrenia e outros transtornos emocionais severos.

A partir da perspectiva da compreensão de identificação projetiva aqui destacada, o conceito de desenvolvimento primitivo proposto por Klein não necessita subestimar o ambiente, a mãe real, já que a mãe serve como um parceiro chave no processo psicológico compartilhado que constitui a identificação projetiva. Essa concepção mãe-bebê da identificação projetiva como unidade psicológica básica para o desenvolvimento mais primitivo fornece o que acredito ser uma explicação muito mais satisfatória do que a oferecida por Klein ao referir-se a capacidade do bebê de desenvolver-se além dos confins de seu sistema de preconcepções herdado.

## Comentários finais

Melanie Klein enriqueceu a teoria psicanalítica através de suas tentativas de delinear a natureza da atividade mental primitiva. O debate intenso e caloroso sobre a sua teoria do desenvolvimento tem sido centrado quase exclusivamente no momento de aparecimento da atividade mental, ou seja, fantasia; no grau de especificidade da atividade mental primitiva; os conteúdos predominantemente agressivos e persecutórios atribuídos a essas fantasias; e a divergência de tal conceito da concepção Piagetiana da formação das capacidades cognitivas.

O foco circunscrito desse debate ofuscou inúmeros aspectos importantes das contribuições kleinianas. Primeiramente, em qualquer teoria do desenvolvimento, a proposta de sequência e inter-relação das fases desenvolvimentais é de relevância muito maior do que especificar as datas em que elas ocorrem. É um prejuízo à teoria de Melanie Klein desvalorizá-la com argumentos centrados em cronologia implausível antes de considerar o possível valor de seus conceitos que reavaliam os níveis de organização psicológica primitiva.[8]

Em segundo lugar, há uma tendência de discutir Klein com a finalidade de suas ideias e postulações serem aceitas ou rejeitadas, não sendo vistas como hipóteses a serem modificadas de acordo com os avanços teóricos subsequentes e novos dados clínicos e observacionais.

Ao considerar a teoria kleiniana como um conjunto de hipóteses a serem modificadas, estendidas, ou em parte descartadas, gera-se uma estrutura de pensamento na qual é possível construir sobre o que está implícito na teoria (mesmo quando os kleinianos parecem não conhecer o potencial particular de suas ideais). Por exemplo, o conceito kleiniano de que o conhecimento dos objetos é inerente à finalidade do instinto permite que ele mesmo seja desenvolvido em uma concepção de estrutura psicológica profunda análoga ao conceito de Chomsky de estrutura linguística profunda.

Esse é um componente necessário a qualquer teoria de desenvolvimento psicanalítico e não representa um simples esforço em tornar plausível um conceito kleiniano de herança filogenética. Além disso, a ideia de identificação projetiva foi desenvolvida por Bion e outros em um conceito que relaciona o intra e o interpsíquico, apesar de a própria Melanie Klein ter desenvolvido minimamente esse aspecto da sua teoria.

Em terceiro lugar, enfatizar as dificuldades mais aparentes na teoria kleiniana (por exemplo, o cronograma primitivo de desenvolvimento) ofusca outras limitações significativas do pensamento kleiniano. Por exemplo, uma das maiores limitações da sua teoria do desenvolvimento é seu conceito de que o bebê é uma entidade psicológica independente capaz de desejos e defesas que são projetadas por sobre e para dentro de objetos que constituem sistemas psicológicos independentes. Klein não só subestimou o papel do ambiente, como parece ter tido poucas concepção da unidade mãe-bebê como unidade psicológica básica subjacente ao início do desenvolvimento. De forma paradoxal, acredito que o conceito kleiniano de identificação projetiva pode ser utilizado como base para a compreensão da criação da unidade psicológica mãe-bebê, como feito por Bion no seu conceito de continente e contido e, por Winnicott, na sua concepção de um estágio inicial de ilusão e espaço potencial.

## Notas

1. Os analistas ingleses, particularmente os kleinianos, tendem a escrever esse termo com ph. Isaacs (1952) acredita que a escrita com ph faz maior referência às dimensões inconscientes da ideia, enquanto que fantasia, com f deve ser usada ao referir-se a um nível mais consciente desse grupo de atividades mentais, como os devaneios. Os analistas americanos não kleinianos nunca empregaram essa distinção. Embora Strachey use exclusivamente a escrita com ph como forma padrão, outros analistas americanos usam exclusivamente a escrita com f. [Na versão original em inglês, Ogden

adota a escrita com ph acompanhando a distinção feita por Isaacs e os demais kleinianos, mas mantivemos na tradução a forma usual em português, em que o termo é sempre empregado com f. O texto discorre, entretanto, sempre sobre o aspecto inconsciente. (N.T.)]

2  A exploração de qualquer detalhe acerca dos conceitos kleinianos de vida e de morte vai além do escopo da presente discussão. Muito esquematicamente, os correlatos psicológicos do instinto de vida incluem motivações amorosas, sexuais, acolhedoras, de busca por vínculo e generativas, enquanto que os correlatos psicológicos do instinto de morte incluem motivações destrutivas, desintegrativas, invejosas e hostis. No princípio, o bebê experimenta um sentimento de perigo interno difuso derivado do instinto de morte. Quando para defender-se desse "terror sem nome" (Bion, 1962a) se fazem presentes a clivagem e a identificação projetiva, o resultado é o estabelecimento de um mundo objetal persecutório cindido dos objetos bons do indivíduo. A natureza da atividade mental envolvida nesse estágio inicial de organização psicológica (posição esquizoparanoide) será discutida no Capítulo 3.

3. Grotstein (1985), a partir do trabalho de Bion, propôs que o instinto de morte não fosse entendido como um caldeirão de impulsos destrutivos (Klein, 1952c) ou como o correlato psicológico de entropia (Freud, 1920), mas sim como um sistema esquemático inato que visa orientar o indivíduo para um perigo potencial. O bebê é visto como constituído de um conjunto de preconcepções que o permite interpretar a experiência em termos de um possível perigo do tipo presa-predador. O instinto de morte é concebido como a origem das defesas inconscientes do ego, bem como das funções egoicas autônomas primárias, que executam as funções de esquivar-se e manejar perigos internos e externos.

4. Nesta época, Freud (1905) introduziu o conceito de instinto, sendo que pensava o instinto sexual como acompanhado de um segundo instinto (o instinto do ego e, como ele manteve após 1920, o instinto de morte). Como resultado, os significados psicológicos derivados de instintos, para Freud, nunca eram de natureza exclusivamente sexual. Entretanto, como pode ser visto nos conceitos freudianos das neuroses, por exemplo, a sua teoria de significados derivados dos instintos era fundamentalmente uma teoria de significado sexual.

5. É inequívoco que Freud, por vezes, dava maior ênfase a esquemas inatos, filogeneticamente determinados, do que à experiência real: "Quando as experiências falham em encaixar-se em esquemas hereditários, tornam-se remodeladas na imaginação" (Freud, 1918, p. 119).

6. Em suas duas principais discussões sobre o assunto, Klein (1946, 1955) tratou a identificação projetiva como um processo predominantemente intrapsíquico utilizado com a finalidade de defender-se contra a ansiedade gerada pelo instinto de morte. Entretanto, seus exemplos e seu uso da linguagem deixam implícito um componente interpessoal do processo. Ela enfatiza que, na identificação projetiva, conteúdos inconscientes são projetados "para dentro do" (1946, p. 8), não "sobre o objeto. Bion (1962) desenvolveu o conceito de identificação projetiva como um relacionamento de continente e contido, que serve não apenas como defesa, mas como uma forma de comunicação na qual dois sistemas de personalidade modificam-se mutuamente.

7. A necessidade de conceituar um processo pelo qual há movimento a partir de um sistema psicológico fechado para um aberto, não é exclusivo da teoria kleiniana do desenvolvimento. Para Freud (1914), o bebê deve mover-se de um estado intrapsíquico de "narcisismo absoluto" (p. 150) para um estágio posterior de relacionamento objetal e narcisismo secundário. Como Klein, Freud nunca descreveu o processo pelo qual o bebê escapa de seu sistema psicológico fechado inicial no qual todo investimento psicológico está no *self*, a não ser no que tange ao seu conceito de que a frustração dos instintos força a realidade sobre o bebê em maturação, levando ao desenvolvimento do princípio de realidade. O ímpeto para o desenvolvimento de um sistema psicológico fechado é abordado dessa forma, porém os processos psicológicos e interpessoais que medeiam essa mudança permanecem não especificados.

8. Concordo plenamente com os comentários de Winnicott (1954) que distinguem o cronograma de conteúdos conceituais específicos à teoria do desenvolvimento de Klein: "Se eu encontrar um analista referindo-se muito a posição depressiva no desenvolvimento pertencente aos primeiros seis meses de vida, estarei inclinado a fazer o comentário: que pena estragar um conceito tão valioso tornando-o difícil de acreditar" (p. 163).

# 3. A posição esquizoparanoide: o *self* como objeto

*A afirmação "Eu vivo" é apenas condicionalmente correta, ela expressa apenas uma parte pequena e superficial do princípio de que "O homem é vivido pelo Isso".*

—George Groddeck

A visão de Melanie Klein sobre o desenvolvimento psicológico pode ser vista como uma progressão bifásica, do biológico ao impessoal-psicológico e do impessoal-psicológico ao subjetivo. O primeiro desses avanços do desenvolvimento envolve a transformação do bebê de uma entidade puramente biológica para uma entidade psicológica. Para Klein, essa transformação é mediada pelo que denominei *estruturas psicológicas profundas,* associadas aos instintos de vida e de morte. A fantasia é reflexo da operação dessas estruturas psicológicas profundas, assim como o discurso é o "produto" das estruturas linguísticas profundas. Segundo Klein, a mudança do estado biológico para o psicológico constitui a entrada do bebê na posição esquizoparanoide. Como será discutido, a posição esquizoparanoide é uma fase do desenvolvimento na qual o *self* existe predominantemente como objeto. Essa é a fase do desenvolvimento do "isso-dade", onde o bebê é vivido pela sua experiência. Pensamentos e sentimentos acontecem com o bebê, ao invés de serem pensados ou sentidos por ele.

A transição da posição esquizoparanoide para a posição depressiva, onde um sujeito "Eu" emerge, só é possível pela maturação biológica do bebê, que é mediada pelo processo psicológico-interpessoal da identificação projetiva. A posição depressiva constitui uma organização psicológica muito mais complexa, onde um novo universo de experiências, um novo estado do ser,[1] é gerado.

Acredito que os conceitos kleinianos das posições esquizoparanoide e depressiva representam importantes contribuições para a compreensão psicanalítica acerca dos estados psicológicos básicos do ser, que são desenvolvidos na infância e persistem ao longo da vida. Infelizmente, visto que essas ideias vem sendo tratadas como indissociáveis do corpo teórico kleiniano, uma compreensão desses conceitos não foi integrada ao diálogo que constitui o pensamento psicanalítico norte-americano.

Ao pensar na proposta de Klein de que a posição esquizoparanoide representa uma fase universal e normativa do desenvolvimento dominada por uma resposta defensiva ao instinto de morte, deve-se também considerar a possibilidade de que a posição esquizoparanoide represente um fenômeno de falha, que resulta do rompimento prematuro da conexão primitiva mãe-bebê. Quando a posição esquizoparanoide é vista segundo essa última perspectiva, isto é, como resultado de uma falha no *holding* materno (Winnicott, 1960b), o estado de medo associado à posição esquizoparanoide não necessita ser compreendido como resposta ao instinto de morte, mas sim como resposta à interrupção do vínculo interpessoal primitivo entre a mãe e o bebê.

## Clivagem

No capítulo anterior, discuti o conceito kleiniano acerca da maneira pela qual o desenvolvimento inicial é moldado pela constituição instintiva do bebê. Sugeri que a estruturação da experiência fornecida pelos instintos possa ser pensada como a manifestação da estrutura psicológica profunda, de forma análoga ao conceito de estrutura linguística profunda, de Chomsky (1957, 1968). As estruturas profundas associadas aos instintos de vida e de morte levam o bebê a organizar as experiências em termos da antecipação de perigos (refletindo a operação do instinto de morte [ver Grotstein, 1985]) e de vínculos (refletindo a operação do instinto de vida).

Para Klein, a primeira tarefa psicológica do bebê é o manejo do perigo gerado pelo instinto de morte. Klein (1952c) concebia esse perigo como sendo vivenciado pelo bebê como uma ameaça de destrutividade[2] interna que deve ser manejada de alguma forma. O modo mais básico de manejo do perigo é a separação entre o ameaçador e o que está sendo ameaçado. Lógica e volição estão envolvidas nesses padrões de defesa apenas na mesma intensidade em que estão presentes nos reflexos neurológicos do recém-nascido (por exemplo, nos reflexos de sugar e de preensão). A tentativa de obter segurança ao separar o ameaçado do ameaçador é um modo de resposta ao perigo herdado – é um fenômeno biológico com manifestações psicológicas.

Apesar de Klein não utilizar analogias etológicas, eu faria uma analogia entre a clivagem e a resposta não aprendida de um pintinho, frente à percepção do padrão das asas de um falcão. A reação do pintinho é a de fugir e não de atacar o falcão (exceto quando encurralado), isto é, separar-se do perigo (Lorenz 1937; Tinbergen, 1957). Entendo a clivagem como um modo similar de manejo do perigo, biologicamente determinado. (O processo de clivagem pode ser compreendido dessa forma independente de aceitar, como Klein, os derivados do instinto de morte como fonte definitiva de perigo.) No curso do desenvolvimento, esse modo biologicamente determinado de manejo do perigo é elaborado no campo psicológico. Cada uma das defesas psicológicas primitivas pode ser vista como uma construção sustentada no modo de manejo do perigo observado na clivagem, isto é, construída com base no esforço biologicamente determinado de gerar segurança através do distanciamento entre ameaçador e ameaçado. A projeção, por exemplo, pode ser interpretada como um esforço, em nível de fantasia, para remover um perigo interno colocando-o fora do indivíduo, isto é, separando-se da ameaça como se ela estivesse localizada em outra pessoa. A introjeção é utilizada para separar um objeto externo valorizado de um ameaçador, ao colocar um ou outro desses objetos externos dentro de si e, portanto, proteger o objeto valorizado. A negação separa o indivíduo do objeto perigoso ao tratá-lo, emocionalmente, como se houvesse sido eliminado.

Nesse estágio inicial do desenvolvimento, tais atividades defensivas são reações, em vez de respostas. A automaticidade biológica foi transformada em automaticidade psicológica. Apesar de Klein não se referir especificamente à questão da subjetividade, parece implícito em sua teoria e prática clínica que não há um intérprete mediador entre a percepção de perigo e a resposta na posição esquizoparanoide. O fato de esta ser uma psicologia sem um sujeito é o paradoxo básico da posição esquizoparanoide. Esse tipo de experiência psicológica existe nela mesma, mas não para um *self*. Além disso, é importante lembrar que para pacientes que funcionam predominantemente na posição esquizoparanoide, os pensamentos e sentimentos são objetos e forças palpáveis que aparecem, desaparecem, contaminam, transformam, destroem, resgatam etc. Por exemplo, esse tipo de paciente pode sacudir a cabeça para se livrar de pensamentos que o atormentam, pode colocar, literalmente, seus pensamentos em uma carta e enviá-la para a pessoa que deve contê-los, ou ainda solicitar exames de raio x para ver a coisa que há dentro dele e que o está enlouquecendo (ver Ogden, 1979, 1981, 1982b para exemplos clínicos de tais reificações e transposições de fenômenos mentais).

A identificação projetiva desenvolve uma elaboração psicológica-interpessoal do processo de clivagem. No início, o bebê é confrontado com dados sensoriais brutos que devem a sentido antes que esse estímulo possa ser transformado em experiência. Dados sensoriais que ainda não adquiriram sentido (transformados no que Bion [1962a] chama de "elementos alfa"), são simplesmente coisas-em-si-mesmas (as quais Bion chama de "elementos beta"). Por exemplo, o baixo nível de glicose do bebê é registrado fisiologicamente, mas esse evento ainda não constitui a experiência de sentir fome, o que envolveria a atribuição de sentido a um dado sensorial. Bion (1962a) acredita que a criação de significado é um processo inicialmente interpessoal, mediado por uma forma inicial de identificação projetiva. Nesse processo psicológico-interpessoal, o bebê projeta elementos beta (dados sensoriais que não foram transformados em experiência pessoal com significado) em sua mãe, que ao dar continente à identificação projetiva, transforma as coisas-em-si-mesmas do bebê em experiências com significado (por exemplo, em fome). O bebê então reinternaliza a experiência de forma a poder gerar seus próprios pensamentos e sentimentos. Através dessa forma primitiva de identificação projetiva, a experiência é criada de forma interpessoal, a partir da qual o bebê é capaz de aprender.[3]

Formas mais maduras de identificação projetiva são desenvolvidas quando o bebê, a criança, ou o adulto desenvolveu a capacidade de gerar significados por si mesmo. Nessas circunstâncias, a identificação projetiva envolve uma fantasia de expulsão desses conteúdos internos clivados e de assumir controle sobre outra pessoa a partir de dentro dela (Klein, 1946, 1955). Associada a essa fantasia está uma interação interpessoal real, onde existe uma pressão no outro para que esse experiencie e se comporte de uma maneira congruente com a fantasia inconsciente do projetor (Bion, 1959). O receptor que maneja com sucesso os sentimentos produzidos em si torna acessível ao projetor (através da interação) uma versão modificada, mais íntegra do conjunto de significados que antes eram impossíveis de serem manejados (Langs, 1976; Malin e Grotstein, 1966; Ogden, 1979).[4]

Após discutir vários usos defensivos da clivagem (incluindo a clivagem como aspecto da identificação projetiva), deve-se dar ênfase no aspecto de que a clivagem não é apenas uma defesa; é, ainda mais basicamente, um modo de organização da experiência. Essa forma de operação mental é usada no princípio para dar ordem ao caos das experiências mais primitivas do bebê, com base em categorias inatas em suas estruturas instintuais profundas. A clivagem é uma organização binominal da experiência, isto é, a divisão da experiência em categorias de prazer e desprazer, perigo e segurança, fome e saciedade, amor e ódio, eu e não eu, e assim por diante.

Na posição esquizoparanoide, ainda não se desenvolveu um sujeito intérprete, com uma história pessoal mantida através da memória consciente e inconsciente. Como resultado, na clivagem, cada evento existe em si mesmo, mas não para um *self* que existe no tempo ou em relação a algo que não a si mesmo. Como será discutido, o processo de repressão que é desenvolvido na posição depressiva envolve a preservação de um objeto inteiro, mesmo quando exilado da percepção. A clivagem é um modo de pensamento criador-de-limites e, portanto, é parte de um processo gerador de ordem (não ainda gerador de significado pessoal).

## Experiência pré-subjetiva

Considerando o que foi discutido até o momento, para Klein, ainda não existe uma pessoa intérprete da própria experiência. Também ainda não existe um "eu". A posição esquizoparanoide é o domínio do "isso", apesar de não ser exclusivamente domínio do Id (isto é, pressões instintuais). Em outras palavras, o ego primitivo (o componente organizador adaptativo da personalidade) é também impessoal por ser praticamente desprovido de subjetividade, de um sentido de "eu-dade". O bebê, quando defrontado com a ameaça do perigo gerado pelo processamento (ainda não pela interpretação) da experiência de acordo com o instinto de morte, utiliza a clivagem. A clivagem é uma tentativa de obter segurança através do distanciamento entre os aspectos ameaçadores e ameaçados do indivíduo e de seus objetos.

Os objetos são valiosos, porém ainda não existe um "eu" para amá-los ou valorizá-los. O *self* existente é um *self*-objeto, em contraposição a um *self* subjetivo. O *self* subjetivo pode ser pensado como representado pela consciência autorreflexiva do "eu estou" na frase "eu estou sendo atacado". O "eu estou" é uma condensação de "eu estou ciente de que a experiência que tenho de mim mesmo é…". O *self*, na posição esquizoparanoide, é um *self*-objeto, não um *self* criador e intérprete de pensamentos, sentimentos, percepções e análogos. O *self*-objeto corresponde ao *self* não falado e não reflexivo, na frase "Está quente" (em oposição a "Estou ciente de que me parece quente"), ou "Ele é perigoso" (em vez de "Estou ciente de que o vejo como perigoso").[5]

Em várias ocasiões, trabalhei diretamente ou supervisionei casos de pacientes que não usavam pronomes pessoais em seu discurso e faziam pouco uso de formas verbais ativas. Por exemplo, um paciente esquizofrênico hospitalizado por um episódio psicótico agudo, ao ser agredido por outro paciente, disse "Na cozinha... merda... esmagar a cara... quebrar... filho da puta". Esse uso da linguagem captura o estado do ser da posição esquizoparanoide, na qual as coisas simplesmente acontecem. No trabalho com um paciente *borderline*, ocorria uma omissão similar porém menos extrema dos pronomes pessoais: "Fui à escola hoje... decepção... professor é um cretino... odeio ele". Com a repetição dessas ocorrências sessão após sessão, pude observar que o paciente não vivenciava a si mesmo como um agente pessoal ativo, mas sim como um objeto a quem eventos da vida aconteciam.

Faulkner captou a experiência do *self* não reflexivo no personagem "idiota" em *O Som e a Fúria*: "Ben parou de choramingar. Observava a colher enquanto ela subia até a sua boca. Era como se nele até a avidez fosse muscular e a fome não conseguisse se exprimir, sem que ele soubesse que era fome".

## Relações objetais clivadas

O bebê, além de dividir seus objetos em categorias que lhe ajudam a separar o ameaçador do ameaçado, também divide sua percepção de si mesmo, com os mesmos objetivos. De acordo com Klein (1946), o objeto nunca é clivado sem uma clivagem correspondente do ego. Aspectos da experiência relacionada ao objeto são isolados uns dos outros. O *self* amoroso (como objeto) faz relação ao objeto amoroso e é separado do *self* odioso (como objeto) e do objeto odioso. Na clivagem, uma forma de relacionamento entre o *self* e o objeto é dividida das outras experiências do indivíduo em relação aos outros. É mais preciso dizer que o bebê gera relacionamentos com objetos parciais do que dizer que ele cria objetos parciais, pois há sempre um *self* (como objeto) na experiência do indivíduo em relação ao outro.

A experiência exitosa de alimentar-se (ou qualquer outra experiência que envolva sucesso no "encaixe" mãe-bebê) gera um sentimento de um *self* satisfeito e amado em relação a um objeto amoroso. Por outro lado, uma alimentação frustrante gera o sentido de um *self* odioso em relação a um objeto danoso e não satisfatório. (Para Klein [1952b], as projeções do bebê determinam fortemente se uma experiência de alimentação é vivenciada como amorosa ou danosa.) *Esses aspectos amoroso e danoso da experiência (relacionamentos com objetos parciais) são isolados uns dos outros, pois é muito perigoso para o bebê com sua organização primitiva, amar o objeto que ele odeia, e odiar o objeto que ele ama e de quem é absolutamente dependente.* Em vez disso, o bebê faz uso de pensamento onipotente, projeção, introjeção, negação, idealização e identificação projetiva para reorganizar seu mundo objetal interno em um esforço para separar os aspectos ameaçados do *self* e do objeto de seus aspectos ameaçadores. O *self* odioso e sua relação com o objeto odioso é clivado do *self* amoroso em relação a um objeto amoroso. Quando, por exemplo, um objeto odioso é sentido como impondo perigo interno a um aspecto amoroso do *self*, o bebê expulsa, em fantasia, os aspectos ameaçados do *self*, colocando-os em um objeto externo, visando criar alguma distância entre o objeto perigoso e o *self*. Na identificação projetiva, há um componente interpessoal do processo que acompanha a fantasia projetiva. O bebê como projetor vivencia a si mesmo como tendo sido desprovido de partes amáveis e pode, então, sentir-se ainda mais dependente do objeto que ele sente conter tudo que é bom (Klein, 1946).

Os aspectos amorosos do *self*, tendo sido anteriormente projetados para fora visando salvaguardá-los de um perigo interno, podem posteriormente serem sentidos como ameaçados por um objeto odioso externo. A internalização do objeto externo, seja odioso ou amoroso, irá garantir temporariamente um pequeno grau de segurança. Inevitavelmente, novos perigos (atuais e fantasiados) irão surgir e requerer novas organizações de partes do *self* e dos objetos parciais. Associadas à crença na importância da separação entre ameaçado e ameaçador, estão crenças específicas sobre como essa segurança é conquistada, por exemplo, a fantasia de que o indivíduo consegue melhor controle sobre um objeto que está dentro dele mesmo e a fantasia de que um objeto ejetado fora banido e nunca mais retornará.

Esta, então, é a fenomenologia e o modo operacional da posição esquizoparanoide. Segundo Klein (1948), a posição esquizoparanoide está em ascendência nos primeiros três meses de vida e é seguida pela posição depressiva do quarto ao sétimo mês. O termo *posição* é usado para se referir a um nível de organização psicológica com suas formas características de relação objetal, de simbolização, de defesas, de tipo de ansiedade, de maturidade do funcionamento egoico e superegoico etc. Essas "posições" não são superadas, mas continuam ao longo da vida como modos coexistentes de organização e processamento da experiência (Klein, 1952a; Bion, 1950, 1963), cada qual gerando uma qualidade distinta do ser. (O relacionamento entre as posições esquizoparanoide e depressiva será discutido no próximo capítulo.)

A posição esquizoparanoide é "esquizoide" porque, nessa fase, o bebê depende fortemente da clivagem do *self* e do objeto como defesa e modo de organização da experiência; ela é "paranoide", pois o bebê depende de fantasias projetivas e da identificação projetiva em um esforço para defender-se contra perigos objetais, os quais representam, segundo Klein (1948), um sistema de significados derivado do instinto de morte. A ansiedade característica da posição esquizoparanoide é o medo de aniquilação do próprio indivíduo e seus objetos valiosos. Isso não significa que todos os bebês são esquizofrênicos paranoides. Pelo contrário, é a incapacidade de utilizar adequadamente a clivagem que, dentre outras condições, pode levar a psicopatologias severas como a esquizofrenia.

## Falha em clivar

O drama de um adolescente psicótico pode ser entendido em termos da incapacidade do paciente em usar a clivagem efetivamente:

> *H., um garoto de 14 anos hospitalizado em uma enfermaria de orientação analítica de longo prazo, onde o atendia diariamente com psicoterapia, era torturado por pensamentos autoacusatórios durante virtualmente todos os momentos em que estava acordado e, frequentemente, nos seus sonhos. Cada vez que ele tocava um objeto, ficava com muito medo de ser acusado de tentar roubá-lo. Cada vez que ele olhava uma mulher, emergiam medos de que seria acusado de tentar estuprá-la ou de ter pensamentos obscenos a respeito dela. Sempre que ele via um homem, ficava com muito medo de ser acusado de ser homossexual, ou de que ele chamaria o homem de gay, e que o homem iria então retaliar.*
> *Frequentemente, no curso de um dia, a guerra psicológica interna do paciente era tão intensa que ele gritava de dor. Em sua fantasia consciente e inconsciente, ele defecava seu estado interno (seu "cérebro doente") em mim. Ele comunicava o seu sofrimento me bombardeando da*

> *forma como se sentia bombardeado. As sessões eram constituídas de uma sequência de ameaças, palavrões e de pancadaria nos móveis, paredes e portas do meu consultório que, por vezes, atingia proporções ensurdecedoras. H. tomava cuidado para não causar nenhum "dano real". Quando existia esse perigo, ele aumentava a intensidade dos ataques contra si mesmo. Em várias ocasiões, ele me disse que daria qualquer coisa por apenas cinco segundos de paz. Apesar de ele nunca ter mostrado reconhecimento a mim ou à terapia, ele sempre chegava meia hora antes a cada sessão, "de forma a defecar" em mim ao tocar ininterruptamente a campainha da sala de espera.*
>
> *Tudo que esse paciente pensava e sentia ficava (em fantasia) contaminado. Na transferência, ele não podia me amar ou valorizar sem temer que fosse um amor sórdido, por exemplo, homossexual, incestuoso, ganancioso, ou danoso. O poderoso sentido do paciente de que todo e qualquer aspecto da vida emocional está contaminado ou prestes a sê-lo, é a característica fundamental de uma inadequação primitiva da clivagem. Do ponto de vista (inconsciente) de H., ele amava odiosamente e odiava amorosamente e, portanto, ficava aterrorizado em fazer qualquer um dos dois.*

O bebê deve ser capaz de clivar para que possa se alimentar de modo seguro, sem a intrusão da ansiedade de que está machucando sua mãe e sem a ansiedade de que ela irá machuca-lo. É necessário que o bebê sinta que a mãe que está cuidando dele é totalmente amorosa e não tem conexão alguma com a mãe que o "machuca" ao fazê-lo esperar. A ansiedade que emerge do pensamento de que a mãe acolhedora e a mãe frustrante são a mesma roubaria do bebê a garantia que ele necessita para se alimentar de forma segura. De modo semelhante, a habilidade de desejar em segurança se perderia se o bebê, ao se alimentar, vivenciasse a si próprio como o mesmo bebê que furiosamente desejou controlar e subjugar o seio/mãe em sua ausência. Durante a alimentação, o bebê deve vivenciar a si mesmo como amoroso, de uma forma descomplicada e não contaminada, para que consiga sentir que pode querer sem danificar.

A clivagem não somente salvaguarda a necessidade do bebê de dar e receber amor; ela também preserva sua necessidade de odiar. Se o objeto de ódio do bebê estiver contaminado com aspectos do objeto amado, ele não conseguirá odiá-lo com segurança. (A concepção de que o bebê necessita odiar é independente do conceito kleiniano da presença de desejos destrutivos poderosos, constitutivamente determinados. Por exemplo, seria possível afirmar, como fizeram Winnicott [1947, 1957] e Fairbairn [1944], que o ódio surge de uma necessidade excessivamente frustrada e que é essencial para o desenvolvimento normal que o bebê, a criança, ou o adulto, sejam capazes de vivenciar esse sentimento sem sentir medo dele.)

> Srta. K., uma paciente de 23 anos anoréxica/bulímica, no decorrer de um tratamento com terapia individual intensiva, evidenciou uma necessidade compulsiva de vomitar conteúdos internos odiosos e odiados (a comida no seu estômago que ela temia deixá-la gorda e que estava deixando seu estômago dolorosamente inchado). Ela não se permitia mudar do precário apartamento onde morava para um "apartamento decente", o qual poderia facilmente pagar. A paciente não conseguia se

> *mudar porque não queria comer e vomitar em um "lugar legal", nem queria ou se sentia capaz de parar de comer compulsivamente e vomitar. O terapeuta entendeu sua recusa/incapacidade de se mudar do apartamento atual como um desejo de manter o seu método de odiar não contaminado. Mudar-se para um novo apartamento envolveria um ato de amor (consigo mesma) que ela não desejava contaminar com as compulsões alimentares seguidas de vômito (um ato simbólico de ódio violento dela própria e de sua mãe).*
>
> *Afinal de contas, tanto amar como odiar são partes necessárias do espectro da emoção humana e a paciente não conseguia deixar de odiar em prol de amar, mesmo que tomar conta de si mesma ao se mudar do precário apartamento parecesse a ela como "a coisa mais sã a se fazer". Por outro lado, ela não queria deixar de amar (ao não se mudar para um apartamento adequado) para poder odiar (o que era correspondente o comer compulsivo e o vomitar) e, consequentemente, sentia-se incapaz de tomar uma decisão.*

O material clínico a seguir foi retirado de um processo psicoterápico intensivo com uma jovem de 18 anos com anorexia nervosa.

No período de quase um ano, a Srta. S. fazia-se passar fome, quase que à morte, porque a comida de sua mãe (que ela generalizava para incluir todo tipo de comida) era "muito rica". Essa paciente dedicava um amor profundo por sua mãe e era incapaz de pensar em algo de que não gostasse ou admirasse em sua mãe. A comida de sua mãe não só era muito rica, como por vezes parecia "boa demais para comer"; de fato, a paciente não gostava nem de ver a mãe cozinhando, pois sua comida era boa demais para ser cozida. No decorrer da terapia, eventualmente, um dos conflitos mais centrais da paciente ficou claro: sua mãe era "boa demais para ser odiada". (Essa não era uma questão de falha da repressão em relação a uma mãe amada de forma ambivalente; essa paciente era incapaz de utilizar efetivamente mesmo a forma defensiva mais primitiva – a clivagem – em relação a uma mãe vivenciada como uma coleção de objetos parciais.)

> *Sendo incapaz de clivar os aspectos odiados de sua mãe, a paciente agrupava-os no aspecto bom da mãe, onde o aspecto odiado era disfarçado como "uma coisa boa demais". Esse é exatamente o oposto da ambivalência; é uma incapacidade de separar o amado do odiado, seguido por um disfarce do odiado como o amado. O seguinte dilema duplo resultou em: 1. uma inabilidade de odiar (vi muito poucos pacientes que foram menos capazes de vivenciar diretamente um sentimento de raiva) e 2. uma inabilidade de amar (a incapacidade da paciente de comer e, desta forma, simbolicamente oferecer amor ou aceitar ser amada).*

Em resumo, a clivagem permite ao bebê se alimentar, amar, desejar e odiar em segurança, sem desenvolver uma ansiedade esmagadora de que está destruindo ou sendo destruído pelo objeto que ama.

## Falha de integração

Apesar de ser basicamente um modo de organizar experiências, a clivagem também exerce uma função defensiva. (Essa situação é análoga à do desenvolvimento da linguagem: apesar de ser fundamentalmente um meio de pensamento e comunicação, a linguagem adquire, de forma secundária, funções defensivas.) Como foi discutido, a clivagem como defesa primitiva serve primariamente para regular, por isolamento mútuo, a relação entre os aspectos de amor e ódio da experiência. Uma incapacidade de diminuir o uso da clivagem reflete ansiedade excessiva acerca dos perigos envolvidos na interpenetração de diferentes estados de sentimento, particularmente, amor e ódio. Os processos de clivagem, acrescidos desse tipo de ansiedade, tornam-se rígidos e imutáveis.

A vinheta clínica que segue ilustra alguns dos correlatos comportamentais e experienciais do uso contínuo da clivagem como defesa.

> *Sra. N., uma paciente em psicoterapia intensiva, mantinha um conjunto de relacionamentos simultâneos apesar de completamente separados, que incluíam uma relação confortadora com seu marido, com quem tinha uma relação mútua de "maternagem" e uma relação altamente sensual com um homem mais velho. O marido da paciente não sabia do homem mais velho, bem como o outro homem não sabia quase nada do marido. Nenhum dos homens sabia do terapeuta, que por sua vez recebeu apenas dados altamente editados quanto aos outros dois homens. A paciente passou a perceber que quando estava com um desses três homens, era quase como se os outros dois não existissem. Muito mais perturbador do que essa descontinuidade do seu mundo objetal era aperceber-se de que a pessoa que ela sentia ser com seu marido quase não existia quando ela estava com o homem mais velho. Quando estava em casa, a Sra. N. experimentava, com frequência, um intenso sentimento de perda que a*

*mandaria correndo de volta para o outro homem. Isso não acontecia apenas para recuperar o objeto perdido, mas, talvez mais importante, para recuperar uma parte perdida de si mesma. Quando com o outro homem, ela ficava perturbada com relação a outra parte perdida e iria, então, retornar ansiosamente ao marido.*
*A paciente sentia que seu relacionamento com o terapeuta tinha o potencial de deixá-la "inteira em um lugar". Nessa fase da terapia, entretanto, a paciente também vivenciava seu terapeuta como perigoso, pois ela sentia que ele poderia interferir em seu delicado sistema ao exigir que ela desistisse do caso, do casamento, ou da terapia. A Sra. N. sentia que fazer tal escolha iria literalmente deixá-la louca. A paciente conseguiu compreender as formas pelas quais esse medo era similar aos medos infantis de que ela teria que escolher entre seus pais em conflito, entre seus pais e sua irmã, entre como seus pais a viam e como ela via a ela mesma.*
*A Sra. N. usava a clivagem para gerar um grupo de relacionamentos com objetos parciais, cada qual com seu próprio sentido de self e respectivos conjuntos de fantasias objetais conscientes e inconscientes. A clivagem era utilizada como um esforço para não fazer escolhas entre esses aspectos da experiência, pois escolher significaria exterminar os outros aspectos de si mesma. A Sra. N. usava de mentiras (elaborações desnecessárias da verdade para tornar uma história melhor do que realmente é), promiscuidade e pequenos roubos, em uma tentativa de sentir-se mais viva e presente. A clivagem não resultou apenas na compartimentalização de sua vida, mas*

*roubou-lhe cada setor de vitalidade, visto que ela nunca poderia se sentir completamente presente em uma situação ou relacionamento. Essa é a referência vivencial da ideia de que sempre que o objeto é clivado, há uma clivagem correspondente do ego. Parte da experiência de clivar o ego é um sentimento de que parte do indivíduo está faltando, visto que qualquer relacionamento com objeto parcial por necessidade reflete apenas um aspecto isolado do indivíduo.*

## Estágios primitivos de integração

De forma paradoxal, conquistar uma clivagem adequada é um requisito necessário para a eventual integração dos objetos parciais e das partes do *self* em objetos integrais e em um sentido contínuo de *self*. A razão disso é que apenas quando o indivíduo atinge uma relativa liberdade da ansiedade de que a experiência amorosa foi ou está prestes a ser contaminada pela experiência odiosa, e vice-versa, que ele pode ousar estreitar a relação entre esses diferentes aspectos da experiência.

Uma paciente *borderline*, após muitos anos de terapia, representou uma clivagem adequada da seguinte maneira: ela disse que, até aquele momento, seus sonhos e fantasias frequentemente continham linhas ou formas que seguiam infinitamente em duas direções. Agora, pela primeira vez, suas fantasias continham linhas com dois finais. Essa mudança representa uma melhora na capacidade da paciente de clivar adequadamente: cada final de linha é tangivelmente diferente do final oposto. Cada um é distinto em si mesmo e não o outro. Eles não podem ser misturados, confundidos ou contaminados um pelo outro.

*Um paciente de 46 anos, psicótico crônico, esquizofrênico paranoide, foi tratado em uma clínica por muitos anos, onde ele implicava e intimidava a equipe e os outros pacientes. Por vezes, ele imobilizava assustadoramente os membros da equipe contra a parede e atirava os móveis da sala de espera. O paciente, Sr. E., utilizava inconscientemente uma relação hostil com objetos parciais como defesa contra uma relação de afeto, visto que os sentimentos inerentes a isso eram invariavelmente conectados a um estado aterrorizante de fisicamente tornar-se outra pessoa. Ele podia sentir seu queixo se tornar o queixo da outra pessoa. A partir de então, as outras partes do seu rosto e então todo seu corpo se tornavam o da outra pessoa. O terapeuta comentou que a desconfiança, a hipervigilância e o medo serviam para fazê-lo sentir que essa transformação física era menos provável. Em uma sessão nesse período de terapia, o Sr. E. relatou uma experiência estranha. Ele falara com um homem, em frente a seu prédio, que ele conhecia por muitos anos e que "era gentil" (favored) com ele (a palavra favored tem um duplo sentido, particularmente no Sul dos Estados Unidos, região onde o paciente foi criado, de parecer-se fisicamente e de ser gentil. Para esse paciente, os dois significados eram inconscientemente indissociáveis). O Sr. E. ficara extremamente perturbado pelo fato de ter visto no rosto do homem "uma beleza feia", algo que nunca havia visto antes. O paciente, em um ato de clareza e presença não característicos, perguntou ao terapeuta se ele sabia sobre o que o paciente estava falando e se já havia visto algo parecido. A postura calma e não ameaçadora, porém persistente, do Sr. E. ao perguntar ao terapeuta se ele conhecia tal sentimento foi entendida pelo terapeuta como a maneira encontrada pelo paciente de perguntar qual seria sua resposta a essa nova mistura (integração inicial) de sentimentos transferenciais hostis e carinhosos (deslocados ao homem encontrado na rua).*

## A clivagem como descontinuidade da história

Na posição esquizoparanoide, o modo predominante de simbolização ("equação simbólica", Segal, 1957) caracteriza-se como o símbolo e o simbolizado sendo emocionalmente indistinguíveis, dado que não há um *self* intérprete para mediar a relação entre eles. Não há significado atribuído pelo indivíduo à sua percepção: os eventos são o que são e a interpretação e a percepção são tratadas como processos idênticos. A experiência sensorial não é mediada[6] por um sujeito intérprete.

Dentro desse estado mental, a clivagem gera uma qualidade distinta de experiência (estado do ser) bem diferente da que se desenvolve mais tarde. A operação mental da clivagem cria um estado mental no qual não existe "entremeio". Um plano tem dois lados e dois lados apenas; um observador nunca consegue ver os dois lados ao mesmo tempo (esse estado contrasta com a situação onde diferentes aspectos da experiência criam e negam um ao outro, fazendo sempre relação com o outro na mente do observador). Na posição esquizoparanoide, não há ponto estratégico psicológico de onde mais de um plano emocional possa ser visto.

Quando um paciente *borderline* se sente com raiva e decepcionado com o terapeuta, ele sente que agora descobriu a verdade. O terapeuta não é confiável e o paciente deveria ter percebido isso desde o início. O que antes fora visto pelo paciente como prova da confiabilidade do terapeuta, é agora visto como um ato de traição, uma máscara, um disfarce para o que se tornou aparente. A verdade agora aparece e o paciente não irá se enganar ou baixar a guarda novamente. *A história é instantaneamente reescrita.* O terapeuta não é a pessoa que o paciente pensava ser; ele agora é visto como alguém novo. Cada vez que cheguei nesse ponto em uma terapia, fiquei perplexo com a frieza da renúncia do paciente da experiência compartilhada. Há um ataque à história emocional do relacionamento objetal. O presente é projetado para trás e para frente, criando, portanto, um presente estático, eterno e não reflexivo.

Quando o lado mais afetivo do plano psicológico "reaparece", o paciente frequentemente sente que "exagerou" ou que foi "paranoide" e, então, reinterpreta o passado e recria o terapeuta sob uma nova luz. Com muita frequência, o paciente simplesmente não lembra de ter se sentido diferente do presente. Por exemplo, o paciente esquece que em algum momento sentiu-se chocado e amedrontado pela "incompetência bruta" do terapeuta quando ele esqueceu o nome da namorada do paciente. (No Capítulo 5, será feita uma maior consideração acerca da negação intensa da história da experiência compartilhada, que acompanha o surto psicótico de um paciente.)

Para o paciente que depende muito da clivagem, o terapeuta bom (amado) e o mau (temido e odiado) são pessoas diferentes. O terapeuta bom nunca pode frustrar, pois assim que o faz, ele deixa de ser o terapeuta bom com quem o paciente está lidando. Por definição, não poderia ter sido o terapeuta amado e amoroso. De forma similar, em um estado mental onde predominam os processos de clivagem, o *self* hostil do sujeito não parece ter continuidade com o seu *self* amoroso, isto é, o indivíduo não vivencia a si mesmo como a mesma pessoa em diferentes estados afetivos.

A experiência contratransferencial do terapeuta quando um paciente se utiliza de clivagem como defesa possui uma qualidade perturbadoramente descontínua, que reflete a descontinuidade emocional do paciente. Quando o paciente, consciente e inconscientemente, trata o terapeuta como duas ou mais pessoas diferentes, uma interrupção correspondente da continuidade da experiência do *self* é produzida no terapeuta. Geralmente, isso resulta em amnésia por parte do terapeuta sobre os eventos ocorridos em uma ou mais sessões prévias. De certa forma, o paciente "cria" o terapeuta, não apenas em fantasia, mas também na realidade, na qual o impacto emocional sobre o terapeuta acontece de acordo com as configurações transferenciais dominantes.

Há um paralelo sugestivo entre essa compreensão de clivagem na posição esquizoparanoide e as conclusões de T. G. R. Bower (1971) a partir de sua pesquisa observacional com recém-nascidos:

> *De acordo com esses estudos, parece que o bebê com menos de 16 semanas de idade vive em um mundo articulado em termos de sólidos que são organizados de forma estável no espaço de acordo com seus locais, com uma constância de existência quando esses ocluem uns aos outros. É, entretanto, um mundo altamente superpopuloso. Um objeto se torna um objeto distinto assim que passa a um novo local. Nesse mundo, cada objeto é único. O bebê tem que lidar com um número muito grande de objetos, quando apenas um realmente está lá (pp. 37-38).*

Essa descontinuidade física dos objetos quando são movidos parece ser paralela à descontinuidade emocional do *self* e do objeto em diferentes "posições" afetivas no estado esquizoparanoide. Nessa fase do desenvolvimento, o mundo do bebê fica amontoado de objetos emocionalmente diferentes, que são, do ponto de vista de um observador externo, um objeto único.

## *Resumo*

O conceito kleiniano da posição esquizoparanoide é o primeiro ponto de apoio do bebê na esfera psicológica. Essa posição envolve uma forma de geração e organização da experiência, onde essa é de natureza predominantemente impessoal e não reflexiva (isto é, a experiência do *self* que tem poucas características de "eu-dade"). Pensamentos e sentimentos não são criações pessoais; eles são eventos que acontecem. O sujeito não interpreta suas experiências; ele reage a elas com um alto grau de automaticidade. Os símbolos do sujeito não refletem uma disposição de significados pessoais a serem interpretados e compreendidos; os símbolos são o que eles significam. Este é o domínio das coisas-em-si-mesmas.

O principal mecanismo de manejo do perigo é a clivagem, uma reorganização das coisas-em-si-mesmas em uma tentativa de separar o ameaçador do ameaçado. A identificação projetiva é uma elaboração do processo de clivagem, na qual o sujeito usa outra pessoa para vivenciar, à distância, aquilo que não quer ou não consegue experienciar por si mesmo.

A clivagem permite ao bebê, à criança, ou adulto, amar e odiar em segurança, ao estabelecer descontinuidade entre os aspectos amados e odiados do *self* e do objeto. Sem tal descontinuidade, o bebê não conseguiria alimentar-se em segurança e morreria. Uma característica básica da posição esquizoparanoide é a reescrita contínua da história, em prol da manutenção das descontinuidades dos aspectos amorosos e odiosos do *self* e do objeto. É essencial que apenas um plano emocional exista por vez. Caso contrário, as relações objetais ficam contaminadas e, como resultado, demasiado complexas para a psique primitiva.

## Notas

1. Quando falo em *estado do ser*, tenho em mente aquele aspecto da experiência psicológica relacionado com o sentimento de estar vivo. A qualidade de um dado estado do ser é reflexo do grau de subjetividade (a experiência "eu-dade") que foi alcançado; a localização psicológica dessa subjetividade em relação aos pensamentos, mente, corpo e o não eu do indivíduo; a experiência do espaço psicológico no qual o indivíduo pensa seus pensamentos, vive em próprio seu corpo, sonha os seus sonhos; o sentido do lugar da experiência do indivíduo em relação ao seu passado e se futuro; o grau de diferenciação do *self*, dos símbolos do indivíduo e do simbolizado.

2. O código instintivo associado ao instinto de morte funciona como um organizador do sentido de perigo em narrativas relacionadas a objetos (por exemplo, fantasias do tipo presa-predador [ver Groststein, 1985]). Bion (1962a) descreveu a degeneração patológica das fantasias objetais de perigo em um sentido de "terror sem nome", que ocorre quando a mãe não quer ou não consegue processar as identificações projetivas do bebê.

3. Me parece que, dada a estrutura proposta por Bion, o conceito de que elementos beta são projetados pelo bebê em sua mãe pressupõe que eles tenham adquirido algum grau de significado. Caso contrário, não haveria motivo pelo qual eles teriam sido percebidos ou selecionados para "ejeção".

4. Acredito ser necessária uma revisão dessa compreensão de identificação projetiva. Como aludido no Capítulo 2, a identificação projetiva deve ser entendida em termos da criação de uma nova unidade psicológica (mãe-bebê ou projetor-receptor), formação essa onde se considera a habilidade do projetor de mover-se além do seu modo prévio de organizar experiências, isto é, mover-se além de si mesmo. Uma discussão mais profunda dessa forma de atividade mental será apresentada nos Capítulos 7 e 8.

5. Essa concepção de estado não reflexivo sobrepõe-se em certo grau à noção de Sartre (1943) de *ser-em-si*, uma forma de ser que simplesmente é o que é: "Ser-em-si não tem *algo interno*, o que se opõea *algo externo,* análogo a um julgamento, uma lei, uma consciência de si mesmo. O *em-si* não tem

nada secreto; é sólido. De certa forma, podemos designá-lo como uma síntese. Porém, é a mais indissolúvel de todas: a síntese do *em-si* com *em-si*" (p. lxvi). Esse aspecto de ser é absolutamente indiferenciado de si mesmo e, portanto, é uma forma muito mais extrema de objetividade (não reflexão) do que a associada à posição esquizoparanoide.

6. O conceito de Lacan (1949-1960) de domínio do imaginário (anterior à entrada na ordem simbólica) e o de Hegel (1807) de experiência não dialética ou predialética *"inconsciente de si"*, também envolvem concepções de uma experiência sensorial não mediada (imediata). Para Lacan, é o sistema de símbolos linguísticos que permite a mediação entre o indivíduo e experiência sensorial vivenciada por ele. Para Hegel, isso é alcançado através da mediação do trabalho (produções humanas) que é feito por propósitos outros que não os requeridos para a sobrevivência do homem como um animal.

# 4. A posição depressiva e o nascimento do sujeito histórico

> *Klein conseguiu deixar claro [...] como a capacidade para preocupar-se e para sentir culpa é uma conquista [...] Essa é, na minha opinião, a contribuição mais importante de Klein, tão importante quando o conceito de Freud do complexo de Édipo.*
>
> —Donald Winnicott

As posições esquizoparanoide e depressiva são conceitos kleinianos de organizações psicológicas que geram domínios distintos da experiência ou estados do ser. O sujeito não abandona a posição esquizoparanoide no "limiar" da posição depressiva; pelo contrário, ele estabelece, com maior ou menor êxito, uma relação dialética entre as duas, um relacionamento no qual cada estado cria, preserva e nega o outro, assim como ocorre com a mente consciente e inconsciente no modelo topográfico de Freud.

A compreensão de posição depressiva que será apresentada nesse capítulo baseia-se nas ideias introduzidas por Klein, mas vai substancialmente além do explícito em seus escritos. O interesse primordial de Melanie Klein eram os conteúdos mentais e, portanto, não foram exploradas as implicações de sua teoria para uma concepção psicanalítica de estados fundamentais subjacentes do ser.

## A transição para a posição depressiva

Como discutido no capítulo anterior, a posição esquizoparanoide é um modo gerador de experiência impessoal e automático. Perigo e segurança são gerenciados através da descontinuação da experiência (por meio da clivagem) e da expulsão para dentro da outra pessoa de aspectos ameaçados e inaceitáveis do *self* (por meio da identificação projetiva). A posição esquizoparanoide envolve um estado não reflexivo do ser; os pensamentos e sentimentos do sujeito são eventos que meramente ocorrem.

A posição depressiva constitui um domínio completamente diferente da experiência característica da posição esquizoparanoide. Ingressar na posição depressiva envolve um avanço psicológico monumental. O conceito de uma linha de desenvolvimento (A. Freud, 1965) não captura de forma adequada a natureza não linear da mudança que aqui ocorre e tampouco é análoga ao encaixe de um quebra-cabeça, que cria lentamente uma concepção do todo a partir da soma das partes (como em Glover [1968], sobre o desenvolvimento primitivo do ego a partir do seu núcleo). Uma analogia mais adequada pode ser traçada do ponto de vista da física: elementos e condições que se acumulam culminam em uma massa crítica e nesse ponto um novo estado construído com base no anterior, mas qualitativamente diferente, emerge de uma forma que não poderia ser prevista ao se observar a soma dos ingredientes (ver a teoria do campo genético de Spitz [1959]).

A transição entre esses dois modos ou posições tem qualidades de um salto quântico. Entretanto deve-se ter em mente que as posições esquizoparanoide e depressiva são processos, não entidades estáticas. Portanto, é inadequado falar em "atingir a posição depressiva". Seria mais preciso dizer que o indivíduo começou a funcionar no modo da posição depressiva, em algum grau e considerar que esse modo permanece em desenvolvimento contínuo ao logo de toda vida e que a operação nesse modo sempre pressupõe a operação simultânea no modo da posição esquizoparanoide.

A partir de uma perspectiva kleiniana (conforme elaborada por Bion [1962a, 1963, 1967]), o processo psicológico-interpessoal da identificação projetiva é um dos principais veículos (em associação com a maturação psicofisiológica e a predominância de experiências boas) pelos quais o indivíduo move-se da posição esquizoparanoide para a posição depressiva. O mundo objetal do bebê na posição esquizoparanoide consiste de objetos parciais, que interagem ao longo de linhas pré-determinadas pelos dois maiores códigos instintuais. A experiência real, a não ser quando modificada pelo processo da identificação projetiva, irá simplesmente confirmar as preconcepções polarizadas do bebê sobre perigo absoluto e segurança serena.

A identificação projetiva permite sair do sistema inicialmente fechado de realidade psíquica do bebê. A interação com a mãe, que constitui a identificação projetiva, possibilita ao bebê modificar suas preconcepções instintuais, isto é, a aprender com a experiência. A antecipação não reflexiva do bebê quanto a uma rejeição sádica por parte da mãe pode ser enfraquecida pelo "processo continente" (Bion, 1962a, 1962b). O objeto idealizado passa por uma modificação similar. A experiência boa e a maturação não são os únicos responsáveis pelas transformações de objetos parciais; a modificação da qualidade da receptividade do bebê e o sistema gerador de significado que ocorre na interação que constitui a identificação projetiva[1] possibilitam ao bebê discriminar novas experiências de experiências antecipadas por ele.

Os kleinianos (Klein, 1935, 1958; Segal, 1957, 1964) atribuem a integração de objetos parciais bons e maus à combinação de fatores maturacionais e experiência real. Os fatores maturacionais incluem uma diminuição da intensidade do instinto e um desdobramento das capacidades cognitivas, incluindo a estabilização da capacidade de teste de realidade e memória. Com essas modificações maturativas servindo de base, a integração de objetos parciais e das partes do *self* se torna possível quando predomina a experiência boa. A experiência satisfatória com objetos aumenta os sentimentos do bebê de vínculo e amor a partir de objetos internos bons, além de diminuir o medo do bebê de objetos maus. Dessa forma, objetos maus não precisam continuar a serem expulsos de forma violenta pela projeção e pela identificação projetiva. O resultado é uma diminuição da ansiedade persecutória. O objeto bom não necessita ser mantido tão distante, emocionalmente, do objeto mau e, ao longo do processo, aspectos bons e maus do *self* e objetos parciais bons e maus podem ser gradualmente experimentados como qualidades diferentes de um objeto único e de um *self* único.[2]

## O desenvolvimento da subjetividade

No processo de evoluir de um relacionamento com objetos parciais para um relacionamento com objetos inteiros, bem como de experiências cindidas do *self* para uma continuidade de experiências do *self*, o bebê se torna humano e potencialmente empático. Em um esforço para compreender a transformação da qualidade da experiência que se torna possível na posição depressiva, deve-se considerar a vasta gama de avanços no desenvolvimento subjacentes a essa metamorfose, por exemplo, uma capacidade melhorada de diferenciação *self*-objeto, o desenvolvimento da capacidade de formação simbólica, capacidades aprimoradas de modulação afetiva, teste de realidade e memória. Nenhum avanço isolado no desenvolvimento caracteriza a mudança do estado do bebê que será descrita. Infelizmente, não é possível referir-se a todo o desenvolvimento sem considerar as partes separadamente, dando, portanto, a ilusão de que uma parte leva à próxima, de forma sequencial. Na verdade, cada aspecto do desenvolvimento cria as condições necessárias para a emergência de outros.

Começarei com uma discussão sobre o desenvolvimento da subjetividade, a experiência de "eu-dade", que é concomitante à diferenciação entre símbolo e simbolizado. Na posição esquizoparanoide, o símbolo e o simbolizado eram emocionalmente intercambiáveis, levando a um imediatismo da experiência, que se manifestava na extrema concretude de pensamentos, engessamento no manifesto e na qualidade delirante da experiência (incluindo a experiência de transferência). O símbolo é o que ele representa. No umbral da posição depressiva, a maturidade da organização psicológica do bebê alcançou o ponto no qual uma mudança estrutural passa a ser possível. Quando símbolo e simbolizado passam a ser distinguíveis, um sentido de "eu-dade" preenche o espaço entre eles. Esse "eu" é o intérprete dos símbolos do sujeito, mediador entre os seus pensamentos e o conteúdo destes, o intermediário entre o *self* e a experiência sensorial vivida pelo indivíduo. Pode-se questionar se o sentido de "eu-dade" possibilita a diferenciação entre símbolo e simbolizado ou se a diferenciação entre eles permite a emergência de um sentido de "eu-dade". Eu viria as duas como verdadeiras: cada qual torna a outra possível, mas nenhuma é a causa da outra em um sentido linear.

No momento em que o bebê se torna capaz de vivenciar a si mesmo como intérprete de suas percepções, ele nasce enquanto sujeito. Todas as experiências desse ponto em diante são criações pessoais (exceto se existir regressão subsequente). Na posição esquizoparanoide, tudo é o que é (isto é, os eventos falam por si mesmos), enquanto que na posição depressiva, nada é simplesmente o que parece ser (os eventos não têm um significado intrínseco). Na posição depressiva, um evento é o que se torna dele; seu significado é dado pela interpretação que lhe é atribuída pelo sujeito.[3] (Deve-se manter em mente que esse estado psicológico do ser sempre coexiste com a posição esquizoparanoide, na qual as percepções são vividas como coisas-em-si-mesmas.)

Quando o bebê se torna um sujeito intérprete, ele pode projetar, pela primeira vez, este estado mental em seu sentido do outro, considerando a possibilidade de que outras pessoas experimentem sentimentos e pensamentos de forma muito similar. Ter ciência da possibilidade de outra pessoa ser um sujeito e ao mesmo tempo um objeto, cria as condições através das quais o bebê pode sentir preocupação por outra pessoa.[4]

Quando o bebê se torna capaz de sentir preocupação por outra pessoa separada dele, isto é, um ser humano vivo, ele passa então a ser capaz de sentir culpa e de desejar fazer reparações. Ele pode se sentir mal pela forma como machucou outra pessoa (de fato ou em fantasia) e pode distinguir, em alto grau, entre dano real e imaginário.

Há uma grande diferença entre a experiência de destruição e reparação na posição esquizoparanoide e essa mesma experiência na posição depressiva. Na primeira, o objeto de agressão do sujeito é tido como um objeto impessoal que não possui sentimentos ou subjetividade, pois o próprio bebê é desprovido de subjetividade.

A posição esquizoparanoide é um estado mágico, no qual não o indivíduo não precisa se preocupar em destruir seu inimigo, pois ele é capaz de onipotentemente recriar o que destruiu caso queira restaurá-lo.[5]

A compreensão desse estado característico da posição esquizoparanoide e da forma como nele as experiências são interpretadas permite entender o motivo pelo qual a principal ansiedade dessa posição não é o medo da morte, mas sim o medo da "niilação".[6] O sujeito não pode morrer se não estiver vivo. Cadeiras não morrem ou se ferem; elas são danificadas ou destruídas. Na posição esquizoparanoide, não há história imutável criada intersubjetivamente e preservada na memória subjetiva. Em vez de morrer, o sujeito desaparece sem deixar rastros. Em contraste, a morte no final da vida é tanto mais como menos absoluta. É menos absoluta porque a pessoa pode prever que continuará a existir nas pessoas que foram influenciadas pela experiência compartilhada, ou pelos símbolos criados por ela (e que foram interpretados por outros) para refletir sua individualidade. De forma paradoxal, a ideia de morte da perspectiva esquizoparanoide é menos absoluta do que no contexto da posição depressiva. Na posição esquizoparanoide, a ausência nunca é permanente. Sempre há a possibilidade de recriação onipotente do objeto ausente.

Enquanto a principal angústia da posição esquizoparanoide é o medo da niilação, a principal angústia da posição depressiva é o medo da perda do objeto. O objeto perdido é vivenciado como um ser humano inteiro e independente, a quem o sujeito teme afastar, machucar ou matar. O luto é o trabalho realizado na ansiedade depressiva; doenças depressivas e maníaco-depressivas são formações patológicas geradas em resposta a ansiedade depressiva. (A defesa maníaca contra a ansiedade depressiva será discutida posteriormente nesse capítulo.)

## O manejo do perigo na posição depressiva

A objetividade (não reflexividade) do *self* na posição esquizoparanoide explica o modo de manejo do perigo nesse estado do ser. Em um mundo de coisas-em-si-mesmas (incluindo o *self* como objeto), não é possível garantir segurança a partir da compreensão ou de um acordo no qual cada uma das duas ou mais partes (sujeitos) são modificadas (intersubjetivamente) de forma a fazerem as pazes. Em um reino de objetos (ao contrário de sujeitos), a segurança é mantida através de mudanças quantitativas e transformações mágicas tudo-ou-nada. O indivíduo conquista segurança em relação a um perigo interno colocando, magicamente, esse perigo fora de si mesmo; o indivíduo protege a si mesmo contra objetos persecutórios adquirindo um exército maior de objetos bons; o indivíduo protege aspectos ameaçados do *self* transformando, magicamente, outra pessoa em um repositório para aquele aspecto do *self*, preservando-se, portanto, na forma de um outro com quem mantem uma conexão de identidade (identificação projetiva).

A renúncia à onipotência da posição depressiva é inteiramente ligada ao estabelecimento da separação entre objeto e sujeito. É só quando o indivíduo não pode criar ou transformar magicamente o objeto, que algo ou alguém que não é ele mesmo passa a existir. Se há alguém que não sou eu, a quem eu não eu posso criar, controlar e transformar, então eu também posso emergir como uma pessoa distinta. Na renúncia à onipotência, o real é criado como uma entidade separada dos pensamentos do indivíduo. Em termos de formação simbólica, o simbolizado (o destinatário dos meus pensamentos no real) é pela primeira vez liberto de símbolos criados por mim (meus pensamentos e sentimentos sobre isso, qua agora percebo). O sujeito é liberto do reino da coisa-em-si-mesma.[7]

## *Inveja e ciúmes*

A diferenciação entre inveja e ciúmes oferece referenciais de experiência específicos para a discussão anterior sobre o relacionamento da posição esquizoparanoide para a posição depressiva. Para Klein (1952c, 1957, 1961), a inveja é uma das manifestações mais importantes do instinto de morte. Como fenômeno da posição esquizoparanoide, a inveja é um relacionamento com um objeto parcial, no qual o sujeito odeia o objeto por ter o que ele acha que não tem e desesperadamente precisa ter. O sujeito deseja roubar do objeto aquilo que inveja e estragar o que não puder roubar.

> *Durante a psicoterapia de uma paciente gravemente perturbada, a terapeuta ficou grávida. A paciente, Srta. W., negava, indiferente, nutrir qualquer sentimento a esse respeito, porém desenvolveu um pressentimento terrível de que encontraria um feto abortado em todos os sanitários que estava prestes a usar. Durante o mesmo período, Srta W. achava insuportavelmente doloroso comprar em lojas, pois ela só poderia comprar poucos itens, deixando tantos outros na loja a ponto de que, os que podia comprar, lhe pareciam um deboche dela mesma. Era com muito esforço que ela se impedia de roubar. O desejo inconsciente da paciente de ter a terapeuta exclusivamente para si mesma levou a uma inveja inconsciente do bebê (e, de forma secundária, da terapeuta por ter o bebê). A paciente inconscientemente desejava matar o bebê, pois esse possuía o que ela queria. Além disso, a Srta. W. desejava arruinar o bem desejado do bebê e da terapeuta.*

A inveja envolve um relacionamento bipessoal com um objeto parcial, enquanto que o ciúme é entendido como um fenômeno da posição depressiva, com objetos inteiros e envolvendo três pessoas. O ciúme é uma manifestação do desejo do sujeito de ser amado da forma que ele sente que a outra pessoa (o objeto de ciúme) é amada por uma terceira pessoa. Envolve um grau de empatia com outra pessoa (ao colocar-se no lugar do objeto de ciúme sem perder-se no outro) e um sentido de uma terceira pessoa inteira e independente, a quem o sujeito é capaz de imaginar amando e sendo amada.

A inveja envolve não apenas ódio do objeto por possuir o bem, mas também ódio do próprio bem, pois o dono e o bem possuído são emocionalmente equivalentes. O ciúme é um sentimento muito mais complexo (em seu cerne é um conjunto de sentimentos amorosos, ambivalentes) que envolve raiva por ser excluído de um relacionamento amoroso. O indivíduo deseja amar e ser amado, porém sente-se excluído da experiência por uma outra pessoa, a quem vê desfrutar, em vez dele, daquele relacionamento amoroso. O ciúme é construído sobre uma série de acordos desejo-medo estabelecidos, em grande parte, para lidar com os problemas da ambivalência: o sujeito não ousa se engajar em um relacionamento amoroso, porém acaba envolvido através da identificação com o objeto de ciúme; o indivíduo não ousa odiar diretamente o objeto amado, odiando um objeto deslocado (o objeto de ciúme); o indivíduo teme a destrutividade fantasiada da excitação sexual e modula-a através do uso de um intermediário; o indivíduo disfarça desejos *voyeurísticos* violentamente intrusivos com o sentimento de ter sido compulsoriamente colocado na posição de um observador intensamente interessado. No ciúme, esses desejos e medos são sentimentos gerados por um sujeito. Os sentimentos do sujeito são *potencialmente* vivenciáveis como seus próprios, mesmo que ele possa, vigorosamente, tentar abdicar desses sentimentos por meio de repressão, projeção, negação, deslocamento ou identificação projetiva.

Após esquematicamente descrever a inveja e o ciúme como estados emocionais separados, é importante enfatizar que essas emoções representam fins coexistentes de um gradiente único, sempre em relação hierárquica. Nem a inveja, nem o ciúme são encontrados em formas puras. Cada estado psicológico no qual esses sentimentos desempenham um papel deve ser compreendido em termos de um interjogo entre essas duas formas de relacionamento.

## A criação da história

Na posição depressiva, o bebê renuncia de forma progressiva ao poder de magicamente recriar aquilo que danificou ou destruiu. Nesse novo contexto emocional, o bebê desenvolve uma nova qualidade de relacionamento objetal que envolve o desejo de reparar o que fez. Ele não pode desprezar o passado e começar novamente. O *self* histórico existe pela primeira vez.

A experiência histórica é um fenômeno marcadamente humano (Kojève, 1934-1935). Os animais passam por uma progressão evolutiva onde padrões de resposta biologicamente determinados são desempenhados. A história requer a capacidade de autorreflexão. Na ausência dessa capacidade, os animais vivem apenas o presente. Apenas o homem, de forma autorreflexiva, pode lembrar quem ele era antes de ter sofrido transformações pelas suas experiências no mundo. O bebê da posição depressiva começa a vivenciar tanto a si mesmo como à outra pessoa como os mesmos de antes de ele, por exemplo, machucar sua mãe (em fantasia ou realidade). Eles não se tornam pessoas diferentes, mas um evento adicional foi incluído à sua experiência comum.

Na posição esquizoparanoide, por sua vez, o passado está constantemente sendo alterado: cada novo evento muda radicalmente todos os anteriores. O presente é imediatamente projetado em todas as experiências anteriores, desprezando, portanto, o passado. O passado se torna uma mera extensão líquida do presente. Quando o paciente *borderline* fica com raiva do terapeuta, todas as experiências anteriores são vistas como decepções causadas pelo terapeuta. (Ver Capítulo 5 para exemplos clínicos dessa reescrita da história.)

Na posição depressiva, o bebê não tem mais acesso ao gênero Orwelliano de reescrita da história, possível na esquizoparanoide. No estado do ser depressivo, quando o sujeito sente que machucou outra pessoa, não tem como escapar desse fato. Não é possível negar ou reescrever a história, não é possível suprimir o fato de que um evento de uma certa natureza tenha ocorrido. O sujeito pode tentar uma reparação com a outra pessoa, sabendo perfeitamente que isso não altera o passado. O desenvolvimento da capacidade de fazer reparações não mágicas é um dos marcos da posição depressiva.

Apenas quando outra pessoa não pode mais ser magicamente recriada (por exemplo, pela substituição completa de uma figura materna ausente por uma nova figura) é que se torna possível sentir falta de alguém que está longe, ou lamentar por alguém que morreu ou foi embora permanentemente. Quando se torna possível a experiência do outro como existente independente do sujeito, torna-se possível estar com essa pessoa e estar longe dela, de formas completamente diferentes do que era possível anteriormente. O sujeito não pode abandonar ou ser abandonado por outra pessoa se ele mesmo não permitiu que esse outro fosse presente e vivo como ser humano. De forma análoga, um indivíduo não pode sair de um lugar onde nunca esteve (ver Searles, 1982). O perigo ao qual o sujeito se expõe ao entrar no mundo dos seres humanos (isto é, ao conquistar ao relacionamento com objetos inteiros da posição depressiva), é o de sentir preocupação por pessoas sobre as quais ele não tem controle. Portanto, o sujeito se abre à possibilidade de ser abandonado (física e emocionalmente) pela outra pessoa. Na posição depressiva, o sentimento de solidão é gerado e mantido pela primeira vez. Com o passar do tempo, a experiência da solidão requer que o sujeito tolere a presença de uma ausência sem preencher o vazio com projeções do *self*, ou desejos alucinatórios, ou ainda sem a construção de um mundo paranoide no qual objetos persecutórios são companheiros constantes.

A principal angústia da posição depressiva, a de machucar ou afastar a pessoa amada, não poderia emergir na esquizoparanoide, apesar de haver fantasias de aniquilação do objeto. Na posição esquizoparanoide, as pessoas que são amadas e as que são odiadas são pessoas diferentes. Essa é uma reafirmação de a partir de uma perspectiva diferente sobre a ideia que o processo de clivagem na posição esquizoparanoide permite ao bebê evitar o dilema de odiar a pessoa amada e amar a pessoa odiada.

A partir da perspectiva desenvolvida até agora, pode-se observar que o termo *posição depressiva* é enganoso. O termo *posição histórica* representa de forma mais adequada o que é regra na conquista dessa organização psicológica. O luto, não a depressão, é o processo psicológico pelo qual os laços objetais anteriores são abdicados. A memória histórica é por si só uma forma de luto, pois reconhece o fato de que o passado (e os laços objetais que constituem o passado do indivíduo) não mais existe mais em sua forma primitiva. Como Freud (1911-1915) destacou em seus trabalhos, a transferência é um ato de repetição e não de relembrar e, portanto, há sempre resistência em abandonar os laços objetais constituídos na transferência. A análise da transferência é, em parte, um processo de transformação de uma repetição em uma memória e, dessa forma, visa expandir a historicidade da posição depressiva. O processo de transformar a atuação em lembrança (a elaboração de sentimentos em um domínio simbólico com dimensão histórica) e a sustentação de tais sentimentos ao longo do tempo está no cerne do que Freud (1932) queria dizer com: *"Wo Es war, soll Ich werden"* ("Onde isso estava, ali estarei eu").

## A *responsabilidade pela ação na posição depressiva*

O ato de reconhecer o papel do sujeito como intérprete de experiência é uma importante de forma de assumir responsabilidade pelas ações dele. A contrapartida dessa experiência de ser responsável pelas próprias ações (incluindo a atividade mental) é a experiência de liberdade. É apenas quando o sujeito apodera-se da responsabilidade pelas suas ações que ele pode fazer escolhas, nas quais sente graus variáveis de liberdade, dependendo da sua percepção da importância de fatores limitantes internos e externos.

A linguagem de ação de Schafer (1976) é a linguagem completamente articulada da posição depressiva. É uma forma de falar na qual se reconhece a responsabilidade do sujeito por seus pensamentos, sentimentos e comportamento. Por exemplo, Schafer acredita que a reificação do afeto e da motivação serve para refutar a posição do sujeito como agente ativo em relação a sua atividade psicológica e comportamento. Em um esforço inconsciente para negar a responsabilidade pelo que ele fez enquanto estava com raiva, um paciente pode dizer, "a raiva estava crescendo em mim até o ponto em que eu explodi" ou "eu não sei o que me levou a fazer isso". Em uma postura de renúncia à ação, os pacientes protestam inconscientemente, "Permita-nos nossas ilusões de ignorância, passividade e desamparo. Nós ousamos não reconhecer que somos mestres da nossa própria casa" (p. 154).

Na posição depressiva completamente desenvolvida (um estado ideal nunca alcançado), somos sujeitos cientes de nossa responsabilidade sobre nossos pensamentos, sentimentos e comportamentos. Entretanto, da perspectiva desenvolvida nesse capítulo, a posição depressiva coexiste dialeticamente com a posição esquizoparanoide. Quando o indivíduo funciona predominantemente de modo esquizoparanoide, ele é, em grau considerável, vivido pela experiência. É inadequado, portanto, usar uma linguagem que sugira o contrário. A linguagem de ação não reflete a natureza da estrutura do componente esquizoparanoide em todos os estados psicológicos, predominante nos estados mentais primitivos. A inabilidade do sujeito em plenamente vivenciar-se como "mestre da sua própria casa" não é um simples reflexo de "comportamento assustado e resistente de renúncia a ação" (p. 154).

Já que ainda não há sujeito na posição esquizoparanoide, não se pode assumir responsabilidade por emoções apresentadas a um *self* não subjetivo, onde forças e objetos interferem ou emanam de um *self* como objeto. Essa experiência do *self* como objeto não é simplesmente uma defesa; é um componente inevitável do desenvolvimento psicológico e um aspecto contínuo de organização psicológica. O indivíduo não abandona esse modo de organização da experiência; ele o incorpora em um relacionamento dialético maduro dos estados do ser esquizoparanoide e depressivo. A partir dessa perspectiva, a linguagem de ação de Schafer superestima o grau em que somos sujeitos e subestima o grau em que o *self* permanece eternamente um objeto. O isso (Id) nunca se torna completamente o eu (ego), nem gostaríamos que assim fosse. Necessitamos de outra linguagem, que não a da ação, para falar sobre esse assunto e sobre esse aspecto do ser.

## A *defesa maníaca*

Pacientes que alcançam a posição depressiva de forma instável utilizam frequentemente uma forma específica de defesa, chamada por Klein (1935, 1952c) de *processo* ou *defesa maníaca*. Essa defesa (mais precisamente compreendida como um grupo de defesas) é um fenômeno intermediário, que incorpora elementos da organização psíquica das posições esquizoparanoide e depressiva. É uma defesa contra a ansiedade depressiva (o medo da perda de um objeto vivenciado como inteiro e independente), mas implica modos de defesa característicos da posição esquizoparanoide (clivagem, negação, projeção, introjeção, idealização, identificação projetiva, e pensamento onipotente). O processo maníaco envolve uma regressão a um estado do ser no qual a subjetividade, a historicidade, a experiência de realidade psíquica, bem como a capacidade de formação simbólica madura, estão todos muito comprometidos. O paciente que utiliza defesas maníacas não vive em um mundo de significados simbólicos em camadas, onde sentimentos, pensamentos e eventos podem ser compreendidos. O paciente hipomaníaco ou maníaco vive em um mundo atuador, onde os eventos falam por si mesmos e são manejados de forma reativa. A defesa maníaca não é exclusiva de pacientes bipolares, tal qual a projeção não é uma defesa exclusiva dos pacientes paranoides. Entretanto, a defesa maníaca é vista em sua forma extrema em estados maníacos e hipomaníacos. Uma vez que o indivíduo tenha começado a consolidar a organização psicológica da posição depressiva, a defesa maníaca torna-se parte do repertório normativo de defesas.

A defesa maníaca envolve a negação do indivíduo acerca da sua dependência de outras pessoas (Klein, 1935, 1963b). Essa negação é reforçada pela fantasia inconsciente de controle onipotente sobre o objeto, fantasia esta que protege o indivíduo contra a ansiedade de ser abandonado pelo objeto: A pessoa não precisa temer a perda de um objeto sobre o qual sente ter absoluto controle. Além disso, desprezar o objeto serve para isolar o indivíduo da perda, já que ele não precisa se preocupar com a perda de um objeto desprezado, desvalorizado (ver Segal, 1964).

*Pediram-me assistência a um homem hospitalizado, de quarenta e poucos anos, que havia sido internado involuntariamente há dois dias. O paciente, Sr. L., andava arrogantemente para a sala de entrevistas e, imediatamente, começou a reclamar sobre a "mentalidade pequena" da equipe de enfermagem da sua ala. Ele sentia que a oportunidade de falar com um médico poderia ser mais interessante para ele. Ele falou em um tom alto, um tanto ameaçador, que demonstrou claramente o quão explosivo poderia ficar se eventualmente sentisse que não estava totalmente no controle da situação. Ele utilizava expressões francesas e alemãs para expressar precisamente os significados que ele procurava. O Sr. L. me disse que havia sido estudante de graduação em literatura comparativa em uma universidade de prestígio, porém não havia conseguido concluir o curso devido a questões financeiras. Ele evitava falar de qualquer assunto que pudesse me levar a questioná-lo sobre o motivo pelo qual estava no hospital. Aquele tema iria destroçar a ilusão de que nós dois éramos apenas dois "homens educados" engajados em uma conversa. Apesar da sua hostilidade, havia algo na fragilidade desse homem; ao longo da entrevista, ele parecia me suplicar, silenciosamente, que não lhe roubasse suas ilusões.*

*O clima da entrevista mudou quando ele me perguntou quantos idiomas estrangeiros eu falava. Eu hesitei e disse que gostaria que ele me permitisse não tomar a sua pergunta literalmente, já que [...] ele me interrompeu antes que eu pudesse concluir o pensamento, dizendo que, obviamente, eu estava tentando esconder a profun-*

> didade real da minha ignorância e que ele havia perdido o interesse em conversar comigo. Pareceu-me que o Sr. L. sentiu que a minha relutância em responder a sua pergunta e a possibilidade de que eu fosse oferecer uma interpretação representava um esforço para exibir o meu poder, diminuí-lo e tomar controle da entrevista. Pelos próximos 15 minutos, ele agiu como se estivesse sozinho na sala, especialmente quando eu tentava falar com ele. Quando eu finalmente disse a ele que nosso horário havia acabado, ele não deu resposta alguma e nós ficamos sentados ali por vários minutos. Em um determinado momento, ele jogou a sua revista na mesa e disse: "Está muito quente nessa sala; estou saindo daqui". Ele saiu da sala, mas eu percebi que ele não havia ido longe. Quando abri a porta do corredor, ele estava parado próximo à porta. Eu disse que eu, também, sentia que havia mais a dizer um ao outro e que poderíamos conversar no dia seguinte se ele quisesse. Com a cabeça baixa, ele lentamente foi embora.

Nessa entrevista, o Sr. L. utilizou fortemente um conjunto de defesas maníacas que incluíam negação (do término da sessão por mim e da natureza do nosso relacionamento), uma fantasia grandiosa da nossa dupla (nós dois como homens superiores), desprezo, e controle onipotente fantasiado (refletido no seu domínio sobre o fluxo e a direção da entrevista). O paciente também usou a identificação projetiva: através desse processo, era eu que carregava os sentimentos de trepidação e tristeza abdicados pelo paciente (até o final da entrevista). Apesar da natureza primitiva de suas defesas, estava claro que o Sr. L. estava tentando proteger-se de uma dolorosa perda de autoestima e conexão com outra pessoa.

Esse paciente não iria permitir que lhe acontecesse o desastre que seria o vínculo e, entretanto, ele era incapaz de manter-se completamente livre do desejo pela companhia de outra pessoa de quem, inconscientemente, esperava poder depender.

O uso de defesas maníacas é raramente tão dramático como no caso descrito. É importante reforçar que as defesas maníacas constituem um componente do repertório defensivo de todos os indivíduos. Por exemplo, um paciente neurótico que estava com medo de ser abandonado no contexto da transferência materna, iria abandonar seu modo habitual (relativamente maduro) de relacionamento objetal e começar a tratar o terapeuta de um modo condescendente, isto é, falando grandiosamente (de forma disfarçada) sobre suas próprias conquistas em contraste com as do terapeuta. Por vezes, essas manifestações de defesa maníaca eram extremamente sutis, inicialmente observáveis apenas no toque de desprezo em seu tom de voz ou no ar de indiferença sobre um atraso em pagar a conta.

## A conquista da ambivalência

Nesse momento, gostaria de focar a discussão nos processos psicológicos interpessoais envolvidos no desenvolvimento da capacidade de ambivalência. A ideia de integrar objetos parciais bons e maus, apesar de atrativa do ponto de vista heurístico, não descreve completamente os componentes envolvidos nesse avanço do desenvolvimento. A ambivalência não é uma simples forma de amar e odiar, consciente ou inconscientemente, o mesmo objeto em um determinado momento, pois essa é a descrição de um estado muito primitivo de indiferenciação, frequentemente observado em pacientes esquizofrênicos. Sob tais circunstâncias, o paciente esquizofrênico é incapaz de determinar se os seus sentimentos são de natureza amorosa ou de ódio, visto que essas emoções encontram-se "todas misturadas". Há um correlato físico que geralmente acompanha essa falha na diferenciação de sentimentos: o paciente é incapaz de distinguir entre sensações físicas/emocionais diferentes, por exemplo, entre fome e excitação sexual, ou náusea e raiva.

Da mesma forma, não é suficiente dizer que, na ambivalência, o indivíduo odeia conscientemente e ama inconscientemente e vice-versa, pois essa ideia não contempla o relacionamento do que é odiado com o que é amado. O avanço crítico na conquista da ambivalência é o fato de odiar a *mesma pessoa* a quem amou e, inconscientemente, ainda ama e espera amar abertamente mais uma vez. A história não é reescrita; não há sentimento de recuperação da verdade da qual o sujeito estava apenas vagamente ciente. Quando o indivíduo odeia, o amor que sentiu é ainda real e presente na história compartilhada com aquele que ele odeia. Portanto, o sentimento de tristeza é necessário à ambivalência, pois nada pode ser recuperado. Na posição esquizoparanoide, a tristeza simplesmente não faz parte do vocabulário emocional do sujeito. Como poderia? Tudo é tomado de volta quando um novo estado emocional é inserido. Os sentimentos de tristeza envolvidos no luto, culpa e na renúncia da onipotência estão entre os "preços" pagos pelo indivíduo para tornar-se humano da forma como o faz na posição depressiva. A "depressão" da posição depressiva é mais precisamente um sentimento de tristeza decorrente do reconhecimento de que a história não pode ser reescrita. O indivíduo é vulnerável à perda de objetos amados a quem ele não pode controlar de forma onipotente, recriar ou recuperar. Há tristeza no conhecimento de que o sujeito pode tentar reparar o mal feito por ele, mas não pode mudar o fato de que o fez. Além disso, a tristeza da posição depressiva está conectada com a aceitação do fato de que os desejos mais profundos do sujeito em relação a suas relações objetais primárias não foram completamente realizados e não serão satisfeitos da forma desejada por ele. Como será discutido mais a frente, os desejos edípicos são centrais a essas "renúncias" (talvez melhor descritas como resignações pesarosas).

O fenômeno da transferência madura (oposto à transferência delirante ou psicótica descrita por Searles, 1963, e Little, 1958) torna a tristeza da posição depressiva suportável. Assim como o passado não pode ser recuperado, o passado não pode nunca ser subtraído. A forma de transferência possível na posição depressiva permite ao indivíduo perpetuar, voltar a ter, partes importantes do que viveu com pessoas perdidas por ausência, morte, indisponibilidade emocional, ou mudança psicológica. Essa experiência de transferência (tanto dentro como fora do *setting* terapêutico) torna a dor da perda tolerável. O sujeito não substitui magicamente objetos primários; ele vive com a nova pessoa sentimentos similares aos vivenciados com a pessoa anterior. Dessa forma, ele não precisa abdicar inteiramente da experiência passada com objetos significativos. O sujeito pode ser obrigado a desistir das pessoas que ele perdeu, porém não precisa fazer o mesmo com a experiência que teve com essas pessoas. Ele sabe que a pessoa no presente (o objeto transferencial, que também é vivenciado como uma pessoa real com direitos próprios) e o objeto original são diferentes. Porém, esse conhecimento é tolerável visto que a nova experiência parece (inconscientemente) conectada com a experiência anterior, preservando assim a experiência antiga.

Nesse ponto, pode-se fazer uma distinção muito importante: *a transferência na posição depressiva é uma tentativa de preservação de um estado sentimental de um relacionamento passado; a transferência na posição esquizoparanoide é uma tentativa de preservação do próprio objeto perdido*. Na transferência delirante ou psicótica, o paciente vivencia o objeto presente e o original como idênticos, apesar das diferenças "irrelevantes" de sexo, idade, raça, e assim por diante. Na posição esquizoparanoide, a história está sendo reescrita constantemente e, essa reescrita pode, facilmente, incluir questões de idade, sexo, ou raça.

Agora, podemos ver sob uma nova perspectiva que a capacidade para o tipo de transferência obtido na posição depressiva proporciona ao indivíduo o potencial de tornar a sua própria morte tolerável. Quando o sujeito é capaz de sentir que a sua experiência com objetos perdidos nunca é inteiramente perdida, torna-se possível sentir que as experiências dos outros consigo e os símbolos criados por ele podem não ser inteiramente perdidos após a sua morte.

## A posição depressiva e o complexo de Édipo

O conflito psicológico gerado na posição depressiva é diferente do que é observado na posição esquizoparanoide. O pai que o sujeito deseja morto é a mesma pessoa que ele ama e não quer perder. Na posição depressiva, fantasias onipotentes de aniquilação do rival não mais proporcionam uma solução satisfatória para os problemas de relacionamento humano. No desenvolvimento normal, uma nova forma de defesa é gerada nesse contexto. A nova defesa preserva a continuidade da história da relação objetal mesmo que afaste a ciência quanto a algum aspecto do relacionamento. A nova defesa, a repressão, é baseada na crença inconsciente que "o que eu não sei não irá me machucar e esquecer não irá causar dano (ou mudar a identidade) do que é esquecido". O relacionamento do sujeito com seu pai é inconscientemente preservado, incluindo a raiva assassina que sente por ele quando o percebe como egoísta, injusto e tirano. No ato da repressão, o sujeito modifica o que conhece (mais precisamente, o que ele reconhece saber), não a quem ele ou a outra pessoa são. A história não é reescrita na repressão como o é na clivagem; pelo contrário, a história (caracterizada como uma combinação de memória e fantasia) é "enterrada" e, então, preservada.

É frequente a concepção errônea de que a fase edípica do desenvolvimento segue a posição depressiva. Tal ideia mistura qualitativamente diferentes construtos do desenvolvimento. A conquista da posição depressiva é o ingresso no mundo de relações objetais íntegras, isto é, o mundo de seres humanos subjetivos que possuem um passado individual imutável e uma história individual relativamente fixa. Essas pessoas são passiveis de cuidado e de luto; o indivíduo pode sentir culpa e remorso por elas. A relação da posição depressiva com a situação edípica é o relacionamento entre continente e conteúdo, onde cada um molda e influencia o outro.

Como discutido no Capítulo 2, o complexo de Édipo para Freud não é um simples conteúdo psicológico dentre muitos; é um núcleo filogeneticamente determinado para criação e organização de significados sexuais e agressivos. Por essa razão, era tratado por Freud como como a pedra angular da psicanálise, uma teoria fundamental de significados simbólicos, uma teoria do desenvolvimento, uma teoria de patogênese, e uma teoria de terapia. Nesse capítulo, farei alguns comentários introdutórios objetivando a discussão desse importante tópico.

Klein (1945, 1952c, 1955) concebia o complexo de Édipo como um fenômeno da posição depressiva. A linha de desenvolvimento de Klein baseia-se tanto em uma visão sincrônica quanto assíncrona do desenvolvimento. Os estágios do desenvolvimento seguem-se sequencialmente e, ao mesmo tempo, todos os estágios psicossexuais coexistem desde o princípio. Por exemplo, ao referir-se sobre o desenvolvimento primitivo da menina, Klein (1932a) escreve:

> *Desde que a frustração oral sofrida com a mãe estimulou todas as suas outras zonas erógenas, despertando suas tendências genitais e desejos referentes ao pênis do*

> *pai, este último converte-se no objeto de seus impulsos orais, uretrais, anais e genitais,* tudo ao mesmo tempo *[sem destaque no original] (p. 262).*

Em outro momento, Klein (1932a) elabora:

> *[...] na minha opinião, a primitiva equação do pênis com o seio surge da frustração [da menina] sofrida com o seio nos primeiros meses de vida, exercendo imediatamente poderosa influência sobre a criança, e afetando grandemente todo o rumo de seu desenvolvimento. Acredito também que a equação seio-pênis, acompanhada do "deslocamento de cima para baixo," ativa as qualidades orais receptivas do genital feminino numa tenra idade e prepara a vagina para receber o pênis. Destarte, desbrava o caminho para as tendências edípicas da menina pequena – muito embora essas tendências só venham a desabrochar em sua totalidade muito mais tarde – lançando os alicerces de seu desenvolvimento sexual (p. 262, nota de rodapé).*

Bibring (1947) descreveu o pensamento de Klein como uma teoria do desenvolvimento na qual um "alastramento" (p. 73) ocorre entre os níveis de desenvolvimento libidinal, previamente ao momento comumente conceituado de fases mais "tardias" do desenvolvimento (por exemplo, uretral, anal e genital) tenha sido alcançado. O desenvolvimento é compreendido por Klein não somente como um processo de desdobramento sequencial, mas também como um processo de "precipitação" (Bibring, 1847, p. 83), isto é, o chamado precoce para o ingresso de todos os aspectos do desenvolvimento libidinoso. De acordo com Klein, o inconsciente não se limita a um modo de maturação ou desenvolvimento linear e sequencial. (Ver também Boyer, 1967, para uma clara descrição do aspecto síncrono da teoria do desenvolvimento de Klein.)

A experiência edípica originada dos 4 aos 6 meses de vida é organizada pela criança como uma mistura de fantasias orais, uretrais, anais e genitais (Klein, 1928, 1932b, 1952c). Estas incluem, por exemplo, concepções sobre a relação sexual dos pais onde a mãe come o pai com sua boca/vagina; fantasias de bebês fecais dentro da mãe; fantasias invejosas de penetrar a mãe e destruir o pai/pênis/bebês-irmãos-rivais dentro da mãe. (Para uma consideração detalhada sobre a natureza dessas fantasias, ver Klein, 1932b.)

Como discuti no Capítulo 2, o conteúdo dessas fantasias (que emergem anteriormente ao conhecimento derivado da experiência sobre anatomia sexual e relação sexual) é compreendido por Klein (1932b, 1952c), como parte da herança filogenética do indivíduo. Acredito que o intenso debate sobre esse aspecto da linha de desenvolvimento kleiniana e sobre a natureza dos conteúdos das fantasias sexuais e edípicas da criança (ver Bibring, 1947; Glover, 1945; Waelder, 1937; Zetzel, 1956) tenha evitado a discussão e exploração completas acerca das implicações da proposta básica de Klein de que o complexo de Édipo emerge e é resolvido dentro do contexto de uma organização depressiva. A seguir, irei discutir minha própria compreensão sobre as implicações do contexto "depressivo" (isto é, histórico) do drama edípico. As ideias aqui apresentadas não foram exploradas por Klein.

As capacidades emocionais críticas envolvidas na resolução da situação edípica são: subjetividade, historicidade, amor objetal, ambivalência, luto, culpa e reparação. Na situação edípica positiva para o menino, o amor da criança pela sua mãe o impulsiona a um conflito de desejo subjetivo. Ele se apaixonou pela mãe e, inconscientemente, deseja ter relações genitais bem como pré-genitais com ela; ao mesmo tempo, ele inconscientemente sente que a realização desses desejos envolve a quebra das leis sagradas (Eliade, 1963; Loewald, 1979). Culturalmente, essas leis sagradas (que são inconscientemente comunicadas pelos pais) envolvem a proibição do incesto e do parricídio.

Em termos do sistema individual gerador de significados da criança, a ideia da relação sexual com sua mãe envolve uma regressão a um estado indiferenciado e, portanto, à niilação de si mesmo e da mãe como indivíduos separados. Além disso, também há um desejo por parte do menino de matar seu pai, mãe e irmãos, por serem vividos como empecilhos à realização dos seus desejos.

Tal conflito de desejo não é possível em um estado predominantemente esquizoparanoide, visto que ainda não existe um sujeito responsável por seus pensamentos, sentimentos e comportamentos. Quando os pensamentos e sentimentos são vivenciados como eventos ou forças que simplesmente acontecem, não pode haver conflito. O indivíduo pode temer, lamentar ou desejar eventos internos e externos específicos (por exemplo, tribos primitivas poderiam suplicar aos deuses por chuva ou temer os efeitos de seu "olho mau" sobre seu filho), porém esses não são conflitos internos ou desejos subjetivos.

O impacto do complexo de Édipo na formação da estrutura psicológica é determinado pelo método da criança de tentar solucionar esse conflito de desejo subjetivo. Se a clivagem e a repetição forem usadas como métodos de defesa contra a ansiedade edípica, a mudança psicológica é limitada. A criança continuamente mantém múltiplos polos dos seus desejos conflitivos vivos, de forma simultânea (por exemplo, o desejo do menino de ser marido e parceiro sexual de sua mãe e o desejo de ser seu filho) e estabelece uma série de relacionamentos com objetos parciais que constituem cada um dos aspectos dos seus desejos não renunciados. (Ver o caso da Srta. H, descrito no Capítulo 3, para um exemplo de clivagem usada para manejar desejos edípicos.)

Quando o indivíduo é capaz de manter uma relação com um objeto inteiro, a subjetividade e a historicidade da posição depressiva frente ao conflito edípico, sua relutância em violar as proibições sagradas através do incesto e parricídio se sobrepõem ao seu desejo de atuar os desejos edípicos. O contexto dessa renúncia é intrapsíquico e interpessoal. Os pais devem tanto aceitar os desejos da criança como proibi-los por questões de proteção. Os desejos sexuais inconscientes da criança devem ser reconhecidos pelos pais, visando possibilitar à criança vivenciar o amor edípico como um reflexo importante da individualidade, autonomia e consolidação da identidade de gênero. Os desejos parricidas também devem ser reconhecidos e aceitos pelos pais, pois também auxiliam a estabelecer a base para os esforços da criança em transcender psicologicamente a sua identidade infantil e, eventualmente, tornar-se adulto e pai ou mãe. "Em nosso papel como filhos de nossos pais, por emancipação genuína [pelo processo de elaboração do complexo de Édipo], nós matamos algo vital neles [nossos pais] – não de uma só vez ou completamente, mas contribuindo para a sua morte. Como pais de nossos filhos nós temos o mesmo destino, exceto se os diminuirmos [ao não permitir que cresçam]" (Loewald, 1979, p. 395).

Porém, obviamente, há muito mais na resposta parental ao complexo de Édipo do que o reconhecimento (e o tipo particular de aceitação descrito por Loewald) dos desejos da criança. Os pais devem, ao mesmo tempo, auxiliar a criança em seus esforços para preservar a própria existência e a de seus pais, as quais estão ameaçadas por desejos incestuosos e parricidas. Para entender a natureza do papel dos pais nessa situação, deve-se diferenciar entre proibição e ameaça. Uma ameaça tenta induzir a obediência do outro através da indução de medo de punição ou retaliação. A proibição não necessariamente inclui ameaça; um aviso de perigo em uma caixa elétrica não precisa ser vivido como ameaçador. Sob circunstâncias apropriadas, as proibições edípicas dos pais são oferecidas e reconhecidas como predominantemente protetoras e cuidadoras que proporcionam segurança frente a potenciais perigos relacionados a objetos. Visto que o princípio da retaliação constitui um importante aspecto da moralidade esquizoparanoide, as proibições parentais são universalmente distorcidas e vivenciadas, em parte, como ameaças (de castração e infanticídio) em retaliação aos desejos sexuais e agressivos da criança. Sendo as proibições parentais vivenciadas como ameaças, a criança internaliza um superego primitivamente punitivo. A polarização da punição e do punido, do ameaçador e do ameaçado é uma forma de clivagem que não envolve luto e não leva a uma resolução bem sucedida do complexo de Édipo.

Por outro lado, quando as proibições parentais são inconscientemente experimentadas como embargos cuidadores (ainda que em grande parte não sejam bem-vindas), a identificação com os pais proibidores facilita tanto o luto pela relação objetal perdida (por exemplo, o relacionamento amoroso e erótico da menina com seu pai) e o estabelecimento de segurança interna frente a desejos sexuais e agressivos. A renúncia por parte da menina a desejos amorosos e sexuais por seu pai (ou do menino pela sua mãe) não é dura e absoluta (pois isso refletiria negação) e talvez seja melhor descrita como resignação pesarosa. A dor desse luto é, em certo ponto, diminuída pela independência alcançada pela criança no processo. O amor edípico, como todos os atos de apaixonar-se tem a qualidade de causar adição. Há um alívio considerável para a criança na idade da latência em sua liberação da pressão interna de amar um objeto proibido. Algum grau de liberdade desse conjunto intenso e conflituoso de relações objetais permite à criança a oportunidade de começar a desenvolver uma vida separada de seus pais.

A identificação com pais proibidores que subjaz o estabelecimento do superego é motivada, em grande parte, pelo desejo de fazer reparações aos pais, a quem o sujeito ama e por quem sente culpa devido aos desejos assassinos e incestuosos. Ao tornar-se como os pais, através da internalização de suas proibições inconscientes de desejos sexuais e agressivos, o sujeito tenta compensar pelo incesto e parricídio fantasiados. Paradoxalmente, através desse mesmo ato de identificação, o sujeito se move em direção a completude do processo de tornar-se independente ao promover seu próprio ambiente interno com segurança.

## Resumo

A partir do que foi desenvolvido nesse capítulo, a questão sobre o que reside "além da posição depressiva" é uma pergunta baseada em conceitos errôneos. A "depressão" da posição depressiva não é algo que se supera ou elabora em vistas a chegar à outra fase do desenvolvimento. Sentimentos de perda, culpa, tristeza, remorso, compaixão, empatia e solidão, são fardos inevitáveis do processo de tornar-se um ser humano histórico na posição depressiva. Os ganhos são a humanidade subjetiva e o potencial para ser livre para fazer escolhas. Esse não é um dilema que o sujeito soluciona; o sujeito fica preso nele, com todas as suas vantagens e desvantagens, a não ser que fuja regressivamente dele em direção ao refúgio e aprisionamento da posição esquizoparanoide, ou através do uso de defesas maníacas.

## Notas

1. Como discutido no Capítulo 2, Klein conhecia apenas minimamente essas implicações interpessoais do conceito de identificação projetiva.

2. A explicação de Klein sobre a conquista das relações com objetos inteiros é mecânica e não aborda o que de fato haveria mudado para permitir a transformação radical da qualidade da experiência adquirida nesse tipo de relação, característica da posição depressiva. O pensamento de Klein (1935, 1940) é prejudicado pelo fato de que ela lida exclusivamente com o vocabulário conceitual de conteúdos mentais. Sua explicação é quantitativa e apresenta sucessivas exclusões de extremos afetivos e ideacionais que permitem uma "integração" de partes internas boas e más, para formar um objeto e ego inteiros, internamente coesos. Acredito que a falha de Klein em desenvolver adequadamente um conceito de matriz intra – e interpessoal, nas quais os conteúdos mentais existem, fez com que ela não dispusesse de termos suficientes para dar conta da transformação à qual ela se refere. Uma compreensão mais completa acerca da natureza de tal transformação radical do desenvolvimento depende da compreensão do conceito de espaço potencial, de Winnicott. A discussão sobre essa contribuição para o diálogo psicanalítico será abordada nos Capítulos 7, 8 e 9.

3. Apesar do sujeito interpretar sua experiência na posição depressiva, cada indivíduo, de forma isolada, não pode criar significado. Os significados são criados de forma intersubjetiva, no contexto familiar e cultural, com a linguagem como veículo para um sistema compartilhado de símbolos e formas de compreender (ver Habermas, 1968).

4. Winnicott (1954–1955) refere-se a esse avanço no desenvolvimento como o desenvolvimento da capacidade do bebê de "compaixão" (p. 265), o que contrasta com o estado de "crueldade" que existe anteriormente ao desenvolvimento do reconhecimento do outro enquanto pessoa. Para Winnicott, a crueldade não tem uma intenção hostil; pelo contrário, ela simplesmente reflete a incapacidade do bebê de ter empatia pela mãe, com relação ao impacto de sua intensa necessidade e dependência dela.

5. A distinção feita aqui entre subjetividade e objetividade do outro é capturada, em algum grau, pela seguinte alegoria política. Tem sido sugerido que o "botão" para lançar mísseis carregando ogivas nucleares seja cirurgicamente implantado sob a pele de um agente do Serviço Secreto que acompanhe o presidente em todas as ocasiões. Se o presidente decidisse ingressar o país

em uma guerra nuclear, ele teria de cortar a pele do agente para "apertar o botão". É com grande vergonha que admitimos a nós mesmos que, de alguma forma, rechaçamos mais a ideia de cortar o homem do Serviço Secreto do que a perspectiva de destruição de milhares de pessoas (não mencionadas). Em nossa identificação com o presidente nessa cena fantasiada, o agente do Serviço Secreto é vivenciado como um homem a ser olhado, com quem falar, em quem tocar e, que portanto, está vivo como ser humano; os milhões de pessoas que não visualizamos nessa fantasia não estão vivas para nós enquanto seres humanos e, portanto, não podem sofrer dor ou morrer.

6. O neologismo *néantir* de Kojève (1934-1935), traduzido por Nichols (1960) como *"nihilate"* (niilar [N.T.]) parece capturar a ideia da negação da existência do outro. O termo aniquilar é pesado e conota uma negação violenta e destrutiva da existência do indivíduo ou da existência do outro. Nesse livro, utilizarei *niilar* ou *aniquilar*, dependendo se o ato de destruição for central ou não à atividade descrita.

7. Esse espaço entre a onipotência e o que reside fora dela constitui o que Winnicott (1971e) chamou de "espaço potencial", que foi pouco reconhecido ou explorado por Klein. Esse aspecto primitivo do desenvolvimento será examinado em detalhe na discussão do trabalho de Winnicott sobre o espaço potencial (ver especialmente o Capítulo 8).

# 5. Entre a posição esquizoparanoide e a posição depressiva

> *Pensei que Argos e eu participávamos de universos diferentes; pensei que nossas percepções eram iguais, mas que Argos as combinava de outra maneira e construía com elas outros objetos; pensei que talvez não houvesse objetos para ele, mas um vertiginoso e contínuo jogo de impressões brevíssimas. Pensei em um mundo sem memória, sem tempo; considerei a possibilidade de uma linguagem que ignorasse os substantivos, uma linguagem de verbos impessoais ou de indeclináveis epítetos.*
>
> —Jorge Luis Borges, *"O Imortal"*

Nesse capítulo, utilizarei uma série de vinhetas clínicas para tentar capturar a experiência de mover-se entre a posição esquizoparanoide e a posição depressiva. Meus exemplos são oferecidos como ilustrações das formas nas quais os conceitos das posições esquizoparanoide e depressiva, como interpretados nos dois capítulos anteriores, servem para aprimorar o trabalho clínico de terapeutas não kleinianos.[1]

Antes de passar ao material clínico, gostaria de destacar uma classificação de psicopatologia construída sobre as conceituações dos estados do ser esquizoparanoide e depressivo, desenvolvidas nos capítulos anteriores. Essa concepção de níveis de psicopatologia servirá como pano de fundo para a discussão clínica que segue. (Essa classificação representa uma síntese e extensão dos trabalhos de Bion [1967], Freud [1896a, 1914, 1915b], Klein [1935, 1975], Fairbairn [1941, 9144, 1946], Kernberg [1970], McDougall [1974], Winnicott [1959-1964] e outros.)

O grupo mais avançado de transtornos psicológicos, em termos de desenvolvimento (metaforicamente, o "nível mais alto"), reflete um conflito na esfera dos significados pessoais (incluindo desejos) em um sistema de personalidade que é suficientemente desenvolvido para que os desejos do indivíduo sejam vivenciados como seus próprios. A pessoa é um sujeito e um objeto que vivencia a si mesma e a outros no tempo e espaço. A pessoa vive no domínio de significados simbólicos em camadas. As neuroses são características desse nível de psicopatologia, entendidas, em parte, como manifestações de significados edípicos conflituosos. Na psicopatologia de significados pessoais conflituosos, os desejos do sujeito – por exemplo, os sentimentos sexuais e filiais de um menino por sua mãe – são vivenciados como dolorosamente incompatíveis. Porções do sistema de significados do sujeito são renegadas, porém preservadas por meio da repressão e defesas relacionadas, como o deslocamento, o isolamento afetivo, a intelectualização e formação de sintomas de ajustamento. Na terminologia kleiniana, essa é a patologia desenvolvida na posição depressiva.

Um segundo e mais primitivo grupo de perturbações psicológicas envolve significados "impessoais" tempestuosos, que são vividos como coisas-em-si-mesmas. Os desejos não são vivenciados como pensamentos e sentimentos do próprio sujeito, mas sim como coisas ou forças pelas quais o sujeito é atacado, protegido, afogado, sufocado, comido vivo, queimado ou penetrado. A simbolização apresenta-se na forma de equação simbólica. A subjetividade encontra-se em um estado rudimentar de desenvolvimento e, portanto, o *self* é predominantemente o *self* como objeto, que pode fazer coisas e ter coisas feitas a ele, mas que não vivencia a si mesmo como autor de desejo ou intérprete da experiência.

As psicoses são típicas dessa forma de psicopatologia, desenvolvida na posição esquizoparanoide. Nesse esquema, uma vasta gama de estados psicológicos (incluindo condições *borderline*, narcisismos patológicos, transtornos severos de personalidade, depressão psicótica, doença maníaco-depressiva e perversões) é vista como problemas de equilíbrio e intercomunicação entre os modos esquizoparanoide e depressivo. No Capítulo 8, esses "distúrbios de equilíbrio" serão discutidos como o colapso de um relacionamento dialético entre realidade e fantasia.

Um terceiro grupo de perturbações mentais (o "nível mais baixo" de psicopatologia) envolve a retirada de significado. Este é o domínio da "não experiência", no qual pensamentos e sentimentos potenciais não tem significado simbólico como nas neuroses e tampouco ganham existência como coisas, como nas psicoses. Exemplos desse nível de perturbação incluem as doenças psicossomáticas (McDougall, 1974), a alexitimia (Nemiah, 1977; Sifneos, 1972) e a não experiência esquizofrênica (Bion, 1959, 1962a; Ogden, 1981). A pessoa existe, porém no grau em que tem seu significado retirado, está psicologicamente morta. O paciente psicótico gera uma doença psicológica (embora no qual sentimentos e ideias são tratados como coisas), porém, ainda assim, é um avanço em comparação a um estado onde o traço que poderia virar experiência é, por exemplo, relegado ao domínio da doença corporal (ver McDougall, 1984a). É importante ressaltar que os três níveis de psicopatologia estão presentes em todos os indivíduos e, portanto, a retirada psicossomática de significado pode ser um aspecto a ser considerado mesmo no tratamento de pacientes neuróticos e psicóticos.

Partindo desses esquemas como formas brutas de agrupamentos de psicopatologia, passarei a discutir materiais clínicos, onde o modo de organização de experiência e de relação objetal do paciente muda à medida que ele se move entre um estado do ser predominantemente esquizoparanoide e um predominantemente depressivo. Como será discutido, é necessário que haja uma mudança correspondente no terapeuta, quanto a sua forma de ouvir, de conceituar a interação terapêutica e no seu modo de responder ao paciente.

## Regressão aguda à posição esquizoparanoide

Quando o funcionamento de um paciente é predominantemente esquizoparanoide, o relacionamento terapêutico não se desenvolve no contexto de um corpo de experiência reconhecida e compartilhada. Em um nível extremo, o paciente esquizofrênico sente que um novo terapeuta aparece a cada nova sensação (Searles, 1972).

> *Sr. H., um homem solteiro com pouco mais de 30 anos, sofria de ansiedade paranoide intensa, desde a adolescência. Ele havia passado por períodos de confusão ao final da adolescência e fora incapaz de trabalhar ou cursar faculdade. No curso de uma psicoterapia intensiva*

*por um período de sete anos, ele havia conseguido se formar na faculdade e ter um emprego responsável na área de computadores. O paciente nasceu com um distúrbio cardíaco congênito, o que alarmou a sua mãe e a levou ao ponto de "fazer tudo por ele, exceto respirar". Muitos dos marcos de seu desenvolvimento foram atrasados. Seu pai fora excluído da dupla mãe-criança até a idade escolar. Nesse momento, a mãe do paciente abruptamente deixou o paciente sob os cuidados do pai e de uma série de empregados. O pai do Sr. H. não escondia o fato de ter vivenciado o paciente como um "albatroz" enrolado em seu pescoço.*
*Na terapia, o paciente tinha muito medo de desenvolver sentimentos de afeição ou dependência pelo terapeuta. O Sr. H. continuamente se referia ao terapeuta como um "mal necessário, tal qual um remédio com gosto ruim". Nos anos iniciais de terapia, O Sr. H. tinha uma existência esquizoide, praticamente sem nenhum relacionamento, substituindo o contato humano por música rock alta, televisão e masturbação.*
*Não enfatizarei aqui o processo pelo qual o paciente progrediu desse afastamento e comunicação esquizoides, através da identificação projetiva, para um relacionamento objetal mais maduro. No curso desse trabalho, o paciente desenvolveu um laço intenso e ambivalente com o terapeuta. Conforme esse laço desenvolvia-se, o paciente experimentava uma ansiedade homossexual intermitente. Em um determinado momento, o Sr. H. falou, com dificuldade, que um amigo havia comentado que um homem pode gostar de outro sem que isso seja*

*um sinal de que eles são homossexuais. O paciente então disse "me ocorreu que algo parecido deve estar acontecendo aqui, mas se você um dia me lembrar de que eu disse isso, eu negarei. Você sabe que eu negarei".*

*No final do sétimo ano de terapia, um amigo do paciente estava em processo de término da sua terapia, o que aumentou em muito a ansiedade do paciente quanto ao seu sentimento de dependência do terapeuta. Ao mesmo tempo, o paciente relatou estar se envolvendo em brigas com seu chefe, em função daquilo que ele percebia como incompetência do chefe. O Sr. H. falou intensamente sobre o fato de que não se importava se o chefe tentasse demiti-lo, pois tanto ele como o chefe sabiam que ele conseguiria um novo emprego assim que o quisesse.*

*Nesse período, o terapeuta começou a sentir o paciente como "pegajoso", um sentimento que ele entendeu como reflexo do medo de que o paciente talvez nunca conseguisse terminar a terapia e que o terapeuta e o paciente iriam "envelhecer juntos". O terapeuta experimentava uma forma de "claustrofobia" quando estava com o paciente. Somente em retrospecto, após supervisionar o caso, o terapeuta conseguiu perceber essa claustrofobia em termos de uma identificação projetiva,[2] na qual sentimentos congruentes com aqueles de um pai e uma mãe (objeto interno), como fardos sufocantes do paciente, eram engendrados no terapeuta. Tais sentimentos levaram a uma intensificação dos medos ainda inconscientes do terapeuta quanto a sua própria tendência (oriunda da sua infância) de apegar-se temerosamente a um objeto abandonador.*

O resultado da inabilidade do terapeuta em manejar essa identificação projetiva foi uma série de intervenções que refletiam o medo do terapeuta quanto aos desejos do paciente (e seus próprios) de nunca se tornarem independentes um do outro. Por exemplo, o Sr. H. relatou um sonho no qual o conteúdo manifesto retratava um encontro casual com um antigo professor que ele admirava muito. No sonho, o Sr. H. sentia-se orgulhoso de tudo que havia conquistado, mas tinha medo de que o professor não se lembrasse dele. Ele também temia que o professor não estivesse bem. Somente mais tarde, em retrospecto, o terapeuta conseguiu compreender o sonho como uma expressão da ansiedade do paciente acerca do término da terapia. Esta havia sido apresentada no sonho como o medo de ser esquecido pelo professor (terapeuta) e a ansiedade quanto ao bem estar do professor (terapeuta) após a separação.

Em outro momento, o terapeuta chamou a atenção do Sr. H. para o fato de que esse estava apto a gerenciar um aspecto de sua vida que não era capaz anteriormente. Quando o Sr. H. eventualmente mencionou pensamentos a respeito de "algum dia" terminar a terapia, o terapeuta comentou sobre o aspecto vago de sua colocação. O efeito cumulativo dessa e outras tantas intervenções similares foi a exacerbação da ansiedade do paciente quanto a ser considerado um escoadouro destrutivo do terapeuta, levando ao término prematuro da terapia, por parte do terapeuta.

Ao longo do final de semana seguinte à sessão na qual o terapeuta comentou sobre os pensamentos vagos relacio-

*nados ao término, o Sr. H. teve um surto psicótico e foi levado a um pronto-socorro local. O terapeuta foi avisado e foi encontrar o paciente. O Sr. H. estava com medo do terapeuta e solicitou que não fosse deixado a sós com ele. O paciente mostrava-se por vezes extremamente agitado, gritando que o terapeuta era um homem perturbado e perigoso que havia assassinado e esquartejado dezenas de pacientes e os enterrado embaixo de seu consultório, enquanto fingia ser um médico "respeitável".*

*Por horas, o terapeuta tentou conversar com o paciente. Em vários momentos, o terapeuta comentou sobre o que havia ocorrido na última sessão. Ele disse que acreditava que o Sr. H. devia ter sentido que ele estava tentando se livrar do paciente, quando estavam discutindo sobre a referência do paciente ao término da terapia. Ele disse compreender que esse fato deve ter sido perigosamente próximo à experiência infantil do Sr. H. ao ser súbita e absolutamente cortado de sua mãe. O paciente continuou insistindo que não seria manipulado pelos truques do terapeuta, apesar de não tentar sair da sala. O terapeuta fez referência a eventos prévios da terapia nos quais eles haviam trabalhado juntos, mas o paciente disse que considerava tudo isso como apenas mais uma das artimanhas do terapeuta. O terapeuta tinha a fantasia de que a pessoa com quem estava falando na sala de emergência não era o mesmo paciente com quem havia trabalhado nos últimos sete anos.*

*O Sr. H. recusou tomar qualquer medicação e não aceitou as indicações, por parte da equipe da emergência, de outros terapeutas para uma avaliação. Pelos próximos quatro dias, o paciente permaneceu em estado paranoide. O terapeuta sabia que o Sr. H. estava passando algum tempo nos arredores do seu consultório, mas não fez nenhuma tentativa de falar com ele ou de mudar seu caminho habitual para evitar o paciente. Tampouco teve medo do paciente. A partir do segundo dia, o paciente sentava-se na sala de espera do terapeuta, periodicamente, quando sabia que este não estava. Finalmente, o Sr. H. telefonou para o terapeuta e solicitou retomar a terapia. No primeiro desses encontros, o paciente pareceu estar se familiarizando novamente com alguém que conhecera anos atrás, tentando determinar de que formas a outra pessoa havia mudado. Sua raiva e falta de confiança com relação ao terapeuta estavam presentes, mas não eram incapacitantes.*

*Nos meses seguintes, à medida que o paciente foi capaz de refletir sobre aquele período da terapia, ele disse que quando estava no pronto-socorro e na maior parte da semana que se sucedeu, tinha certeza de que o terapeuta o havia matado e que ele era seu próprio fantasma que se recusava a morrer. Ele sentiu que sua vingança seria assombrar o terapeuta e esse seria o motivo pelo qual se sentia atraído para a vizinhança do terapeuta. O Sr. H. falou repetidamente sobre como parecia estar contando um sonho, ao lembrar esse período. O terapeuta era como um personagem em um pesadelo. Os relacionamentos de causa e efeito que agora ele percebia pareciam vir à sua mente em retrospecto, visto que naquele momento ele "não fazia as coisas por motivos específicos", ele fazia porque "tinha de fazer". Ele falou sobre como*

> *não tinha certeza do que havia ocorrido naquele período e sobre como via a situação posteriormente. Às vezes ele duvidava se tudo aquilo não estava sendo inventado retrospectivamente. Ele quase desejava que assim fosse. O Sr. H. disse, achando graça, que assombrar o terapeuta havia sido uma "assombração benigna", pois havia passado bastante tempo catando papéis nas ruas.*
>
> *O terapeuta disse ao Sr. H. que compreendia como seus comentários haviam sido interpretados como um desejo de livrar-se dele e o quanto isso deve ter sido terrível. O terapeuta também disse que sentia que o paciente havia fugido de tal forma tanto para proteger o terapeuta de sua raiva como por medo de machucá-lo. Afinal, o paciente havia simbolicamente matado e exilado a si mesmo e desenvolvido uma vigília protetora do terapeuta.*

No período anterior ao desenvolvimento da psicose, o Sr. H. havia tentado utilizar defesas maníacas, incluindo a negação da dependência, a desvalorização do objeto e fantasias onipotentes de substituição de um objeto por outro. Nessa ocasião, o chefe do Sr. H. era um objeto de deslocamento da transferência. Quando o paciente não conseguiu manter uma defesa maníaca, o resultado foi a regressão completa. O Sr. H. então se engajou em uma reedição radical da história, fugindo dos medos da perda do objeto e de destruição do terapeuta (um objeto até então amado de forma ambivalente). O terapeuta era fisicamente reconhecível, porém era uma entidade emocional diferente, não mais um ser humano que havia compartilhado um corpo de experiências com o paciente. Ao contrário, havia a descoberta de uma nova verdade que mudara tudo. O terapeuta foi percebido como um impostor desmascarado. Nesse estado, a temerosa perda antecipada do terapeuta ao fim da terapia e o medo de machucar o terapeuta, foram transformados em uma série de ataques e contra-ataques entre objetos ameaçados e ameaçadores.

Em retrospecto, o comentário do paciente de que negaria seu interesse afetuoso-sexual no terapeuta se ele mais tarde relembrasse o fato, pode ser compreendido como um desejo de que a história pudesse ser negada defensivamente. Na posição depressiva, essa negação implica um ato inconsciente de esconder e preservar um aspecto de si mesmo em relação à outra pessoa (isto é, repressão). Na regressão do paciente à posição esquizoparanoide, essa negação tornou-se muito mais profunda, constituindo uma reescrita completa da história (com base na clivagem), representando, portanto, a descontinuidade do paciente e da sua experiência com outros. O presente foi projetado para trás e para frente ao mesmo tempo, destruindo a história como um processo evolutivo e criando um presente sem tempo. Cada novo estado afetivo era vivenciado como a descoberta da verdade que então desacreditava a experiência prévia como uma falsa ilusão.

Nesse momento, gostaria de chamar a atenção para dois aspectos quanto ao manejo técnico do caso. Primeiramente, no manejo da regressão à posição esquizoparanoide, houve uma tentativa de interpretação da transferência e sua eficácia foi avaliada. Acredito ter sido correta a interpretação do significado da regressão como resposta ao medo do paciente de abandono e ao seu desejo de retaliação. Entretanto, visto que naquele momento o paciente era minimamente capaz de diferenciar realidade interna da externa, sua capacidade de utilizar interpretações verbais estava bastante limitada. A utilização de interpretação envolve um ato de mediação entre símbolo e simbolizado, por um sujeito que vivencia a si mesmo como distinto de ambos. Todavia, mesmo em uma regressão profunda, há quase sempre um aspecto da personalidade que permanece capaz de tal diferenciação (exceto nos estados maníaco e paranoide plenos). Por essa razão, a interpretação exerce um papel no tratamento de todas as fases de regressão (ver Boyer, 1983; Boyer e Giovanchini, 1967).

Em segundo lugar, a presença contínua do terapeuta durante uma entrevista estendida, apesar dos ataques, serviu como função continente para a experiência psicótica do paciente. O sentimento do paciente de estar à beira da desintegração foi representado em seu delírio pelo paciente esquartejado enterrado embaixo do consultório do terapeuta. As tentativas não retaliativas do terapeuta em compreender a experiência do Sr. H. lhe proporcionou acesso a uma interação integradora. O paciente não fugiu da sala, nem aceitou medicações ou substituição do terapeuta. Pelo contrário, ele utilizou o terapeuta como uma presença continente[3] (tanto durante a entrevista quanto posteriormente, ao sentar na sala de espera e passar algum tempo perto do consultório do terapeuta), em vez de usá-lo como um objeto idealizado e protetor ou como um objeto persecutório.

O uso do terapeuta como presença continente facilitou a reintegração do Sr. H. e seu retorno ao terapeuta como objeto. Naquele momento, as mesmas interpretações da sala de emergência foram oferecidas, porém visto que o paciente havia agora reemergido como um sujeito, ele poderia participar de uma forma diferente no processo de utilização de símbolos como instrumento de mediação entre si mesmo e sua experiência imediata.

## Uma incursão à posição depressiva

A importância para a prática clínica de reconhecer os componentes esquizoparanoide e depressivo de processamento da experiência não se restringe ao manejo das regressões dramáticas como a que acaba de ser descrita. Alguns pacientes oscilam entre as duas organizações psicológicas em quase todas as sessões. Entretanto, como no caso descrito a seguir, incursões a um modo depressivo podem ser impressionantes quando emergem de um cenário de longos períodos de relações com objetos parciais, nas quais o terapeuta raramente ou nunca foi reconhecido como um sujeito.

> Um terapeuta vinha se encontrando com o Sr. L. pela manhã bem cedo, antes do horário regular. Esse acordo havia sido necessário desde que o paciente começara em um novo emprego. Após dois anos e meio desses encontros matinais, o único reconhecimento do Sr. L. quanto ao horário era uma queixa ocasional quanto à inconveniência que esses compromissos lhe causavam. Foi então, com surpresa, que o terapeuta ouviu o paciente dizer que se sentia um tanto envergonhado por não haver reconhecido antes o fato de que o horário das consultas era um inconveniente também para o terapeuta. O Sr. L. preocupou-se que pudesse estar "perdendo" coisas que são óbvias para outras pessoas e que poderiam colocá-lo em desvantagem social e no trabalho. O paciente regularmente envolvia-se em relações impiedosas com mulheres e colegas de trabalho. Ele sentia que essa era "a forma como as coisas são feitas" e, dessa forma, ele conduzia sua vida de modo despreocupado, sem culpa e sem ressentimentos.
> Nesse ponto, o terapeuta não comentou quanto à observação do paciente sobre si mesmo. Entretanto, a ideia de que o paciente pudesse estar "perdendo" algo foi usada pelo paciente, com o passar do tempo, como o aspecto central de uma rede de ideias às quais ele

> *retornaria periodicamente. Os significados atribuídos pelo Sr. L. à palavra "perda" foi expandido no curso de seu trabalho, para incluir a ideia de falha em perceber alguma coisa que ele poderia usar para "lidar" com os outros, mas também a ideia de perder um conjunto de sentimentos que outras pessoas sentem. Isso levou a um sentido de que parte dele mesmo estava faltando. A empatia fugaz demonstrada nesse ponto da terapia reflete o início de uma capacidade de reconhecer a subjetividade de outra pessoa.*

Veremos a seguir outro exemplo do início de movimento da posição esquizoparanoide para a depressiva, desta vez refletida no tipo alterado de reparação que o paciente tenta fazer na transferência.

> *A Srta. C. expressava regularmente sua insatisfação com a terapia e o terapeuta, porém anualmente lhe trazia um presente de Natal. Apesar de a paciente ter se queixado do terapeuta no dia anterior, tudo estava diferente no dia em que trouxe o presente. Havia um clima de jovialidade que afetava o terapeuta, mesmo após vários anos desse acontecimento. O terapeuta experimentava os presentes como "cavalos de Troia", exigências raivosas de submissão sob a forma de ofertas de paz.*
> *A cada vez que o presente de Natal era dado, o terapeuta interpretava a resistência da paciente em considerar o significado do presentear. A paciente inconscientemente percebia essas interpretações de resistência como indicações de que o desejo reparativo não havia sido reconhecido ou aceito. Como resultado, a paciente ficava imediatamente*

*enfurecida e, de forma teimosa, se recusava a falar qualquer coisa ao terapeuta. O terapeuta estava correto quanto à exigência feita pela paciente de que seus desejos onipotentes fossem aceitos sem modificação. Porém, a falha do terapeuta em perceber e reconhecer que o desejo era em parte reparatório, levou a paciente a defensivamente suprimir o gesto e substituí-lo por hostilidade bruta.*

*No quarto ano de terapia, o terapeuta foi chamado subitamente a ausentar-se por duas semanas, devido a morte de um familiar. Essa foi a única vez em que o terapeuta teve que cancelar o horário da Srta. C. com pouca antecedência. O terapeuta telefonou para a paciente e lhe disse que algo inesperado havia ocorrido e que ele se ausentaria por duas semanas. Quando o terapeuta retornou, a Srta. C. trouxe uma comida que ela havia cozinhado. A comida em si não era o presente. O presente era a disposição da paciente em falar sobre o significado do presente. Anteriormente, o presente em si tinha a função mágica de arrumar as coisas, limpar o ar e criar bons sentimentos. Agora, a paciente parecia sentir que o objeto dado era inerte e que, o seu esforço para expressar preocupação reparadora pelo terapeuta deveria ser localizado em um processo intersubjetivo de oferecer algo dela mesma ao terapeuta, como uma pessoa individual com subjetividade própria.*

*No início da terapia, a paciente não conseguia ter empatia suficiente com o terapeuta a ponto de saber o que a mesma poderia querer. O terapeuta havia sido tratado, quase que inteiramente, como externalização de um ou mais objetos internos da paciente. No ato de presentear*

*que se seguiu à ausência do terapeuta, a paciente parecia ter genuinamente dado algo ao terapeuta, algo que ela havia criado (comida que ela havia cozinhado e pensamentos pensados por ela) e, portanto, simbolicamente, havia dado algo dela mesma. Além disso, pode-se pensar que o presente da comida tinha um significado particularmente empático ao refletir a suspeita consciente ou inconsciente da paciente de que uma morte havia ocorrido e que o terapeuta se sentiria confortado com comida, como no simbolismo oral manifestado em um velório.*[4]
*Na ocasião do presente (comida) e suas respectivas associações, o terapeuta simplesmente agradeceu à paciente e não interpretou sua resistência a associações posteriores. Isso resultou no sentimento da paciente de que seu desejo de reparar o que havia feito (e pensado) havia sido aceito pelo terapeuta. A experiência compartilhada poderia ser e efetivamente foi discutida posteriormente. Quando presentes subsequentes foram oferecidos, o terapeuta não interpretava de forma imediata as resistências associadas. A interpretação mais precoce da resistência representou um contra-ataque disfarçado por parte do terapeuta e, portanto, foi em si mesma parte de um* acting out *transferencial-contratransferencial.*
*É lamentável quando um terapeuta se sente obrigado a interpretar imediatamente o aspecto expressivo ou resistencial de um* acting in *ou* acting out *transferencial. Pode levar meses ou anos antes que isso possa ser feito de forma produtiva, porém esse atraso não necessariamente significa que se trata de uma terapia que visa ser somente uma experiência emocional corretiva.*

## A criação da realidade psíquica

À medida que o espaço entre símbolo e simbolizado é criado no curso da terapia, torna-se possível um modo diferente de trabalho analítico. A capacidade de fazer essa diferenciação possibilita ao paciente visualizar seus pensamentos, sentimentos, percepções e comportamentos como construções, em vez de registros impessoais de fatos. Somente quando o comportamento do sujeito é visto (ao menos em parte) como uma construção pessoal simbólica, é que ele pode ter curiosidade acerca do motivo pelo qual faz o que faz, como o faz, com quem o faz e quando o faz.

> *Após um ano de terapia, uma paciente bulímica percebeu pela primeira vez a ironia no fato de que vir à terapia era um grande "sacrifício" em termos de tempo, dinheiro e esforço para livrá-la da sua bulimia, porém, ainda sim, ela cuidadosamente conseguia ter tempo para "comer compulsivamente" após cada hora de terapia. Inicialmente, ela simplesmente fazia tais coisas e nunca pensava conscientemente sobre o fato. Com a mudança psicológica, refletida na percepção quanto à ironia do seu comportamento, tornou-se possível utilizar as repetidas referências da paciente quanto à intensidade de sua agressividade, exigências e necessidade de controle, para ajudá-la a compreender a forma pela qual devorar comida após os encontros havia servido, na sua mente (inconsciente), para proteger o terapeuta de ser comido vivo pela paciente. O que outrora fora algo que acontecia à paciente (uma necessidade da compulsão) tornou-se seu desejo (de comer de uma determinada forma), servindo para afastar o terapeuta de sentimentos perigosos e, portanto, preservar o relacionamento com ele.*

A afirmativa de Freud (1932) sobre o objetivo analítico, "Onde isso estava, ali eu estarei (ou estarei me tornando)" (*"Wo Es war, soll Ich werden"*),[5] é uma eloquente descrição da mudança na experiência envolvida no movimento de um estado esquizoparanoide para um depressivo. Sob essa perspectiva, o objetivo da psicanálise é a transformação de um evento impessoal (isso) que está acontecendo comigo (ex.: um "ataque" de ansiedade, uma "onda" de depressão, uma "necessidade" irresistível de comer compulsivamente, de usar drogas, de colocar-se em perigo físico), em uma experiência de "eu-dade". Por exemplo, uma compulsão de não comer que antes era uma necessidade urgente pode passar a ser vivenciada como algo que eu estou fazendo e de uma forma específica, pois estou convencido (por razões as quais posso vir a entender) que se eu não comer, não serei acusado ou me acusarei de ser voraz, perverso ou assassino. A privação oral é uma expressão da minha crença de que comer irá resultar em um corpo com peso, forma, tamanho, textura ou odor, temidos, todos sinais vergonhosos do que eu fiz, da forma como fiz e das razões pelas quais fiz. No processo de "isso" se tornar "eu", passa a ser possível a minha compreensão acerca do motivo dessa convicção, de como eu desenvolvi essa convicção, e da natureza da dor que eu sentiria se a renunciasse.

## Transferência e contratransferência a nível edípico

Quando um paciente começa a ingressar no domínio da experiência do tipo predominantemente depressiva, conteúdos edípicos frequentemente emergem na transferência e na contratransferência. Os sentimentos envolvidos na situação edípica, como laços objetais triangulares ambivalentes, culpa, ciúmes e rivalidade, por exemplo, são reflexos de que a capacidade para um relacionamento com objetos inteiros está em desenvolvimento. Existem precursores primitivos de tal experiência na posição esquizoparanoide, como a inveja daquilo que o objeto possui. Entretanto, a qualidade da experiência na posição esquizoparanoide é bem diferente da situação edípica desenvolvida na posição depressiva. Por exemplo, a ansiedade e a culpa envolvidas no desejo de derrotar e matar a mesma pessoa a quem se ama é uma experiência inteiramente diferente da de desejar destruir ou roubar conteúdos valiosos (invejados) de um objeto mau que foi cindido.

> *Um terapeuta acompanhara a Sra. D. em psicoterapia intensiva por aproximadamente cinco anos. A terapia havia sido produtiva e a paciente, que havia sido diagnosticada inicialmente como esquizofrênica, havia começado a se relacionar e a funcionar de maneiras cada vez mais maduras. O trabalho analítico fora centrado nos medos da paciente de fundir-se no terapeuta, assumir o controle, ou ser controlada por ele. A Sra. D. havia passado por períodos de raiva intensa do terapeuta, alguns dos quais foram vivenciados na forma de gritos durante a sessão. Entretanto, boa parte da raiva foi deslocada para o marido da Sra. D., com quem a paciente se envolvia em brigas físicas violentas. Nessas brigas, sentimentos sexuais primitivos eram confundidos com raiva, na qual estavam disfarçados. Também houve longos períodos no curso dessa terapia, nos quais a Sra. D. se afastava temerosamente do terapeuta e ficava sentada em silêncio durante muitos desses encontros.*
> *A forte intensidade dos sentimentos transferenciais foi compreendida e interpretada como uma repetição de aspectos do relacionamento da paciente com sua mãe. A mãe da Sra. D. era uma mulher cronicamente deprimida*

*muito dependente que fazia dela um receptáculo onde despejava sua infelicidade. Ela também tinha acessos de raiva periódicos com a paciente. No curso da terapia, a Sra. D. conseguiu compreender seu papel em provocar inconscientemente a raiva de sua mãe como forma de consolidar o vínculo com ela, quando ficava ansiosa de que sua mãe estivesse "se afastando".*

*No quinto ano de terapia, o terapeuta passou a perceber que apesar de ter gostado de trabalhar com essa paciente, ele passara a acha-la sexualmente atraente, pela primeira vez. Durante esse período, a Sra. D. não relatou sonho algum (em um grande contraste com a abundância anterior desse tipo de material) e parecia timidamente reservada, ao contrário de afastada por raiva ou medo.*

*Nos anos iniciais de terapia, a paciente havia se sentido dolorosamente fraca e inadequada em comparação ao terapeuta e seu marido, ambos idealizados por ela como homens poderosos e protetores. A paciente não encontrava prazer nas relações sexuais ou preliminares com seu marido, porém apreciava o carinho que precedia e seguia o sexo.*

*No período seguinte à percepção inicial do terapeuta quanto a atratividade sexual da paciente, a atitude dela com relação ao sexo mudou drasticamente. Ela passou reclamar que o seu marido era desajeitado e insensível sexualmente. Durante o sexo com o marido, ela fantasiava estar transando com outros homens. A Sra. D. começou a considerar seriamente abandonar o seu marido. Durante esse período, a paciente experimentou intensa ansiedade quando da presença de qualquer homem, in-*

*cluindo o terapeuta. Ela sentia que a ansiedade derivava de um medo de ser vista como tendo pensamentos e sentimentos sexuais. Ela imaginava que se sentiria humilhada se alguém soubesse que ela tinha sentimentos sexuais, apesar de intelectualmente saber que tais sentimentos são universais. Eventualmente, a paciente passou a perceber que o seu desejo de um relacionamento sexual com o terapeuta é que seria a revelação mais humilhante. Ela sentia que seria humilhante em grande parte porque não seria recíproco e ela se sentiria como uma tola patética.*

*Até esse ponto da terapia, a paciente havia falado extremamente pouco sobre seu pai, porém durante esse período, ela falou sobre o que haviam lhe contado sobre o abandono de seu pai à família quando ela tinha apenas 2 anos. O pai havia se casado novamente e mantido contato com a paciente durante sua infância e vida adulta de forma imprevisível. Seu relacionamento com ele era caracterizado por uma idealização da sua nova família, da qual a paciente se sentia dolorosamente excluída. A paciente relacionou seu medo de ser uma tola em relação ao terapeuta com o seu sentimento de que a afeição pelo seu pai não havia sido reconhecida ou valorizada.*

*Esse trabalho parecia ser o início da análise de sentimentos transferenciais edípicos relacionados a objetos inteiros. Entretanto, uma análise do material exclusivamente desse ponto teria sido incompleta. Havia uma forma de atuação que circundava esse trabalho analítico autorreflexivo, que comunicava outro nível de significado. Essa fase do trabalho foi continuamente pontuada por crises. Por exemplo, A Sra. D. ligava em prantos para o tera-*

*peuta, tarde da noite, dizendo que não estava conseguindo respirar devido a intensa ansiedade sobre ir trabalhar sozinha no dia seguinte. Ela estava com seu trabalho atrasado e se sentia completamente "despreparada" para enfrentar isso novamente. Nesse caso, o terapeuta disse à paciente que ele acreditava que ela estava se sentindo despreparada para os sentimentos que ela havia tido durante a sessão daquele dia e que ela estaria com medo de não conseguir lidar com esses sentimentos sozinha, até o próximo encontro.*

*No encontro seguinte, dois dias depois, a Sra. D. disse ter ficado aborrecida com o terapeuta por ter pedido que ela fizesse algo (isto é, pensar sobre o que havia ocorrido na sessão), quando a sua intenção ao ligar para ela era de que ele fizesse algo por ela. Ao mesmo tempo, porém, ela percebeu que a sua raiva havia funcionado como uma distração e, portanto, um alívio da ansiedade e do medo que estava sentindo. Durante a conversa ao telefone, ela sentiu que estava conseguindo respirar com mais facilidade. Ela disse que quanto mais pensava a respeito, mais ela imaginava se o terapeuta havia intencionado esse efeito. Ela estava ciente de que se fosse esse o caso, ela cairia novamente em uma intensa dependência do terapeuta e não queria sentir que esse era o caso. O terapeuta notou, mas não interpretou para a paciente, que ela havia transformado sua decepção e aborrecimento em idealização mágica.*

Crises durante esse período da terapia poderiam ser compreendidas como reflexos da ansiedade gerada frente a sentimentos transferenciais conflitivos, predominantemente de natureza edípica. Nessas crises, a paciente atuou uma fuga de relações com objetos inteiros, por meio da recriação de uma proximidade sensorial não mediada envolvida em relações objetais primitivas características da posição esquizoparanoide. Em um modo predominantemente depressivo, ideias, sentimentos e sonhos são colocados no espaço analítico entre paciente e terapeuta para que haja tanto a experiência como a reflexão acerca destes.

Em contraste, crises não são eventos posicionados entre duas pessoas separadas. Elas são eventos nos quais paciente e terapeuta estão "nisso juntos". Em um determinado momento de uma crise, a paciente pergunta ao terapeuta, "O que *nós* vamos fazer?" As crises são um esforço para reestabelecer uma proximidade sensorial não mediada; a paciente sentia falta dessa proximidade desesperadamente enquanto funcionava em um modo maduro de relacionamento, envolvendo intimidade mediada pela individualidade dos sujeitos utilizando símbolos para comunicação e para autorreflexão. O isolamento inevitável da relação com objetos inteiros (a ansiedade de ir para o trabalho sozinha ou de manejar sentimentos sozinha entre as sessões) era parte daquilo para o quê a paciente se sentia "despreparada".

Portanto, essa fase da psicoterapia da Sra. D. foi caracterizada por avanços no desenvolvimento do modo depressivo, incluindo a elaboração de transferências e contratransferências edípicas relacionadas a objetos inteiros. A regressão defensiva ao modo esquizoparanoide foi motivada por uma fuga dos significados edípicos pessoais conflituosos e uma fuga da inevitável distância/isolamento encontrados na qualidade da experiência mediada simbolicamente na posição depressiva.

O complexo de Édipo facilita a triangularização da experiência. Lacan (1957, 1961; ver também Lemaire, 1970) discutiu sobre a forma na qual o nome-do-pai como carregador de símbolos e de nomes serve como o intermediário essencial entre mãe e bebê. Sem um terceiro introduzido pela identificação inconsciente da criança com o pai e sem o sistema de símbolos fornecido pela linguagem, o bebê nunca poderia se distanciar suficientemente de sua mãe ou de sua própria experiência para que pudesse se engajar em uma experiência mediada (autorreflexiva).

O material clínico a seguir, retirado da psicoterapia de uma mulher *borderline* seriamente perturbada, fornece uma segunda ilustração do papel da configuração edípica no processo de individuação na posição depressiva.

> *A Srta. N., uma universitária de 27 anos, vinha apresentando bulimia desde cinco anos antes do início da terapia, que começou quando ela tinha 21 anos. A bulimia continuou pelos primeiros quatro anos de terapia, momento no qual a paciente ingressou em um relacionamento romântico erotizado com um professor da faculdade aproximadamente trinta anos mais velho. O relacionamento, que estava em seu segundo ano no momento focado aqui, nunca fora explicitamente sexual. O seguinte trecho foi extraído de uma sessão no quinto ano de terapia.*
> 
> *A paciente iniciou a sessão dizendo ao terapeuta que algo importante havia acontecido desde seu último encontro dois dias atrás e que o terapeuta deveria apenas se sentar e escutar. A paciente contou ao terapeuta que durante o dia anterior, ela esteve estudando no parque e conversou com um homem muito bonito alguns anos mais velho do que ela. A Srta. N. imaginou se o terapeu-*

*ta estava com ciúmes do interesse mostrado na paciente e até suspeitou que estivesse tentando deixar o terapeuta com ciúmes.*

*Antes da aula, na manhã do dia dessa sessão, a Srta. N. havia conversado com o professor com quem estava envolvida. Ela contou sobre o homem no parque, mas exagerou no seu envolvimento com ele. Mais tarde na conversa, ela perguntou provocativamente se ele a "levaria ao altar" se ela casasse com o homem no parque. Ele disse que "Sim, mas relutantemente".*

*Na época, o professor estava organizando um comitê acadêmico e convidou a paciente e vários outros alunos a participarem dele. A paciente ofereceu uma desculpa para não se tornar membro do comitê, apesar de sentir que gostaria muito de fazê-lo. Ela sentia que não podia participar, pois o comitê se encontraria na mesma hora em que ela regularmente se ausentava para os rituais elaborados que precediam seus episódios de comer compulsivamente e de vomitar. A Srta. N. então chorou e suplicou ao terapeuta que não tentasse fazê-la desistir de comer compulsivamente e vomitar, pois ela sentia que não podia viver sem isso.*

A Srta. N. começou essa sessão pedindo ao terapeuta que não interferisse enquanto ela brincava com devaneios românticos edípicos na presença do terapeuta. A paciente estava ciente, em parte, de seus esforços para deixar o terapeuta/mãe com ciúmes, porém não percebia que estava tentando assegurar a permissão do terapeuta de se interessar por outra pessoa que não o próprio. (Simbolicamente, a paciente estava pedindo a aprovação de sua mãe quanto ao seu desejo de se envolver em um romance edípico com seu pai.)

O professor com quem a paciente estava flertando assumiu intuitivamente o papel de pai devotado na difícil situação de um romance com sua filha, um romance que ele sabe, e em parte lamenta, que não poderá ser notoriamente sexual e deverá terminar com sua substituição por outro homem. A paciente provocou timidamente o professor com estórias sobre um homem mais jovem, ao que ele respondeu com ciúmes e um convite. A atuação pelo professor da fantasia da paciente foi em parte gratificante e em parte assustadora para ela.

O romance com um pai na transferência funcionou como calço essencial entre a mãe/terapeuta e a filha/paciente. A presença emocional do pai introduziu terceiridade, uma perspectiva fora da díade mãe-bebê. Essa terceiridade ofereceu a possibilidade de uma perspectiva da qual a filha poderia (por identificação) ver a si mesma e a seu relacionamento com sua mãe. Nesse sentido, o complexo de Édipo é a saída da dualidade não reflexiva da posição esquizoparanoide. Entretanto, a Srta. N. ficou profundamente dividida com relação a usar essa saída. Na realidade, ela disse a si mesma e a seu pai na transferência (o professor) que sua lealdade ao objeto interno materno era prioritária. Ela não estava disposta ou apta a abandonar suficientemente o laço com o objeto interno materno (representado na sintomatologia bulímica) para abrir espaço para um terceiro. Esse laço primitivo com o objeto-mãe interno não é de forma alguma comparável ao laço com o pai ou a mãe na situação edípica. A mãe do comer compulsivo e vomitar é uma mãe de funções corporais que é indistinguível do indivíduo, a quem ele devora, mistura com seu sangue e, então, a vomita parcialmente para que não desapareça nela ou que ela tome controle sobre ele. Essa é a mãe a quem a paciente é conflituosamente leal, escravizada e a quem está presa. O terapeuta como objeto-mãe edípico ameaça interferir em um laço mais primitivo com o objeto-mãe interno relacionado no ato de comer compulsivo e vomitar e, previamente relacionado na transferência simbiótica com o terapeuta. A paciente implorou que o objeto-mãe/terapeuta edípico não insistisse em que ela abandonasse o laço com o objeto-mãe interno mais primitivo.

A introdução de sentimentos românticos/sexuais da paciente pelo professor refletiu a introdução de uma terceiridade, tanto no âmbito das relações objetais quanto na arena da formação simbólica. Ao mesmo tempo que a Srta. N. desenvolveu uma "queda" pelo professor, ficou curiosa acerca dos significados da experiência (por exemplo, seu comer compulsivamente). A paciente, como sujeito intérprete, pôde funcionar como uma terceira entidade interposta entre símbolo e simbolizado, isto é, entre seus pensamentos (suas construções simbólicas) e o que ela estava pensando a respeito (o simbolizado).

Como no caso da Sra. D. descrito anteriormente, a paciente ficou profundamente dividida pela probabilidade de introdução de um terceiro. A terceiridade ofereceu alívio do sentimento doloroso de aprisionamento na dependência do terapeuta; ao mesmo tempo, houve uma intensa sensação de perda envolvida em desistir do sentimento de relação não mediada que havia sido vivenciada no relacionamento mas primitivo com a mãe/terapeuta. A dor envolvia na renúncia dessa forma (fantasiosamente) sustentadora de relação é uma parte significativa do que há de depressivo da posição "depressiva".

## A criação da distância reflexiva

Ainda outro aspecto clínico do ingresso na posição depressiva é o sentido de desenvolvimento de distância reflexiva de si mesmo, no qual "eu" posso observar "a mim". Um paciente descreveu sua experiência anterior a esse desenvolvimento como um "turbilhão de atividade":

> *Um amigo que não me via há cerca de um ano me disse que, até hoje, ele sentia que quando olhava em meus olhos parecia poder enxergar através de mim. Eu entendo o que ele quer dizer. Não havia coisas escondidas. Ele não pretendia ser ofensivo. Eu costumava chocá-lo com minha sinceridade e sendo direto e ele gostava disso. Ele não está certo se gosta de mim sendo mais misterioso, talvez até dissimulado.*
>
> *Não é como se eu estivesse em um canto observando a mim mesmo. A ciência de mim mesmo e o fazer estão no mesmo lugar. Eu posso sentir o vento em minhas panturrilhas quando caminho. Não é que eu não costumasse pensar sobre mim mesmo ou que não fosse autorreflexivo, mas isso é diferente.*
>
> *Existe eu e existe algo dentro de mim, não algo, mas alguém, porém visto que esse alguém está dentro de mim, eu posso ter alguma ideia de quem é e não simplesmente o ser. Algumas vezes, isso está ligado a um sentimento de que é um espaço físico dentro do meu corpo, mas às vezes está na minha cabeça ou não está localizado em nenhum lugar específico do meu corpo. É um sentimento, não um lugar, mas parece um lugar.*

## Conclusões

Esses relatos clínicos foram oferecidos em uma tentativa de fornecer um sentido do qual uma conceituação dos modos de experiência esquizoparanoide e depressivo pode auxiliar o terapeuta a organizar dados clínicos. Espera-se que o uso dessas ideias possa facilitar a empatia com "o isso" enquanto o terapeuta facilita os esforços do paciente em se tornar um sujeito mais plenamente.

## Notas

1. Gostaria de expressar a minha gratidão aos terapeutas a quem supervisionei, por terem discutido seus trabalhos clínicos comigo, de forma a auxiliar enormemente no desenvolvimento e esclarecimento de muitas das ideias discutidas nesse capítulo.

2. A identificação projetiva, apesar de ser um modo primitivo de defesa e de comunicação, não é exclusiva da posição esquizoparanoide. Uma vez que os modos esquizoparanoide e depressivo coexistem sempre, a identificação projetiva é uma característica potencialmente presente em todos os estados psicológicos e em todas as formas de relações objetais.

3. A ideia de um relacionamento como uma presença continente foi apenas aludida por Klein (1955). Esse conceito foi centralizado por Winnicott e será discutido no Capítulo 7.

4. No original *wake*: cerimônia funeral em que há interação social entre os enlutados e em que tradicionalmente comida e bebida são oferecidos. [N.T.]

5. Essa afirmação foi erroneamente traduzida por Strachey como "Onde estava o Id, ali estará o Ego" (Freud, 1932, p. 80). Freud (1926) alertou explicitamente contra o uso de "nomes gregos pomposos" (p. 195) para a nomeação dessas experiências rotineiras do *self* e do não-*self* inanimado (dentro de nós mesmos).

# 6. Relações objetais internas

A teoria de relações objetais, muitas vezes considerada equivocadamente uma teoria exclusivamente interpessoal que desconsidera o inconsciente, é, na realidade, fundamentalmente uma teoria de relações objetais internas[1] inconscientes em interjogo dinâmico com a experiência interpessoal atual. A análise das relações objetais internas é centrada na exploração do relacionamento entre os objetos internos e as formas pelas quais o paciente resiste em alterar essas relações objetais internas inconscientes frente à experiência atual. A teoria clássica não inclui um conceito de objetos internos. O que há são conceitos relacionados e, em parte, sobrepostos, de traços de memória, representações mentais de *self* e objeto, introjeções, identificações e estruturas psíquicas.

A tese desse capítulo é que a "internalização" de um relacionamento objetal necessariamente envolve a clivagem do ego[2] em partes que, quando reprimidas, constituem objetos internos que existem em uma relação particular inconsciente uns com os outros. Esse relacionamento interno é moldado pela natureza do relacionamento objetal original, porém não tem absolutamente nenhuma correspondência específica com este e é potencialmente modificável pela experiência subsequente. O relacionamento objetal interno pode ser posteriormente reexternalizado por meio de projeção e de identificação projetiva em um contexto interpessoal, gerando assim os fenômenos da transferência e contratransferência da análise e todas as outras interações interpessoais.

Eu proponho, ainda, que os objetos internos sejam pensados como suborganizações dinamicamente inconscientes do ego, capazes de gerar significado e experiência, isto é, capazes de pensamento, sentimento e percepção. Essas suborganizações empreendem relações inconscientes entre si e incluem (1) suborganizações do *self*, isto é, aspectos do ego nos quais a pessoa vivencia mais plenamente suas ideias e sentimentos como seus próprios, e (2) suborganizações de objeto, através das quais os sentimentos são gerados em um modo fundamentado na identificação de um aspecto do ego com o objeto. Essa identificação com o objeto é tão completa que o sentido original de *self* do indivíduo é quase que inteiramente perdido. Esse conceito de relações objetais internas vai muito além da noção clássica de representações mentais de *self* e objeto (ver Hartmann, 1964; Jacobson, 1964; Sandler e Rosenblatt, 1962). Proponho aqui a ideia de que o ego é clivado em partes, cada qual capaz de gerar experiência em um modo que se estrutura, ou sobre o sentido dado a um objeto em uma experiência de relacionamento objetal primitiva ou após a experiência do indivíduo nessa mesma relação objetal primitiva. As duas partes do ego permanecem conectadas e, quando reprimidas, constituem um relacionamento objetal interno inconsciente.

Essa conceituação de relações objetais internas é um desenvolvimento dos trabalhos de Freud, Abraham, Melanie Klein, Fairbairn, Winnicott e Bion. Apesar de haver diferenças teóricas significativas dentre esse grupo de analistas, o conceito de objetos internos foi tratado por cada um deles de forma a fornecer fundamentação para o próximo, no que, em conjunto, constitui uma linha central de pensamento sobre a teoria de relações objetais. A contribuição de cada um desses analistas ao conceito de relações objetais internas será discutida e uma concepção integrada da natureza dessas relações objetais internas será apresentada. Mostrarei então como os fenômenos clínicos da transferência da contratransferência e da resistência podem ser compreendidos mais plenamente quando vistos a partir da perspectiva da teoria de objetos internos proposta.

## *Uma teoria de relações objetais de objetos internos*
### Freud

Freud não utilizava o termo "objetos internos", nem gerou uma conceituação equivalente ao que será discutido como um conceito de relações objetais de objetos internos. Em *A interpretação dos sonhos* (1900), Freud sugeriu que traços de memória inconscientes têm o poder de perpetuar os sentimentos envolvidos em experiências primitivas esquecidas, poderiam atrair atenção a si mesmos no curso do sonho e da formação de sintomas e poderiam pressionar a expressão consciente, a representação onírica e a representação simbólica em comportamentos sintomáticos e patologias do caráter. Em 1914, Freud introduziu a ideia de que fantasias inconscientes sobre objetos podem, em algumas circunstâncias, tomar o lugar de relacionamentos reais com pessoas.

Em "Luto e melancolia" (1917), a identificação é vista como o meio pelo qual o indivíduo não apenas se lembra, mas parcialmente substitui emocionalmente um objeto externo perdido por um aspecto de si mesmo que fora modelado após a perda do objeto externo. Freud descreveu como, na melancolia, um relacionamento com um objeto externo é "transformado, numa separação entre a atividade crítica do ego e o ego enquanto alterado pela identificação" (p. 249). Em outras palavras, um relacionamento externo é substituído por um relacionamento interno que envolve um interjogo entre dois aspectos *ativos* da pessoa, resultantes da clivagem do ego.

Em 1923, Freud ampliou a noção de identificação para incluir não apenas uma estruturação de si mesmo baseada no objeto externo, mas, como no caso da formação superegoica, um processo pelo qual as funções do objeto externo são instaladas na psique. Freud (1940a), ao final de sua vida, resumiu sua teoria de formação estrutural pela qual um novo agente ativo é gerado:

> *Uma parte do mundo externo foi, pelo menos parcialmente, abandonada como objeto e foi, por identificação, incluída no ego, tornando-se assim parte integrante do mundo interno. Esse novo agente psíquico continua a efetuar as funções que até então haviam sido desempenhadas pelas pessoas [os objetos abandonados] do mundo externo: ele observa o ego, dá-lhe ordens, julga-o e ameaça-o com punições, exatamente como os pais cujo lugar ocupou (p. 205).*

Freud então propõe um modelo no qual um objeto externo é "por identificação [...] incluído no ego". Ele segue explicando que incluir o objeto no ego envolve o estabelecimento de um "novo agente psíquico", isto é, um aspecto da personalidade que tem a capacidade de executar funções no mundo interno que antes eram desempenhadas no mundo externo pelo objeto. Esse novo agente faz relação com o ego e é capaz de perceber, pensar, responder e iniciar atividades. Além disso, ele tem seus próprios sistemas de motivação: "ele observa o ego, dá-lhe ordens, julga-o e ameaça-o com punições". Freud está descrevendo aqui uma sequência normal do desenvolvimento, onde a criança, no contexto das suas relações com objetos externos, estabelece uma suborganização do ego que tem a capacidade de motivação independente e desempenha uma relação objetal com outros aspectos do ego.

Suas obras "Fetichismo" (1927) e "A clivagem do ego no processo de defesa" (1940b) invocam o conceito de uma cisão no ego[3] para explicar a forma pela qual o indivíduo pode saber e não saber ao mesmo tempo. Em outras palavras, o ego pode ser defensivamente dividido para que opere com base em diferentes tipos de compreensão da realidade. Isso representa tanto um esclarecimento do processo de clivagem do ego envolvido na formação do superego quanto uma extensão da ideia que dá conta da divisão interna dentro da personalidade, que não a envolvida na formação superegoica.

## Abraham

O conceito de Freud de estruturas ou "agentes" psíquicos operantes em um "mundo interno", que é desenvolvido no contexto das relações primitivas com objetos externos constitui a estrutura teórica dentro da qual todas as contribuições subsequentes à teoria das relações objetais foram desenvolvidas. O trabalho de Karl Abraham desempenhou um papel essencial no desenvolvimento do ramo das relações objetais na teoria psicanalítica e, particularmente, forneceu a fundamentação para Klein e Fairbairn desenvolverem suas ideias. Trabalhando dentro da estrutura da teoria de instintos sexuais de Freud, Abraham (1924) atribuiu maior importância do que Freud ao papel do objeto no desenvolvimento da libido e deu maior ênfase ao papel da fantasia inconsciente na vida psicológica. A divisão de Abraham do desenvolvimento primitivo nas fases pré-ambivalente, ambivalente e pós-ambivalente foi a precursora dos níveis de organização psicológica primitiva esquizoide[4] e depressiva, de Klein e Fairbairn. Inerente ao conceito de Abraham sobre formas diferentes de ambivalência relacionada aos objetos estava a ideia de que uma variedade de formas de conflitos psicológicos existiram ao longo da experiência de diferenciação entre *self* e objeto.

## Klein

Enquanto as contribuições de Abraham para a teoria das relações objetais consistiram em grande parte na sua mudança de ênfase dentro da estrutura conceitual proposta por Freud, Melanie Klein (1975) introduziu uma nova perspectiva a partir da qual pode-se organizar o pensamento clínico e metapsicológico, ao tornar primário o papel das relações objetais internas inconscientes. Klein (1946, 1958) concebia o funcionamento egoico do bebê ao nascer como primitivo e fragilmente organizado, apesar de inteiro e, em relação a um objeto que é vivenciado como inteiro. Sob a pressão da ansiedade intolerável de aniquilação iminente produzida pelo instinto de morte, o bebê tenta se distanciar defensivamente do seu sentido de destrutividade, através da clivagem tanto do ego como do objeto em aspectos mais manejáveis (por serem separados) bons e maus da experiência relacionada ao objeto. Em termos menos mecânicos, o bebê simplifica um relacionamento intratavelmente complicado com sua mãe (incluindo a coexistência de sentimentos de amor e ódio direcionados à e experimentados como provenientes da mãe) ao tratar o relacionamento como se fôssem muitos relacionamentos entre concepções inequivocamente amorosas e inequivocamente maléficas do *self* e do objeto. Esses aspectos da relação do bebê com o objeto são mantidos separados por meios de fantasias projetivas e introjetivas. A clivagem do bebê da sua experiência com relacionamentos objetais permite a ele criar um santuário psicológico (a salvo de sentimentos hostis e destrutivos) dentro dos quais ele pode se alimentar e receber o que precisa da mãe em segurança.

Essa teoria de desenvolvimento primitivo estabeleceu um conceito de vida psicológica baseado em uma organização interna derivada do relacionamento de aspectos clivados do ego para com objetos internos associados. Existem consideráveis limitações na teoria de Klein sobre relações objetais internas. Fundamentalmente, Klein não deixa claro se vê as relações objetais internas como fantasias ou como relacionamentos entre agentes ativos capazes de sentimento, pensamento e percepção. De fato, ela fala as duas coisas e, frequentemente, mistura esses dois aspectos na formulação de fenômenos clínicos em termos de relações entre um agente ativo e um pensamento (ver Mackay, 1981). Isso envolve uma confusão dos níveis de abstração de forma análoga a dizer que um pensamento é contido em um neurônio.

A falácia de estabelecer relações diretas entre agentes ativos e ideias permeia os escritos de Klein. Por exemplo, ao descrever o desenvolvimento da vida psicológica primitiva, Klein escreve, "a excisão de figuras persecutórias, que vão fazer parte do inconsciente, está vinculada com a excisão de figuras idealizadas também. As figuras idealizadas são desenvolvidas para proteger o ego contra as aterrorizantes" (1958, p. 241). Analistas clássicos destacam que a ideia de figuras idealizadas protegendo o ego contra figuras aterrorizantes é equivalente a propor que existem "demônios" internos amigáveis e hostis operando dentro da mente. "Uma multiplicidade de mentes é introduzida em um único aparato psíquico [...] a pessoa está sendo imaginada como um container de inúmeras microorganizações independentes que também são microdinamismos" (Shafer, 1968, p. 62). Os kleinianos replicaram que essas figuras não são demônios, mas sim fantasias inconscientes: "objetos internos não são 'objetos' situados no corpo ou na psique: como Freud (em sua teoria do superego), Melanie Klein está descrevendo fantasias inconscientes que as pessoas têm sobre o que elas contêm" (Segal, 1964, p. 12). Apesar desse esclarecimento por parte dos kleinianos, deve-se lembrar, entretanto, que uma fantasia inconsciente (o produto do "pensamento-fantasioso" [Isaacs, 1952, p. 108]) é, afinal de contas, um pensamento, tal como são as figuras dentro da fantasia. Se os objetos internos são pensamentos, como Segal e Isaacs os conceituam, então eles não podem pensar, perceber, sentir ou proteger e nem atacar o ego. Mesmo no presente, os teóricos kleinianos não conseguiram se libertar da Scylla da demonologia e do Charybdis da mistura de níveis incompatíveis de abstração (isto é, agentes ativos e pensamentos).

## Fairbairn

Essa teoria kleiniana de relações objetais internas, com sua mistura insatisfatória de fantasia e dinamismo, juntamente com a teoria de Freud sobre a origem do superego, formaram o cenário para as contribuições de Fairbairn à teoria das relações objetais. Como Klein, Fairbairn (1940, 1944) via o ego do bebê ao nascimento como inteiro e capaz de se relacionar com objetos externos inteiros. Na medida em que o "encaixe" entre mãe e bebê é deficiente, o bebê vivencia um sentimento intolerável de desconexão e se defende por meios da clivagem de aspectos do ego que foram sentidos como inaceitáveis para a mãe. Essas porções clivadas do ego permanecem fixadas em um relacionamento com o aspecto insatisfatório do objeto. Essa relação com objeto parcial (ego clivado em relação ao um objeto emocionalmente ausente ou rejeitador) é reprimida com o objetivo de dominar os sentimentos envolvidos e em um esforço para modificar o objeto para um objeto satisfatório. O ego e o objeto frustrante são submetidos a posteriores subdivisões em linhas de clivagem determinadas por diferentes qualidades afetivas do relacionamento insatisfatório com o objeto. Por exemplo, as qualidades tantalizadora e rejeitadora do relacionamento se tornam separadas uma da outra no mundo interno do bebê. Um aspecto significativo do ego (o ego central) mantém um relacionamento com as qualidades aceitas e acolhedoras do objeto (a mãe "suficientemente boa" [Winnicott, 1951] em contraste com a mãe defensivamente idealizada). O ego central é em parte o ego consciente, porém também inclui aspectos dinamicamente inconscientes, como seus esforços defensivos para não estar ciente dos aspectos insatisfatórios da experiência relacionada ao objeto.

Apesar de trabalhar dentro uma estrutura psicanalítica freudiana, Fairbairn teve dificuldades com o que ele sentia serem limitações tanto das teorias freudianas como das kleinianas. Fairbairn (1946) destacou que Freud (1932) concebia o Id como energia sem estrutura e o ego como estrutura sem energia; o Id era visto como "catexias instintuais em busca de descarga – o que na nossa visão é só o que existe no Id" (Freud, 1932, p. 74) e o ego era percebido como organizado em funções, porém deficiente de uma fonte própria de energia. Fairbairn (1944, 1946) substituiu a dicotomia freudiana de ego e Id, estrutura e energia, pelo conceito de "estruturas dinâmicas". Essas estruturas dinâmicas são concebidas como aspectos da mente capazes de atuar como agentes independentes com sistemas motivacionais próprios. Em termos psicológicos, Fairbairn está dizendo que esses aspectos da pessoa têm a capacidade de pensar e desejar de acordo com seu sistema próprio de geração de significado. Segundo essa teoria, cada pedaço do ego (aspecto da personalidade) defensivamente clivado no curso do desenvolvimento funciona como uma entidade em relação a objetos internos e em relação com outras subdivisões do ego.

A respeito da importante questão do *status* teórico dos objetos internos, Fairbairn postula:

> *Em interesse da consistência, devo agora estabelecer a conclusão lógica da minha teoria de estrutura dinâmica e reconhecer que, visto que objetos internos são estruturas, eles devem necessariamente ser, ao menos em alguma medida, dinâmicos. Ao traçar essa conclusão e prestar esse reconhecimento, não estarei simplesmente seguindo o precedente de Freud, mas também, ao que pareceria, estarei em conformidade com as demandas de tais fatos psicológicos como são revelados, por exemplo, em sonhos e nos fenômenos da paranoia [...] Deve ser reconhecido, entretanto, que na prática é muito difícil diferenciar a atividade dos objetos internalizados da atividade das estruturas egoicas com as quais estão associadas; e, tendo em vista evitar qualquer presença de demonologia, parece adequado errar, se isso for acontecer, no lado da superestimação da atividade das estruturas do ego do que do contrário. Contudo, permanece verdade que, sob certas circunstâncias, os objetos internalizados podem adquirir uma independência dinâmica que não pode ser ignorada. É sem dúvida nessa direção que devemos olhar para ter uma explicação do animismo fundamental dos seres humanos, o que é, no entanto, persistente sob a superfície (1944, p. 132).*

A conclusão de Fairbairn de que não somente as suborganizações do ego, mas também os objetos internos devem ser considerados "pelo menos em alguma medida" como estruturas dinâmicas, estabelece plenamente o conceito de relações objetais internas entre agentes ativos semiautônomos dentro de uma única personalidade. Entretanto, a passagem supracitada demonstra que Fairbairn hesitou em traçar sua conclusão. Em grande parte, pareceu extremamente próxima às formulações de Klein, as quais ele considerava demonológicas. Existem vários aspectos formulados de forma incompleta na teoria de Fairbairn que podem ter contribuído para suas inquietações acerca dessa faceta do seu pensamento.

Ao se estudar o trabalho de Fairbairn, busca-se por definições dos termos *estrutura* e *dinâmica* em vão (também não é possível achar uma definição do conceito de estrutura psíquica nos escritos de Freud). A partir do uso de Fairbairn do termo *estrutura*, infiro que ele está se referindo a um conjunto estável de ideias ou representações mentais. Essas ideias conscientes e inconscientes são crenças consistentes em cujos termos o indivíduo planeja e mede o comportamento e as suas respostas às novas experiências. Porém, essas ideias não pensam, respondem ou percebem por si só. A capacidade de pensar, sentir e perceber é a base para a determinação de que um aspecto da personalidade é dinâmico.

Quando Fairbairn diz que objetos internos não são "meros objetos", mas estruturas dinâmicas, ele parece referir que figuras internas não são simplesmente representações mentais de objetos, mas em vez disso, agentes ativos cuja atividade é percebida por eles mesmos e por outras estruturas dinâmicas como tendo características específicas que são, então, organizadas e registradas como representações mentais estáveis. A estrutura pode existir sem dinamismo (conjuntos estáveis de ideias e convicções), mas é impossível que exista dinamismo sem estrutura. Para Fairbairn, o conceito de Id como um reservatório de energia é substituído pela ideia de um conjunto inconsciente de estruturas do ego e do objeto, cada qual capaz de atividade psicológica de graus variáveis de primitivismo.

Permanece obscuro no pensamento de Fairbairn qual é a relação entre o conceito de ego e o conceito de objetos internos dinâmicos. Pode haver estrutura dinâmica (por exemplo, um objeto interno) que é distinto do ego? Parece ser isso o que Fairbairn está dizendo e, como será discutido posteriormente, pode ser essa a razão para sua hesitação em reconhecer plenamente a natureza dinâmica dos objetos internos.

## Winnicott

A grande contribuição de Donald Winnicott para a teoria das relações objetais internas é o conceito de múltiplas organizações do *self* cujo funcionamento consiste em uma relação de umas com as outras dentro do sistema de personalidade. Winnicott (1951, 1952, 1954, 1960a) vislumbrava que o bebê nascia com potencial para individualidade única de personalidade (denominada de organização de personalidade *Self* Verdadeiro), que pode ser desenvolvida no contexto de um ambiente responsivo de acolhimento fornecido por uma mãe suficientemente boa. Entretanto, quando a mãe substitui um gesto espontâneo do bebê por algo de si mesma (por exemplo, a exploração curiosa do bebê pela sua própria ansiedade de separação), o bebê vivencia um rompimento traumático no seu crescente sentido do *self*. Quando tais "choques" são aspectos centrais no relacionamento primitivo mãe-criança, o bebê tentará se defender através do desenvolvimento de uma segunda organização (reativa) de personalidade (a organização do Falso *Self*). Esse Falso *Self* vigia as necessidades conscientes e inconscientes da mãe, adapta-se a elas e, ao fazê-lo, oferece uma proteção exterior atrás da qual o *Self* Verdadeiro conserva a privacidade necessária para manter sua integridade.

O Falso *Self* não é concebido como maléfico. Pelo contrário, o *self* cuidador (1954) "maneja" a vida energeticamente para evitar que um *self* mais profundo vivencie a ameaça de aniquilação resultante da excessiva pressão para se desenvolver de acordo com a lógica interna de outra pessoa (a mãe, por exemplo). O terror da aniquilação experimentado pelo *Self* Verdadeiro resulta em um sentimento de dependência absoluta da organização de personalidade do Falso *Self*. Isso torna extremamente difícil para uma pessoa diminuir a sua dependência do modo de funcionamento do Falso *Self*, apesar de ter ciência da vida vazia que deriva de tal funcionamento. O funcionamento nesse modo pode frequentemente levar a sucessos acadêmicos, vocacionais e sociais, porém, ao longo do tempo, a pessoa vivencia a si mesma cada vez mais como entediada, "desinteressada", desconectada, mecânica e sem espontaneidade (ver Ogden, 1976).

O *status* teórico do objeto não é discutido por Winnicott, mas sua escrita deixa claro que ele trata os objetos internos como representações mentais. Tanto a teoria de estrutura dinâmica de Fairbairn como o conceito de *Self* Verdadeiro e Falso *Self* de Winnicott representam passos no desenvolvimento da teoria de relações objetais, na qual aspectos inconscientes da pessoa, cada qual com a capacidade de gerar significados de acordo com seus próprios padrões de conexão, exercem relacionamentos internos uns com os outros. Nas teorias de Fairbairn e de Winnicott está implícita a ideia de que conceituar conflito psíquico como uma fantasia inconsciente de forças internas opostas não capta adequadamente a forma pela qual a pessoa está, de fato, se sentindo, pensando, percebendo e se comportando de duas formas de uma só vez, não simplesmente imaginando que esse seja o caso. De acordo com Fairbairn e Winnicott, é mais preciso dizer que a pessoa está se comportando como duas pessoas de uma só vez, do que dizer que ela está pensando que é feita de duas pessoas discordantes uma da outra.

## Bion

Tendo em mente que a questão do *status* teórico dos objetos internos segue não resolvida, uma consideração dos aspectos do trabalho de Wilfred Bion se faz particularmente pertinente. Primeiramente, Bion descreveu a identificação projetiva como um processo interpessoal no qual o sujeito se encontra "sendo manipulado de maneira a estar desempenhando um papel, pouco importa quão difícil de reconhecer, na fantasia de outra pessoa" (1952, p. 149). No contexto interpessoal, a pessoa autora da identificação projetiva se envolve em uma fantasia inconsciente de expulsar um aspecto indesejado ou ameaçado de si mesmo e depositar essa parte em outra pessoa, de uma forma controladora. É exercida uma pressão interpessoal no "recipiente" da identificação projetiva, pressão essa que tem por objetivo inconsciente coagir o "recipiente" a vivenciar a si mesmo e a se comportar de uma forma que é congruente com a fantasia projetiva inconsciente. Sob circunstâncias ótimas, o recipiente "contém" (Bion, 1962a) ou "processa" (isto é, maneja de forma madura) os sentimentos e as ideias evocados e, portanto, torna-os disponíveis para reinternalização pelo projetor, em uma versão mais manejável e integrável do que fora projetado. (Ver Ogden, 1979, 1981, 1982a para discussões mais detalhadas sobre identificação projetiva.)

Bion (1957) posteriormente deixou claro que ele via a identificação projetiva não somente como um processo interpessoal, mas também como um processo intrapessoal. Ele concebe o indivíduo como composto de múltiplas suborganizações da personalidade, cada qual capaz de funcionar de forma semiautônoma e, portanto, capaz de processar as identificações projetivas das outras. Como pode ser visto a partir dessa discussão, essa visão de sistema de personalidade é um desenvolvimento das contribuições de Klein, Fairbairn e Winnicott à teoria das relações objetais.

Para Bion (1956, 1957) a identificação projetiva envolve a clivagem da personalidade (não simplesmente a clivagem das representações do *self*) e uma expulsão da suborganização resultante para um objeto interno. O esquizofrênico, devido a uma incapacidade quase completa de tolerar a realidade, substitui a percepção por uma forma extrema de identificação projetiva. Ao fragmentar as funções perceptivas em componentes isolados e então projetar essas funções (ainda vivenciadas em algum grau como *self*) no objeto, o esquizofrênico cria um tipo de objeto interno denominado de "objeto bizarro". O objeto é então vivenciado como tendo vida própria: "Na fantasia do paciente, as partículas expelidas do ego levam uma existência independente e incontrolável fora da personalidade, mas contendo ou sendo contidas por objetos externos" (1956, p. 39). Um exemplo dado por Bion é a projeção da função visual em um gramofone (mais precisamente, a representação psicológica de um gramofone), produzindo, portanto, um objeto bizarro sentido como sendo capaz de espionar o paciente. É como se uma parte da personalidade "tivesse virado uma coisa" (1957, p. 48). Esse tipo de fragmentação e projeção defensiva da mente em um objeto (representação) é o marco da personalidade psicótica.

Bion enfatiza o papel da fantasia no processo de geração de objetos bizarros. Ao fazê-lo, entretanto, ele parece subestimar a forma na qual o processo de fragmentação do aparato mental é mais do que uma fantasia. Acredito que é necessário entender a formação de objetos bizarros como envolvendo dois tipos diferentes de operação mental. Uma faceta do processo é simplesmente uma fantasia – um gramofone é uma representação mental que se imagina ser capaz de percepção. Contudo, essa fantasia é um pensamento gerado por uma parte da mente que foi, de fato, clivada da mente "não psicótica" e está na verdade funcionando como uma suborganização ativa e independente da personalidade, que vivencia a si mesma como uma coisa (ver Ogden, 1980, 1982b). Entendo a imagem do gramofone como equivalente a uma autorrepresentação desse aspecto da personalidade.

Grotstein (1981, 1983) estendeu a teoria de Bion sobre o funcionamento simultâneo de partes psicóticas e não psicóticas da personalidade de forma a construir um "modelo de duas vias" da mente, no qual a experiência não é mais concebida como unitária, mas como uma sobreposição de duas ou mais experiências separadas geradas por suborganizações autônomas da personalidade. Apenas através da integração de várias perspectivas da experiência, a ilusão da experiência unitária é criada, muito como um campo visual integrado com profundidade visual é alcançado através da integração de imagens visuais levemente diferentes percebidas por cada olho. A proposta de Grotstein representa uma importante redescoberta de uma das contribuições mais fundamentais de Freud à psicologia. Freud propôs que nós vemos a mente humana como composta de duas facetas, a mente consciente e a mente inconsciente. Apesar desses dois aspectos da mente funcionarem em modos diferentes (processo primário e secundário), eles operam concomitantemente e juntos contribuem para a geração da experiência que parece unitária para o sujeito. Esse sentido de unidade de experiência é conquistado apesar do fato de os aspectos conscientes e inconscientes da mente operarem de forma semiautônoma.

## Uma teoria revisada de objetos internos

Antes de apresentar uma integração das contribuições supramencionadas à teoria de objetos internos, irei recapitular brevemente os pontos críticos de mudança conceitual no desenvolvimento desse aspecto da teoria psicanalítica. Melanie Klein foi a primeira a estabelecer um conceito de um mundo objetal interno organizado em torno de relacionamentos objetais internos, consistindo de um aspecto inconsciente clivado do ego em relação a um objeto interno. Sua teoria sofreu pela formulação insatisfatória dos *status* teóricos dos objetos internos, os quais foram concebidos como fantasias inconscientes, mas ao mesmo tempo pensados como capazes de pensar, sentir, perceber e responder. Fairbairn esclareceu o assunto ao afirmar que nem os objetos e nem as representações objetais são internalizados; em vez disso, o que é internalizado é uma relação objetal que consiste de uma parte clivada do ego em relação a um objeto que é por si só, ao menos em parte, uma estrutura dinâmica. O aspecto clivado do ego retém a capacidade de funcionar como um agente psicológico ativo, apesar de funcionar em um modo primitivo devido ao seu isolamento relativo de outros aspectos da personalidade em desenvolvimento. Fairbairn, embora tenha designado estruturas dinâmicas de objetos internos, não explicou como um objeto interno (presume-se que originalmente um pensamento) alcança seu dinamismo. Winnicott estendeu o conceito de clivagem do ego para incluir subdivisões da experiência do *self*, mas não contribuiu para o esclarecimento do conceito de objetos internos.

A teoria de Bion sobre a formação patológica de objetos bizarros fornece um importante *insight* sobre a formação de todos os objetos internos. Ele vislumbrava uma clivagem defensiva da mente em partes que incluem suborganizações ativas da mente, que então vivenciam a si mesmas como tendo se tornado coisas. Portanto, a formação de um objeto bizarro é um processo pelo qual uma suborganização da mente empreende uma fantasia relacionada a objeto específica envolvendo sentimentos de fundir-se em ou de ser aprisionado pelo objeto.

Com base nessas contribuições à teoria das relações objetais, tentarei agora esclarecer o *status* teórico de objetos internos de forma a facilitar o pensamento clínico sobre vários fenômenos da transferência e da resistência. Um relacionamento objetal interno envolve necessariamente uma interação entre duas subdivisões da personalidade, onde cada subdivisão é capaz de ser um agente psicológico ativo. Caso contrário, uma determinada teoria deve impor um relacionamento direto entre níveis não equivalentes de abstração, por exemplo o ego (uma estrutura) em um relacionamento com uma representação objetal (um pensamento), ou um relacionamento entre dois pensamentos, o que necessariamente daria aos pensamentos o poder de pensar. O reconhecimento de Freud do fato de que dois agentes ativos são necessários para um relacionamento objetal interno é refletido em sua teoria da formação do superego, onde o ego é visto como clivado em duas organizações ativas em um relacionamento interno entre si.

A compreensão de Fairbairn de que não são os objetos, mas sim as relações objetais que são internalizadas, abriu caminho para o pensamento de ambos os componentes do relacionamento interno, *self* e objeto, como agentes ativos, "estruturas dinâmicas". O componente do *self* foi compreendido como um aspecto clivado do ego, responsável, portanto, pela sua capacidade de pensar, perceber e responder. Contudo, apesar de Fairbairn reconhecer que a consistência teórica exigiria que o componente do objeto do relacionamento objetal interno também fosse considerado uma estrutura dinâmica, ele não ofereceu uma explicação para a fonte do dinamismo do objeto interno. Ao se aplicar a teoria da formação de objetos bizarros patológicos de Bion à formação de objetos internos em geral, é possível conceituar objetos internos como aspectos clivados do ego que foram "projetados em" representações mentais de objetos; um aspecto do ego é clivado e se torna profundamente identificado com a representação objetal. Tendo em vista que a suborganização do ego é por si só capaz de gerar significados, sua identificação com uma representação objetal resulta em uma mudança na forma como aquele aspecto da pessoa pensa sobre si mesmo. Aquilo que era originalmente uma representação objetal se torna, na experiência, equivalente a uma representação no *self* de um dos aspectos clivados do ego.

Sob essa luz, sugiro que a internalização de um relacionamento objetal seja concebida como envolvendo necessariamente uma subdivisão dupla do ego. *Tal clivagem dupla resultaria na formação de duas novas suborganizações do ego, uma identificada com o self na relação objetal externa e a outra perfeitamente identificada com o objeto.* Essa formulação dá conta da natureza dinâmica do objeto interno e também define o relacionamento entre o conceito de ego e o conceito de objeto interno. Resumidamente, os objetos internos são subdivisões do ego que estão fortemente identificadas com uma representação de objeto mas mantêm as capacidades do ego inteiro de pensar, perceber e sentir. Tal proposta em nada vai além em direção à demonologia do que a descrição de Freud sobre a formação do superego.

A extensão lógica da teoria de estrutura dinâmica de Fairbairn é que o ego é a única fonte de dinamismo e que estruturas dinâmicas posteriores são formadas apenas por uma subdivisão do ego. O dinamismo de um objeto interno deve em todas as situações refletir o fato de que um aspecto do ego foi clivado e está no núcleo da nova estrutura. O fato de que essa estrutura (o objeto interno) é vivenciada como um não *self* se dá devido à sua profunda identificação com o objeto. A internalização que requer uma clivagem do ego ocorre somente no desenvolvimento inicial e, como resultado, a natureza da identificação com o objeto é insuficientemente diferenciada. A qualidade da experiência da identificação é um "transformar-se no objeto" ao contrário de "sentir-se como" o objeto. As "internalizações" adultas são fundamentadas em clivagens existentes no ego e não envolvem a criação de novas clivagens.

## Transferência, contratransferência e identificação projetiva

A partir da perspectiva de relações objetais internas apresentada, transferência e contratransferência podem agora ser compreendidas como a externalização interpessoal ("*actualization*", Ogden, 1980,

1982b) de um relacionamento objetal interno. A transferência pode assumir uma de duas formas, dependendo do papel que é designado à outra pessoa no processo de externalização. Este pode ser o papel ou do objeto ou do *self* na relação objetal interna. Quando o que é projetado é o papel do objeto interno, o paciente vivencia a outra pessoa como ele vivenciou inconscientemente aquele objeto interno (uma parte inconsciente clivada do ego identificada com o objeto). Nesse caso, a contratransferência envolve a identificação inconsciente do terapeuta com aquele aspecto do ego do paciente identificado com o objeto ("identificação complementar" de Racker [1957]).

A identificação projetiva envolve, *além disso*, uma pressão interpessoal no terapeuta para ingressar em tal identificação. O "recipiente" (o terapeuta, por exemplo) é coagido a ver a si mesmo apenas como o objeto representado no relacionamento objetal interno. Mais precisamente, há uma tentativa de tornar a experiência do recipiente congruente com a forma na qual o objeto interno (aspecto do ego) *vivencia a si mesmo* e percebe o componente do *self* do relacionamento interno. O sujeito inconscientemente fantasia expelir partes de si mesmo e entrar no objeto de uma forma controladora.

## Transferência

Essa forma de externalização na qual outra pessoa é tratada como se fosse o componente do objeto de um relacionamento objetal interno, é o processo geralmente definido como transferência. Por exemplo, um paciente de 20 anos de idade manteve um relacionamento interno temeroso, mas desafiador, no qual um aspecto do ego travava batalha com outro aspecto clivado do ego identificado com uma representação de um pai abusador. Esse paciente estava preocupado com a sua ansiedade em relação a um professor do sexo masculino em particular, a quem ele vivenciava como extremamente intimidador. Não obstante, o paciente lutava contra desejos inconscientes de enfraquecer e "envergonhar" o professor em aula. Tal relação transferencial (baseada na externalização do componente objeto do relacionamento interno) se tornou uma identificação projetiva à medida que o paciente passou a se imaginar sendo capaz de "apertar os botões" do professor de forma onipotente e passou a provocar o professor, na realidade, para que assumisse uma postura abusadora.

A outra das duas formas de transferência descritas ocorre quando o paciente vivencia outra pessoa (por exemplo, o terapeuta) da mesma forma que o objeto interno (a porção clivada do ego identificada com o objeto) vivencia o aspecto do ego identificado com o *self*. A contratransferência nesse caso consiste na identificação do terapeuta com o componente do *self* da relação objetal interna do paciente ("identificação concordante" de Racker [1957]). Nesse caso, a identificação projetiva envolveria, também, uma fantasia inconsciente de projeção do componente do *self* no objeto externo juntamente com a pressão interpessoal no objeto por obediência à essa fantasia, isto é, pressionar o objeto externo a vivenciar a si mesmo somente como o objeto interno vivencia o *self* no relacionamento objetal interno.

A externalização do componente do *self* de um relacionamento objetal interno foi exemplificado por um adolescente psicótico que era continuamente atormentado por pensamentos obsessivos intrusivos, alucinações auditivas acusatórias e sentimentos de que sua mente estava sendo controlada. Ele sentia que não conseguia encontrar um único momento de fuga desses ataques emocionais internos. O paciente era atendido em psicoterapia individual intensiva de longo prazo em um hospital psiquiátrico. No curso desse trabalho, a experiência atual do paciente passou a ser compreendida como uma versão interna da experiência do seu relacionamento com sua mãe, que regularmente o observava por horas secretamente no jardim de infância, havia lhe dado medicação placebo para seus "nervos" e havia gravado suas conversas durante o jantar e seus episódios de birra para mostrar a ele com o objetivo de que ele "estudasse" mais tarde. Ele havia sido encaminhado a um amigo da família para "terapia". Após cada sessão, o "terapeuta" relatava para os pais o que havia acontecido.

Na psicoterapia ocorrida durante sua hospitalização, o paciente submetia o terapeuta a um contínuo ataque verbal e sensorial. Em um tom de voz impiedoso, alto, queixoso e com elevada pressão, ele fazia exigências incessantes ao terapeuta. Quando não gratificado, o paciente zombava do terapeuta chamando-o de inúmeros nomes que eram repetidos com tanta frequência e em tom tão alto que uma sessão de 50 minutos dava ao terapeuta a sensação de ter sido submetido ao barulho de uma britadeira por horas. O terapeuta não somente ficava com raiva, mas também experimentava sentimentos de desorganização e desamparo absoluto que por vezes lhe causavam o sentimento aterrorizante de estar se afogando. O paciente descrevia essas sessões como "jogos de controle da mente negativos", um termo que se referia à ideia de que os esforços em controlar sua mente estavam "bloqueados" e esse bloqueio, por sua vez, tinha o efeito de enviar o controle da mente de volta a sua fonte.

Nesse exemplo, o componente do *self* de um relacionamento objetal interno (no qual o paciente vivenciava a si mesmo como violentamente invadido pela sua mãe) foi projetado no terapeuta. A fantasia de controle da mente negativo era acompanhada de uma interação interpessoal que servia para induzir no terapeuta a experiência do *self* na relação objetal interna. A fantasia, a pressão interpessoal e a resposta ressonante do terapeuta constituíam, juntas, uma identificação projetiva.

A seguir veremos outro exemplo do tipo de transferência envolvendo a externalização do componente do *self* do relacionamento objetal interno. Robert, um paciente esquizofrênico de 20 anos de idade atendido em psicoterapia intensiva, desenvolveu inconscientemente um relacionamento objetal interno doloroso no qual ele se sentia "contaminado" por uma mãe que se insinuava em todas as facetas do seu corpo e mente. Durante um período estendido de terapia, o paciente se recusava a tomar banho e, conforme o tempo passava, o terapeuta foi ficando preocupado com o odor do paciente que se mantinha no consultório por muito tempo depois que o paciente saía. A cadeira do consultório do terapeuta absorveu o odor do paciente e passou a ser um símbolo da entrada do paciente na vida do terapeuta após o horário de terapia. Portanto, o terapeuta sentia como se ele mesmo houvesse ficado inevitavelmente impregnado com o paciente. Nesse caso, o terapeuta fora involuntariamente coagido a vivenciar a si mesmo como o componente do *self* do relacionamento objetal interno com a mãe contaminadora (um aspecto do ego do paciente identificado com essa representação da mãe). (Ver Ogden, 1982a, para uma discussão aprofundada desse caso.)

É de minha experiência que a identificação projetiva é um componente universal da externalização de um relacionamento objetal interno, isto é, da transferência. O que é variável é o grau no qual o objeto externo é recrutado como participante da externalização de uma relação objetal interna. Sempre há um componente da resposta do terapeuta às transferências do paciente que representa uma identificação induzida com um aspecto do ego do paciente que está preso em uma relação objetal interna inconsciente específica. Essa identificação por parte do terapeuta representa uma forma de compreensão do paciente que não pode ser adquirida de nenhuma outra forma.

Em minha opinião, não é possível analisar a transferência sem se disponibilizar para participar em algum grau nessa forma de identificação. Entretanto, de forma alguma é suficiente se tornar um participante na externalização de um relacionamento interno. É preciso, além disso, ser capaz de compreender aquilo que se está vivenciando como reflexo de uma necessidade por parte do paciente de reduzir o terapeuta ao *status* de um substituto para uma parte do ego do paciente. O terapeuta deve, ele mesmo, estar ciente de que o paciente está excluindo todos os aspectos da personalidade do terapeuta que não correspondem às características do ego clivado com o qual o terapeuta está sendo identificado. Há um trabalho psicológico considerável do terapeuta para integrar consciente e inconscientemente os papéis impostos sobre ele com seu sentido de si mesmo maior e mais baseado na realidade (em particular, seu papel como terapeuta).

## Resistência

A partir da perspectiva dessa concepção de objetos internos, a resistência é compreendida em termos da dificuldade que o paciente tem de abandonar os vínculos patológicos envolvidos em relacionamentos objetais internos inconscientes. Fairbairn (1944, 1958) foi o primeiro a entender a resistência dessa forma e deu particular ênfase ao laço com o objeto interno mau. Esse laço é baseado na necessidade do indivíduo de modificar o objeto mau para que se torne o tipo de pessoa que ele deseja que o objeto fosse.

Fairbairn (1944) descreveu duas formas de vinculação ao objeto interno frustrante. Uma forma é a vinculação do *self* desejante com o objeto tentador. A natureza desse laço com o objeto é a mesma da adição com um agente aditivo e é extremamente difícil de desmantelar. (Ver Ogden, 1974, para a descrição de uma psicoterapia na qual a resistência central era derivada desse tipo de laço objetal interno.)

A segunda categoria de vínculo com um objeto interno mau é o laço do *self* injustiçado e mimado com o objeto que rejeita e não tem amor. Isso geralmente toma a forma de uma cruzada para expor a injustiça, frieza, ou outras formas de maldades do objeto interno.

Fairbairn (1940) apresentou dados clínicos vívidos demonstrando o fenômeno da lealdade ao objeto interno mau, que é motivada pela convicção inconsciente de que um objeto mau é preferível a nenhum objeto. O pensamento de Fairbairn deriva da ideia de que a sanidade e sobrevivência de um ser humano dependem de uma relação objetal e que uma pessoa vivencia o terror de aniquilação iminente quando sente que laços objetais internos e externos estão sendo rompidos. Portanto, ele se apega desesperadamente a qualquer laço objetal (interno ou externo), mesmos aos que são vivenciados como maus, quando é só o que há disponível.

Devido a incompletude de sua formulação acerca da natureza dos objetos internos, Fairbairn focou-se exclusivamente nas resistências derivadas da experiência do componente do *self* do relacionamento objetal interno. Como discutido anteriormente, Fairbairn aceitou relutantemente a ideia de que objetos internos são estruturas dinâmicas e não conseguiu delinear o relacionamento entre o conceito de objetos internos e o conceito de ego. Como resultado, ele se limitou a estudar formas nas quais a lealdade do *self* ao objeto interno funciona como resistência ao trabalho terapêutico.

Outras formas de resistência se tornam reconhecíveis a partir da perspectiva de uma teoria que diz respeito a relações objetais internas que envolve dois agentes ativos, cada qual capaz de gerar significado. Não apenas se encontra resistência derivada da lealdade do *self* com o objeto mau, mas também se encontra regularmente resistência baseada na necessidade objetal do *self*. Isso não implica em uma concepção de um mundo interno ocupado por objetos internos voando na mente do sujeito, movidos por sua própria energia. A partir da perspectiva do presente capítulo, esses objetos internos são compreendidos como aspectos do ego identificados com objetos e, como tal, podem entrar em uma relação atormentadora, provocadora, humilhadora, dependente ou qualquer outra forma de relação para com outros aspectos do ego. O próprio Freud usou tais palavras para descrever o relacionamento do superego com o ego. A resistência em desistir de laços objetais internos pode então ser derivada tanto daqueles aspectos do ego vivenciados como *self*, como daqueles aspectos do ego identificados com objetos. Esse último conjunto de resistências não tão reconhecido ou elucidado quanto o anterior.

Até agora, o foco foi colocado quase que exclusivamente na experiência do *self* em relação a objetos em relações objetais internas. Isso se deu dessa forma porque o componente objetal foi conceituado primariamente como uma representação mental (uma ideia) e, portanto, não faria sentido falar sobre a forma na qual um pensamento vivencia uma mudança em um relacionamento objetal interno. Entretanto, a partir da perspectiva do objeto como suborganização do ego, pode-se pensar a respeito dos seguintes aspectos da resistência originados da recusa do objeto em abandonar seus laços com outros aspectos do ego envolvidos em relacionamentos objetais internos:

1. A suborganização do ego identificada com o objeto sofre constante pressão do componente *self* do relacionamento, para ser transformada em um objeto bom. Tal transformação é fortemente resistida pelo componente objeto, pois esse tipo de modificação extrema da identidade seria vivenciada como a aniquilação de um aspecto do ego. O relacionamento objetal interno é vigorosamente defendido a partir de duas direções: o componente *self* não está disposto a correr o risco de aniquilação resultante da ausência de

relação objetal e, ao contrário, se esforça em transformar o objeto mau em bom; ao mesmo tempo, o componente objeto afasta a aniquilação que resultaria da sua transformação em uma nova entidade (o objeto bom). É essa última motivação a responsável pelo momento frequentemente encontrado na terapia quando o paciente olha de maneira suplicante para o terapeuta e diz, "Eu sei que o que estou fazendo é autodestrutivo, mas parar de pensar e agir dessa forma requereria que eu me tornasse outra pessoa e eu não posso fazer isso. Eu não reconheceria a mim mesmo quando me olhasse no espelho".

No trabalho com pacientes *borderline* e esquizofrênicos, essa forma de resistência frequentemente subjaz os sentimentos intensamente conflitivos do paciente em aceitar as interpretações do terapeuta. Frequentemente, o relacionamento transferencial em tais circunstâncias envolve uma externalização de um relacionamento objetal interno do seguinte tipo: o analista é vivenciado como o componente do *self* do relacionamento interno no qual o *self* intenciona modificar o componente objeto ao custo da aniquilação daquele aspecto do paciente. Por exemplo, um paciente esquizofrênico, por muitos anos de terapia, tinha, periodicamente, episódios nos quais ficava psicótico e regredia profundamente, ao ponto de ingressar em um estado quase total de mudez e imobilidade que durava muitos meses. Essas regressões ocorriam assim que o paciente começava a "melhorar". A "melhora" era vivenciada pelo paciente como literalmente tornar-se o terapeuta e, ao fazê-lo, perder-se-ia completamente. A passividade teimosa demonstrada pelo paciente em tais pontos era uma afirmação inconsciente de que o terapeuta não podia induzir, seduzir, manipular ou coagir o paciente a se transformar na pessoa que o terapeuta "queria" ou "precisava" que o paciente fosse. "Melhorar" significava ser transformado em outra pessoa e não mais existir como a pessoa que ele sentia ser.

Interpretações são regularmente vivenciadas por pacientes esquizofrênicos e paranoides como indutoras de um terrível dilema: ouvir (em fantasia, "absorver") é arriscar ser transformado no terapeuta; não ouvir (em fantasia, "recusar-se a absorver") é vivenciado como arriscar perder toda conexão com o terapeuta e, como resultado, flutuar em um estado de isolamento absoluto do tipo "espaço sideral". De qualquer forma, a existência do paciente é ameaçada. O perigo de perder a si mesmo como resultado de ser transformado em um objeto "bom" é o perigo vivenciado pelo componente objetal do relacionamento interno; o risco de isolamento absoluto resultante da perda de conexão com o objeto interno é o perigo vivenciado pelo componente *self* do relacionamento objetal interno. É tão importante para o componente objeto do ego no relacionamento interno resistir à transformação pelo componente *self* como é para o componente *self* tentar transformar o objeto mau em um objeto bom.

2. A suborganização do ego identificada com o objeto vivencia tanta necessidade de relacionamento objetal quanto o componente *self* do relacionamento objetal interno. O componente objeto frequentemente mantém laços objetais internos através da tentativa de exercer controle sobre seu objeto (isto é, controle sobre o componente *self* do relacionamento interno). O componente objeto pode insultar, envergonhar, ameaçar, dominar ou induzir culpa em seu objeto (o componente *self* do relacionamento interno) objetivando manter conexão com o componente *self*. Esses esforços para obter controle sobre o componente *self* são bastante intensificados quando há perigo do vínculo ser ameaçado, por exemplo, por uma forma mais madura de relação com o terapeuta, que tornaria essa forma de relação interna mais primitiva menos necessária.[5]

Uma paciente obsessiva em psicoterapia intensiva regularmente rompia seus raros períodos de associação livre genuinamente autoanalíticas por "rompantes" de autotormento obsessivo. Por exemplo, enquanto discutia, com insights, um intercâmbio com um namorado, ela interrompeu sua linha de pensamento para ruminar de forma autocrítica sobre seu peso, um assunto com o qual ela era cronicamente preocupada. Conforme as ruminações continuavam, ela ficava aflita com a possibilidade de que o terapeuta encerraria a terapia devido ao seu pensamento obsessivo interminável e infrutífero. Nesse ponto da terapia, a paciente estava ciente da conexão entre seu atormentar-se e a forma como ela havia se sentido continuamente diminuída e atormentada pela sua mãe. A mãe da paciente, além de demonstrar incansavelmente seu desdém pela paciente, ameaçava regularmente mandá-la embora para morar com parentes. (Deve-se enfatizar que é a experiência que a paciente tem de sua mãe, não uma descrição objetiva da mãe, que é preservada no relacionamento objetal interno.)

O relacionamento objetal interno sobre o qual a transferência foi estruturada consistiu em um relacionamento mãe-criança mutuamente dependente, no qual a criança estava disposta e ansiosa para ser masoquista se isso fosse auxiliar a solidificar o laço com uma mãe sádica que era vivenciada como sempre prestes a abandoná-la. O objeto interno (suborganização do ego) vivenciou a habilidade de outros aspectos da paciente de empreender livre associação no contexto terapêutico como perigosas evidências de uma capacidade melhorada desses outros aspectos do ego de empreender uma forma de relação mais madura com o terapeuta. O medo dessa forma mais madura de laço objetal resultou da convicção do objeto de que tal relação tornaria o componente *self* do relacionamento objetal interno menos dependente do componente objeto. Na sequência clínica descrita, o objeto (suborganização do ego) redobrou então seus esforços para submeter o *self* masoquista a um tormento sádico na forma de provocações indutoras de culpa acerca de estar acima do peso. A natureza da ameaça absoluta feita pelo componente objeto é a de abandonar o componente *self* do relacionamento interno. Na evolução clínica, a ameaça de abandono é projetada no terapeuta e é vivenciada como uma ameaça feita pelo terapeuta de abandonar a paciente caso ela não se comporte como ele exige.

Nesse material clinico, a resistência (a interrupção da associação livre) emergiu do medo de desistir de um relacionamento objetal interno em particular. Esse medo é predominantemente do objeto (suborganização do ego), que, ao sentir-se como progressivamente menos dependente do componente *self*, novamente intensifica seus esforços de controle ao aumentar o espectro do abandono. No contexto de um relacionamento objetal interno, qualquer atividade independente por parte de um dos envolvidos no relacionamento é vivenciada como uma dissolução iminente do relacionamento, que é baseado em dependência mútua. Da perspectiva da realidade psíquica inconsciente do paciente, é tão essencial para o componente do objeto do ego manter seu laço com o componente do *self* em um relacionamento interno como o é para o componente do *self* incansavelmente buscar o objeto interno e tentar manter-se ligado a ele.

3. Sentimentos de inveja vivenciados pelo componente do objeto e direcionados ao componente *self* de um relacionamento objetal interno constituem outro tipo de relação objetal interna que pode embasar a resistência. Não é infrequente ouvirmos os pacientes expressarem inveja de outros em momentos em que isso não faz sentido imediato em termos da situação atual do paciente. Por exemplo, uma paciente *borderline* que vinha sendo atendida em psicoterapia intensiva por quatro anos conseguiu,

pela primeira vez em uma década, retomar os estudos e se relacionar com o seu segundo marido de uma forma que a fazia sentir-se orgulhosa. Ela havia abandonado seus filhos com idades entre seis e 10 anos quando se separou do seu primeiro marido quinze anos antes. Em seus encontros atuais de terapia, além de discutir os sentimentos crescentes de autovalorização, ela relatou ter escrito uma carta extremamente furiosa para seus filhos. Conforme ela falava sobre isso, ela disse que havia sido uma mãe muito melhor para eles do que a sua própria mãe (que havia cometido suicídio quando ela tinha 10 anos) havia sido para ela. Ficou muito claro para a paciente que ela estava sentindo uma inveja intensa de seus filhos. Do ponto de vista do *self* em um relacionamento objetal interno com uma mãe profundamente deprimida e rejeitadora, a inveja não é um sentimento que se esperaria em um momento onde o paciente está vivenciando uma melhora na autoestima. Entretanto, do ponto de vista do objeto (a suborganização do ego da paciente identificada com sua mãe), não apenas o controle sobre o componente do *self* é ameaçado pelos sentimentos de autoestima melhorada, mas o objeto também sente inveja do *self* pelo seu conjunto de sentimentos recém-adquiridos. Tendo por objetivo manter um laço (baseado no controle) sobre o componente *self*, o componente objeto desejou enfraquecer os sentimentos de bem-estar do seu objeto (o *self*) e tomar aqueles sentimentos como seus. É de vital importância para o objeto manter conexão com o *self*. Sinais de dependência diminuída por parte do *self* serão invejosamente atacados à medida que o objeto (suborganização do ego) começa a temer ser abandonado.

Searles (1979) descreveu vividamente dados clínicos similares, nos quais o paciente funciona inconscientemente como múltiplas pessoas e onde uma pode ficar com ciúmes da outra. Ele fornece detalhes da forma pela qual tal cisão interna pode ser externalizada como uma experiência contratransferencial na qual um aspecto do terapeuta sente ciúmes de outro aspecto de si mesmo que é sentido como mais desejável ao paciente. Searles (1979) concorda com Fairbairn que, apesar de tais divisões internas serem mais aparentes em indivíduos *borderline* e esquizoides, "seria preciso ser um homem de coragem para afirmar que seu ego é tão perfeitamente integrado a ponto de ser incapaz de revelar qualquer evidência de cisão nos níveis mais profundos, ou que tal evidência de clivagem do ego não pudesse sob nenhuma circunstância declarar-se em níveis mais superficiais, mesmo sob condições de extremo sofrimento, dificuldades ou privação" (Fairbairn, 1940, p. 8).

Searles enfatiza inteiramente o ciúme do *self* de outro aspecto do *self*. O modelo teórico do presente capítulo nos permite suplementar as ideias de Searles com uma forma de pensamento sobre tipos de resistência baseado em inveja ou ciúmes que um objeto interno tem do *self*.

## Resumo

O conceito de relações objetais internas é abordado primeiramente nesse capítulo através de um estudo do seu desenvolvimento histórico. A teoria de Freud sobre a formação do superego envolve o conceito de clivagem do ego (no contexto da identificação da criança com um objeto externo) seguido do estabelecimento de um relacionamento entre os dois aspectos resultantes do ego. Melanie Klein contribuiu com o conceito de um mundo objetal interno organizado em torno do relacionamento de aspectos clivados do ego para com objetos internos. Entretanto, os escritos de Klein são permeados por contradições quanto a conceituações de objetos internos como fantasias, agentes ativos, ou ambos. Fairbairn insistiu que os relacionamentos objetais, não os objetos, são internalizados e que esses objetos internos são estruturas ao menos parcialmente dinâmicas. Ele estabelece plenamente, pela primeira vez, o conceito de que todos os relacionamentos objetais internos envolvem dois agentes ativos. Entretanto, a fonte de dinamismo dos objetos não foi explicada. A teoria de Bion de objetos bizarros fornece um modelo de pensamento acerca do modo como um aspecto da mente pode ser clivado e empreender uma profunda identificação com um objeto inanimado, levando ao sentimento de ter se tornado "uma coisa".

Com base nesses desenvolvimentos, propus que uma clivagem dupla do ego é necessária para o estabelecimento de um relacionamento objetal interno. Um aspecto clivado do ego é identificado com o *self* no relacionamento objetal original; outro é profundamente identificado com o objeto. Os conceitos de transferência, contratransferência e identificação projetiva são então abordados a partir dessa perspectiva.

A resistência é compreendida como a dificuldade do paciente em abandonar vínculos patológicos envolvidos em relacionamentos objetais internos. A visão de objetos internos proposta nesse capítulo enfoca tipos de resistência que até então haviam sido apenas parcialmente compreendidos. Esses tipos de resistências baseiam-se na necessidade do objeto interno (suborganização do ego) de não ser modificado pelo *self* (suborganização do ego), na dependência que o objeto interno tem do *self* e na inveja e no ciúme que o objeto interno tem do componente do *self* do relacionamento objetal interno.

## Notas

1. Nesse capítulo, o termo "interno" será utilizado para se referir não a um local geográfico, mas a um evento intrapessoal (isto é, um evento envolvendo um único sistema de personalidade) em contraposição a uma interação interpessoal que envolve duas ou mais pessoas.

2. O termo *ego* será utilizado para se referir a um aspecto da personalidade capaz de gerar significados psicológicos conscientes e inconscientes, incluindo significados perceptivos, cognitivos e emocionais. Ao longo do desenvolvimento, esse aspecto da personalidade se torna cada vez mais capaz de não somente organizar e relacionar significados individuais no processo de pensamento, lembrança, amor, ódio etc., mas também de regular o relacionamento entre as suborganizações do ego que foram clivadas do inteiro original.

3. Bettelheim (1983) destacou que "o ego" é uma tradução incorreta de "das Ich", que seria traduzida com mais precisão como "o eu". A frase "clivagem do eu" captura melhor a noção de subdivisão da capacidade da pessoa de pensar, perceber e criar experiência do que a frase mais impessoal "cisão do ego".

4. Klein utilizou inicialmente o termo *posição paranoide*, porém adotou o termo posição esquizoparanoide em 1952, sob influência do trabalho de Fairbairn (Klein, 1975, p. 2n).

5. As suborganizações egoicas inconscientes de *self* e objeto são afetadas, em algum grau, pela experiência atual. As suborganizações *self* do ego são influenciadas pela experiência, particularmente quando a experiência atual envolve questões de objetivos, ambições e autonomia. As suborganizações objeto são influenciadas pelas relações atuais com objetos externos, particularmente com relação a questões de idealização, denegrimento, ciúmes, inveja etc. Uma medida de saúde psicológica é o grau em que as relações objetais internas podem ser modificadas sob a luz da experiência atual.

# 7. A mãe, o bebê e a matriz no trabalho de Donald Winnicott

*Um livro que não contenha seu contralivro é considerado incompleto.*

—Jorge Luis Borges, *"Tlon, Uqbar, Orbis, Tertius"*

Donald Winnicott desenvolveu sua contribuição ao diálogo psicanalítico no ambiente intelectual e social da Sociedade Psicanalítica Britânica durante a década de 1920 até o início dos anos 1970. Durante boa parte desse período, a Sociedade Britânica estava clara e amargamente dividida entre as ideias e as personalidades de Anna Freud e Melanie Klein. Winnicott foi analisado primeiramente por James Strachey e posteriormente por Joan Rivière, uma das teóricas iniciais do "círculo interno" kleiniano; ele foi supervisionado por Melanie Klein em seu trabalho psicanalítico com crianças. Embora o pensamento de Winnicott tenha se desenvolvido em uma direção diferente do de Klein, ele nunca criticou o pensamento kleiniano como fizeram muitos analistas que, em algum ponto, estiveram abertos às suas ideias (por exemplo, Glover [1945] e Schmideberg [1935]).

Winnicott era um dialeticista. Seu pensamento prosperou no meio do intenso debate entre os grupos freudiano e kleiniano clássicos. Ele entendia que quando sentimos ter finalmente solucionado um problema psicanalítico básico (seja em nossa teoria ou na nossa compreensão de pacientes), nosso pensamento chegou a um impasse. Winnicott (1968) afirma, acredito que sem falsa humildade, que ele oferecia interpretações aos seus pacientes para que eles soubessem os limites da sua compreensão. Muitas das contribuições clínicas e teóricas mais valiosas de Winnicott estão na forma de paradoxos que ele nos pede para aceitar sem solucionar, pois a verdade do paradoxo não está em nenhum de seus polos, mas no espaço entre eles.

A teoria de relações objetais não é composta por uma coleção discreta de princípios: pelo contrário, ela representa uma coleção diversa de contribuições que, em minha opinião, foram desenvolvidas no contexto de um dos diálogos psicanalíticos mais intensos e produtivos. Nesse capítulo, enfocarei a natureza da dependência que o bebê tem de sua mãe conforme esse conceito emerge do trabalho de Donald Winnicott. Acredito que o entendimento de Winnicott do papel materno no desenvolvimento primitivo só se torna plenamente acessível quando abordado do ponto de vista do diálogo com Klein, dentro do qual suas ideias foram desenvolvidas. As ideias winnicottianas que serão discutidas não são simples refutações de Klein, nem revisões de Klein e nem extensões de Klein. Essas contribuições são ideias geradas em resposta a um rico dilema epistemológico criado, em grande parte, pela contribuição kleiniana. As próximas três seções desse capítulo exploram três formas diferentes da concepção de

Winnicott sobre a dependência evolutiva que o bebê tem da mãe. Será feita uma tentativa, através de esclarecimento, interpretação e ampliação das ideias de Winnicott, de tornar mais acessíveis para consideração analítica certos conteúdos importantes implícitos nesse aspecto do seu trabalho.

## I. O período do objeto subjetivo

Embora Klein não ignorasse o papel da mãe, Winnicott acreditava que Klein não compreendia a natureza do relacionamento mãe-bebê.

> *Ela [Klein] dizia concordar com a influência da condição ambiental, mas nunca reconheceu que a dependência da infância primitiva faz parte de um período em que não é possível descrever um bebê sem descrever a mãe de quem ele ainda não pôde tornar-se capaz de separar de um self. Klein afirmava ter dado total atenção ao fator ambiental, mas em minha opinião ela era incapaz disso, por temperamento (Winnicott, 1962a, p. 177).*

As qualidades específicas do relacionamento interpessoal entre mãe e bebê desempenham um papel secundário ao da fantasia no pensamento kleiniano, mesmo que, para Klein, a fantasia tenha sempre um conteúdo relacionado a objetos. A mãe, como ela realmente existe, é vista por Klein como ofuscada pela mãe fantasiada que é construída pelo bebê com base em suas projeções: "A realidade mais primitiva da criança é completamente fantástica" (Klein, 1930, p. 238). A ideia de que o bebê é isolado do que um observador consideraria realidade não é a objeção de Winnicott à teoria kleiniana. A objeção de Winnicott é, no entanto, ao que ele vê como falha de Klein em examinar a natureza da influência da dependência que o bebê tem de sua mãe sobre o desenvolvimento psicológico. O foco de Klein foi quase que exclusivamente nos conteúdos psicológicos: suas origens na biologia (estrutura instintual profunda), suas elaborações intrapsíquicas (por exemplo, por meios da clivagem, projeção, introjeção, pensamento onipotente, idealização e negação) e suas transformações interpessoais (por meios da identificação projetiva e introjetiva). Winnicott estava ciente do potencial para uma dimensão interpessoal no conceito de Klein de identificação projetiva. Entretanto, a identificação projetiva para Klein era primariamente um processo pelo qual os conteúdos psicológicos são modificados; não havia a intenção de se referir à unidade básica da psicologia materna e do bebê.

Klein (1946, 1948, 1957) via o bebê como uma entidade psicológica distinta desde o nascimento. O desenvolvimento psicológico era compreendido por ela como uma série de transformações defensivas biologicamente determinadas empregadas pelo bebê para *cuidar de si mesmo* frente a perigos internos e externos. Em contraste, a teoria de Winnicott sobre o desenvolvimento não é a descrição de ajustes defensivos feitos pelo bebê frente a perigos. Pelo contrário, é uma exploração da provisão materna de postergação protetora e estimulação dosada. Quando o bebê está no útero, o papel da mãe é fornecer um ambiente que dará o tempo que o bebê necessita para amadurecer antes de se deparar com a inevitável tarefa de se separar da mãe ao nascer. Exatamente dessa mesma forma, o papel da mãe nos primeiros meses de vida (anterior à entrada do bebê no período dos fenômenos transicionais "aproximadamente dos quatro aos seis aos oito aos doze meses" [Winnicott, 1951, p. 4]) é fornecer um ambiente no qual a postergação da separação psicológica pode ocorrer enquanto o bebê se desenvolve como resultado de um interjogo entre maturação biológica e experiência real. (Como será discutido, uma parte crucial desse interjogo envolve a estimulação dosada incluindo frustração). O fato de que o bebê pode se desenvolver apenas no invólucro protetor e postergador[1] do ambiente materno constitui um nível do significado do conceito de Winnicott (1960a) de que "não existe tal coisa como um bebê" (p. 39, nota de rodapé)

## Unidade mãe-bebê

Uma nova entidade psicológica é criada pela mãe e pelo bebê, que não é resultado de um processo de simples soma das partes. A situação assemelha-se mais à interação de dois elementos reagindo um com o outro para gerar uma nova entidade, um composto. É o "composto", o mãe-bebê, que é a unidade do desenvolvimento psicológico para Winnicott: "O comportamento do ambiente é parte do próprio desenvolvimento pessoal do indivíduo" (Winnicott, 1971e, p. 53).

Tendo em vista que o mãe-bebê é uma entidade psicológica que teve contribuição de (o que um observador externo denominaria de) mãe e bebê, a unidade de desenvolvimento psicológico é sempre uma organização psicológica tanto primitiva quanto relativamente madura. Nesse sentido, todos os níveis de desenvolvimento psicológico são representados na psique do mãe-bebê. (Isso diz respeito à presença dos eixos sincrônicos implícitos do desenvolvimento no pensamento de Winnicott que serão descritos.) O estudo do desenvolvimento psicológico não é simplesmente o estudo do crescimento da psique do bebê do primitivismo para a maturidade; também é o estudo do desenvolvimento do mãe-bebê em uma mãe e um bebê.

Um aspecto da mãe está confundido com o bebê em um estado ao qual Winnicott se refere como "preocupação materna primária" (1956). Essa experiência de se perder no outro ("sentir-se no lugar de seu bebê" [p. 304]) é a experiência da mãe de se transformar em uma parte do mãe-bebê. Se não há tal aspecto da mãe que é uma só com o bebê, o bebê é vivenciado como um objeto externo. Como exemplo, uma mãe se referiu ao seu bebê como "a coisa que mora na minha casa" (Obviamente, há um elemento desse sentimento de alienação no espectro de emoções experimentado pela maioria das mães). Se não há um aspecto da mãe fora da experiência da preocupação materna primária, a mãe ficou, de fato, psicótica. Em tais circunstâncias, a separação do bebê é vivenciada concretamente como uma forma de amputação.

Para Winnicott (1951, 1962b), o desenvolvimento psicológico não começa com o desdobramento de um conjunto biologicamente predeterminado de funções, pelas quais o bebê cuida de si mesmo frente à ansiedade; pelo contrário, o desenvolvimento primitivo é centrado no suprimento inicial pela mãe da ilusão do "objeto subjetivo", isto é, a criação da ilusão de que realidade interna e externa são uma coisa só. A mãe, em seu estado de preocupação materna primária, é capaz de fornecer ao bebê o que ele precisa, da forma como ele precisa, quando ele precisa, como se tivesse "criado" o objeto.

*A ilusão de "unicidade invisível"*. O uso que Winnicott (1951) faz da ideia da ilusão de "criar o seio" é algo confuso se pensarmos que a ideia de criar o seio envolve uma consciência de alteridade. No princípio, a ilusão criada pela mãe não é uma ilusão do poder onipotente do bebê de criar o que for necessário: pelo contrário, a ilusão é de que a necessidade não existe. Acredito que a ideia de "unicidade invisível" (ver Capítulo 8) da mãe e do bebê talvez expresse melhor a forma de experiência que Winnicott propõe do que a ideia do bebê criando o seio.

A criação do seio é um fenômeno observável apenas de um ponto de vista fora da unidade mãe-bebê. Dentro da unidade mãe-

-bebê, a criação do seio não é percebida, pois o bebê nesse estado ainda não tem um ponto de vista a partir do qual perceber qualquer coisa. Em um campo homogêneo, não há posições estratégicas, não há primeiro ou segundo plano. O cuidado da mãe é bom o suficiente quando é discreto a ponto de não ser notado. Mesmo a estimulação necessária ao bebê e fornecida pela mãe não é inicialmente percebida. A habilidade do bebê de estar vivo sensorialmente e de fazer discriminações complexas (ver Stern, 1977) não é a mesma consciência do *self* ou de outro. O atraso na percepção do bebê quanto a estar separado é conquistada, em grande parte, pela satisfação materna da necessidade do bebê antes que a necessidade se torne desejo. O bebê sem desejo não é sujeito nem objeto: ainda não há um bebê.

Tendo em vista que o pensamento de Winnicott envolve uma sutil mistura de conceitos diacrônicos[2] explícitos do desenvolvimento e noções sincrônicas implícitas, a ideia de que a mãe deve, no princípio, proteger o bebê da consciência do desejo é uma representação incompleta do pensamento de Winnicott. É verdade que Winnicott (1945, 1971a) afirma repetidamente que no princípio a mãe deve ir ao encontro das necessidades do bebê e, assim, proteger o bebê da consciência prematura de estar separado. Nessa concepção de coisas, a alteridade segue a unicidade de forma sequencial e cronológica. Outras vezes, entretanto, Winnicott (1954-1955, 1963) afirma que os cuidados maternos, mesmo no princípio, não devem ser excessivamente bons. O bebê é privado de sua experiência de desejo se cada necessidade sua for antecipada e satisfeita antes de ser vivenciada como, por exemplo, o apetite. Mesmo em circunstâncias normais, o atendimento às necessidades do bebê exclui importantes possibilidades ao mesmo tempo que satisfaz e protege o bebê.

> *O bebê é ludibriado pela alimentação em si; a tensão instintiva desaparece, e o bebê se sente tanto satisfeito como enganado. É muito fácil presumir que uma alimentação seja sucedida por satisfação e sono. Frequentemente, a angústia se dá após o bebê ter sido ludibriado, especialmente se a satisfação física rouba rapidamente o bebê de entusiasmo. O bebê então permanece com: agressividade não descarregada – pois não houve uso suficiente de erotismo muscular ou impulso primitivo (motilidade) no processo de alimentação; ou um sentido de "fracasso" – visto que a fonte de entusiasmo da vida desapareceu rapidamente e o bebê não sabe quando irá retornar (Winnicott, 1954-1955, p. 268).*

Assim, não é suficiente dizer que a mãe deve, no princípio, atender às necessidades do bebê para protegê-lo do conhecimento prematuro de estar separado (uma afirmação diacrônica). Também é insuficiente afirmar que a mãe deve desde o princípio satisfazer a necessidade do bebê de "entusiasmo" ao lhe permitir a oportunidade de desenvolver desejo através da experiência de necessidades parcialmente insatisfeitas. Apenas uma afirmativa paradoxal na qual tanto o eixo sincrônico como o diacrônico são representados, pode abordar a completude: a mãe deve ser um escudo do bebê quanto à consciência de desejo e alteridade *e* salvaguardar a oportunidade do bebê de experimentar desejo e o conhecimento de estar separado que o acompanha.

## Instinto, defesa e individualidade

É central à teoria de desenvolvimento winnicottiana (1971) a ideia de que, ao nascimento, há uma individualidade potencial e que a mãe (tanto enquanto ambiente como objeto) facilita o desenvolvimento dessa individualidade em desenvolvimento. Em grande parte, a tarefa da mãe é de não interferir no desenvolvimento espontâneo do bebê, que começa como um estado "informe" (1971d, p. 64), de "um ser em progressão". O desenvolvimento do sistema psicológico não é predominantemente impulsionado pela necessidade de se encontrar canais para descarga da tensão instintual (como no modelo de energia de Freud), nem pela necessidade de se defender contra perigos impostos pelo instinto de morte (como na teoria kleiniana).

Isso não significa dizer que Winnicott rejeitou a teoria de instintos ou a noção do papel central da ansiedade na estruturação normal da psique em geral e, particularmente, do ego. Para Winnicott, é tudo uma questão do momento certo de a mãe (mais precisamente, o mãe-bebê) passar a tarefa de cuidar (incluindo operações defensivas) para o bebê. Se ocorrer uma ruptura prematura no ambiente de *holding*, o bebê se torna uma criatura reativa muito precocemente e desenvolve estruturas defensivas rígidas e hipertrofiadas. Em tais circunstâncias, o bebê deverá tentar lidar com as tarefas que ele ainda não está equipado, em termos de maturação, para manejar. Por outro lado, se o ambiente de *holding* é "bom demais" por muito tempo, o bebê é impedido de experimentar frustração dosada, ansiedade tolerável, desejo, conflito e, como resultado, não irá desenvolver formas de cuidar de si mesmo (inclusive de se defender psicologicamente). Todas essas qualidades da experiência – frustração, ansiedade, desejo, desejo conflituoso – introduzem diferença e levam à diferenciação interna. A criação da mente inconsciente (e, portanto, da mente consciente) somente se torna possível e necessária frente ao desejo conflituoso que leva à necessidade de desapropriação e, ao mesmo tempo, de preservação da experiência, isto é, a necessidade de manter dois modos diferentes de vivenciar o mesmo evento psicológico simultaneamente. Em outras palavras, a própria existência da diferenciação dos sistemas de mente consciente e inconsciente deriva de um conflito entre um desejo de sentir/pensar/ser em formas específicas e o desejo de não sentir/pensar/ser dessas maneiras.

Para Winnicott, a habilidade do bebê de utilizar os efeitos estruturais e integradores da experiência instintiva (incluindo o conflito instintual) depende do sucesso da mãe em postergar (e, ao mesmo tempo, preservar) a ciência de desejo do bebê e, portanto, de desejo conflituoso até o ponto – e não além – em que o bebê vivencie seus sentimentos como seus. Anteriormente a esse ponto, "os instintos podem ser tão externos como o barulho de um trovão ou de uma batida" (Winnicott, 1960a, p. 141) e irão romper com o sentido, em desenvolvimento, do bebê de desejo gerado internamente. Uma vez que um sentido de *self* tenha iniciado a se consolidar (da forma que será descrita a seguir), a experiência instintiva serve para focar e organizar o sentido de si mesmo do bebê, como autor de sua experiência (Winnicott, 1967a). O ser do sujeito toma forma específica no processo de sentir e atuar sobre seus desejos.

## A preservação defensiva do *self*

Quando há uma falha séria e prolongada em fornecer um ambiente de *holding*[3] suficientemente bom, o bebê é jogado em um estado de caos e rompimento do seu sentido de "ser em progressão" (Winnicott, 1963, p. 183). O resultado é a psicose infantil ou o núcleo de estados psicóticos ou *borderline* na vida adulta. Quando a falha do ambiente de *holding* é menos grave, o bebê pode ser capaz de desenvolver uma organização defensiva de personalidade que assume a função cuidadora da mãe. Essa organização é desenvolvida em um estado de percepção de perigo. Ao invés do interjogo mutuamente enriquecedor que resulta da diferenciação das mentes consciente e inconsciente e do estabelecimento de uma barreira repressora "semipermeável", ocorre o desenvolvimento de uma alienação de um aspecto do *self* de outro aspecto (Winnicott, 1960b, 1963). O *self* defensivo, cuidador (o Falso *Self*) é estabelecido com o propósito quase exclusivo de assegurar o isolamento protetivo do potencial do bebê para individualidade psicológica (o *Self* Verdadeiro). O isolamento do *Self* Verdadeiro leva, inevitavelmente, a sentimentos de vazio, futilidade e de estar morto. O isolamento de um *self* protegido contrasta com o papel duplo de censura e expressão seletiva e disfarçada desempenhada pelo ego inconsciente no desenvolvimento normal. A diferença entre o desenvolvimento normal de defesas e uma clivagem psicológica levando ao desenvolvimento de uma organização defensiva do tipo Falso *Self* está no fato de que defesas que se desenvolvem normalmente possibilitam ao indivíduo não apenas organizar e repudiar experiências, mas também preservar inconscientemente os desejos repudiados que são, no entanto, do indivíduo. Por outro lado, a formação de uma organização de personalidade Falso *Self* impede o desenvolvimento de aspectos significativos do que poderia ter se tornado o indivíduo.

## II. O período dos fenômenos transicionais

Embora o paradoxo de unicidade e separação da mãe e do bebê tenha sua origem no período mais primitivo do desenvolvimento, há uma mudança na qualidade desse relacionamento dialético no período do desenvolvimento no qual os fenômenos transicionais ocorrem. É para esse período que eu, agora, gostaria de me voltar. Mais uma vez, aqui, o pensamento de Winnicott é em parte uma resposta à contribuição kleiniana.

### A matriz psicológica do bebê

Tanto nas concepções kleiniana como na Winnicotiana de desenvolvimento, existe uma ideia de que, no princípio, o bebê requer isolamento da realidade externa. Para Winnicott, o isolamento é gerado pela provisão materna da ilusão do objeto subjetivo. O bebê como concebido por Klein (1930) é isolado por uma realidade "completamente fantasiosa". O bebê kleiniano vê o mundo através das lentes de preconcepções filogeneticamente determinadas e, nesse sentido, "cria" seu mundo objetal interno e externo, os quais são, inicialmente, indistinguíveis um do outro. Essa é a versão de Klein do "escudo protetor" do bebê (Freud, 1920, p. 30).

A seguinte questão emerge, então, nas teorias de desenvolvimento winnicottiana, freudiana e kleiniana: dado que o bebê é inicialmente isolado da realidade externa, como ele é capaz de utilizar a experiência real no processo de emergir de seu estado inicial de isolamento?[4] Aqui, novamente, a contribuição de Winnicott para o entendimento psicanalítico do processo de desenvolvimento envolve uma mudança de perspectiva (uma reestruturação do problema epistemológico) de uma tentativa de entender o desenvolvimento do bebê para uma tentativa de entender o desenvolvimento mãe-bebê. Nem Klein, nem Freud desconsideraram o papel da mãe (como objeto), mas foi somente com Winnicott que a psicanálise desenvolveu uma concepção da mãe como a matriz psicológica do bebê.[5] *De uma perspectiva winnicottiana, os conteúdos psicológicos do bebê podem ser compreendidos apenas em relação à matriz psicológica dentro da qual aqueles conteúdos existem.* Essa matriz é primeiramente fornecida pela mãe. Esse é um segundo nível de significado (a ser acrescentado à inseparabilidade do bebê da função protetora e postergadora do ambiente de *holding* materno) do conceito de Winnicott de que não existe tal coisa como um bebê. Tendo em vista que o ambiente de *holding* interno do bebê, sua própria matriz psicológica, leva tempo para se desenvolver, os conteúdos mentais do bebê existem inicialmente dentro da matriz de atividade mental e física materna. Em outras palavras, no princípio, a mãe ambiental fornece o espaço mental no qual o bebê começa a gerar experiência. É nesse sentido que considero que uma nova entidade psicológica é criada pela mãe e (o que está se tornando) o bebê.[6]

Embora aspectos dos conteúdos psicológicos do bebê possam ser vivenciados como coisas-em-si-mesmas (ver Capítulo 3) e, portanto, possam ser em si mesmos impenetráveis a novas experiências, a matriz psicológica do bebê (o ambiente de *holding* materno) está gradualmente mudando e é altamente sensível a modificação pela nova experiência. O ambiente de *holding* (matriz psicológica) muda não somente em relação às necessidades do bebê que mudam (por exemplo, uma necessidade de ser segurado, acalmado, entretido, de mostrar-se), mas também em relação à mudança maturacional e necessidades de desenvolvimento do bebê (por exemplo, amadurecimento das capacidades cognitivas e motoras).

O período do fenômeno transicional pode ser compreendido como a fase de internalização pelo bebê (talvez mais precisamente descrita como a apropriação ao bebê) da matriz psicológica. A matriz psicológica fornecida pela maternagem é um estado de erosão contínua desde o início, mas somente após vários meses é que o bebê começa a consolidar sua capacidade de gerar e manter sua própria matriz psicológica. Nesse período do fenômeno transicional, o papel da mãe é de desilusão gradual, isto é, um desmame gradual do bebê da provisão materna do ambiente de *holding* que funcionou como a matriz psicológica do bebê. Durante esse processo de desmame, o bebê desenvolve a capacidade de estar sozinho (Winnicott, 1958a).

## A presença da mãe ausente

Uma importante distinção deve ser feita nesse ponto, com o objetivo de compreender o pensamento de Winnicott sobre o desenvolvimento da capacidade de estar sozinho: o que é internalizado nesse processo não é a mãe enquanto objeto, mas a mãe enquanto ambiente. A "objetificação" prematura (descobrimento da mãe como objeto) e internalização do objeto-mãe levam ao estabelecimento de um objeto-mãe-interno onipotente. Essa internalização da mãe como um objeto onipotente é bastante diferente da constituição da capacidade de estar sozinho. (O primeiro processo é frequentemente um substituto defensivo para o segundo.)

No desenvolvimento da capacidade de estar sozinho, o bebê desenvolve a habilidade de gerar o espaço no qual ele vive. (Esse espaço, referido por Winnicott como "espaço potencial", será discutido em detalhe nos Capítulos 8 e 9.) Até o ponto do desenvolvimento que está em foco, a mãe e o bebê criaram esse espaço juntos, o qual é não coextensivo com o universo mas sim um espaço pessoal. Ele não é exatamente limitado pela nossa pele e não é exatamente o mesmo que a nossa mente. Além dessas dimensões (inexatas) de corpo e mente, essa experiência de um espaço continente inclui a experiência do espaço no qual trabalhamos criativamente, o espaço do nosso relaxamento "amorfo", o espaço no qual sonhamos[7] e o espaço no qual brincamos.

Uma afirmativa paradoxal deve ser feita sobre o processo de desenvolvimento da capacidade do indivíduo de gerar esse espaço: a criança deve ter a oportunidade de brincar sozinha na presença da mãe ausente e, na ausência da mãe presente. Esse paradoxo pode ser entendido da seguinte forma: a mãe é ausente enquanto objeto, mas está ali como o espaço continente despercebido, porém presente, no qual a criança está brincando. A mãe não deve tornar sua presença enquanto objeto muito importante, pois isso levaria a criança a se tornar adicta a ela enquanto objeto onipotente. O desenvolvimento da capacidade de estar sozinho é um processo no qual o papel da mãe enquanto coautora invisível do espaço potencial é assumido pela (que está se tornando) criança. Nesse sentido,

O indivíduo saudável, quando sozinho, está sempre na presença da mãe ambiental gerada por ele mesmo.

## Aniquilação iminente e o rompimento da matriz

Embora a contribuição materna para a criação do espaço potencial não seja percebida pelo bebê, o rompimento dessa provisão invisível é um evento altamente visível, que é vivenciado pelo bebê como aniquilação iminente. Em tais situações, um bebê discreto, separado é trazido precipitadamente (defensivamente) à existência, visando tentar manejar a catástrofe.

Utilizando o imaginário de Balint (1968), o relacionamento do bebê com a mãe ambiental é muito parecido com o relacionamento do adulto com o ar: nós, comumente, não damos importância ao ar que respiramos, tirando dele o que precisamos e expelindo de volta o que não precisamos. Entretanto, se formos privados de ar mesmo que por um breve momento, nos tornamos súbita e assustadoramente cientes da forma como somos absolutamente dependentes dele para nossas vidas. Psicologicamente, isso corresponde à falha do relacionamento com a mãe ambiental levando a intrusão calamitosa de consciência de dependência de uma mãe-como--objeto ausente.

*A incompletude do processo de apropriação pelo bebê da matriz psicológica foi evidenciado por um engenheiro de sucesso que, tendo casado com uma mulher 20 anos mais velha, só conseguia se sentir vivo quando estava trabalhando em seu carro na garagem, enquanto sua esposa estava dentro de casa. Se ela não estivesse em casa, ele não conseguia trabalhar nessa forma absorta e esperava impaciente que ela retornasse. Por outro lado, ele*

> *ficava enraivecido se ela entrasse na garagem enquanto ele estivesse trabalhando. Sua presença física real era vivenciada como uma intrusão violenta e indesejável e tornava impossível que ele trabalhasse.*

Muitos transtornos crônicos do sono refletem um desenvolvimento inadequado da matriz psicológica interna. Adormecer envolve um ato de fé na nossa capacidade de continuar existindo ao longo do tempo em que abandonamos quase todas as formas de controle consciente. No sono, nós nos entregamos ao nosso ambiente de *holding* interno.[8]

## Adição à mãe como objeto

Fain (1971, citado por McDougall, 1974) descreveu formas de insônia de bebês que parecem estar relacionadas a dificuldades do bebê em utilizar a mãe como ambiente. Alguns dos bebês estudados por Fain parecem ter se tornado adictos à presença física real da mãe e não conseguiam dormir a não ser que estivessem no colo. Esses bebês eram incapazes de fornecer a si mesmos um ambiente interno para dormir. Fain observou que as mães de muitos desses bebês interferiam nas tentativas de seus bebês de proverem a si mesmos substitutos para a presença física delas (por exemplo, em atividades autoeróticas, como sugar o dedo), causando dependência completa do bebê da mãe real como objeto.

Em minha experiência como supervisor de profissionais atuando com pacientes severamente perturbados, percebi que terapeutas fazendo o que acreditam ser "psicoterapia de apoio" com pacientes *borderline* e esquizofrênicos são, frequentemente, envolvidos no processo de adição do paciente ao terapeuta como objeto. Como o seguinte exemplo ilustra, esse perigo potencial existe até mesmo em um trabalho analítico bem conduzido com pacientes perturbados.

*Um paciente* borderline *grave vinha sendo atendido em psicoterapia três vezes por semana por seis anos, tendo feito progressos significativos no decorrer desse trabalho. Devido a um problema contratransferencial emergindo de um interjogo de sentimentos induzidos pelas identificações projetivas do paciente e sentimentos emergentes do terapeuta acerca da sua própria infância, o terapeuta estava enfrentando dificuldade em tolerar a crescente independência do paciente. Quando o paciente, S., ficou aflito sobre seu plano de se matricular em um programa vocacional, ele exigiu, suplicante, que o terapeuta telefonasse para a agência para obter informações sobre procedimentos e requisitos para a inscrição. Apesar de as associações e o material onírico de S. terem deixado claro, retrospectivamente, que ele estava inconscientemente pedindo permissão para fazer isso por ele mesmo, o terapeuta aceitou sua exigência manifesta. No encontro seguinte, tendo feito a ligação, o terapeuta entregou ao paciente um folha de papel na qual ele havia registrado a informação que recebera da organização. S. imediatamente explodiu de raiva, gritando obscenidades ao terapeuta. Ele então saiu repentinamente do consultório, aterrorizado de que fosse machucar o terapeuta. O paciente não retornou para terapia por três semanas.*

*Durante a supervisão, foi possível para o terapeuta entender o que havia acontecido na terapia e prever que o paciente retornaria para a terapia em um estado ansioso, patético, que seria produzido para assegurar ao terapeuta de que o paciente era absolutamente dependente dele. Quando S. de fato retornou dessa forma, o terapeu-*

ta lhe disse que achava que S. devia sentir que o terapeuta queria transformá-lo em um bebê. Durante a sessão, o terapeuta também disse que parecia que o paciente tinha decidido que a desintegração (e, portanto, a demonstração da sua necessidade ao terapeuta) era um preço justo a pagar se as alternativas fossem matar o terapeuta, abandoná-lo ou ser abandonado por ele.

O paciente pareceu aliviado pelo fato de o terapeuta entender algo do que ele vinha sentindo. Antes do próximo encontro, o paciente e um amigo foram a um centro de reabilitação, onde o paciente pegou uma cópia dos procedimentos para matrícula. No caminho para casa, ele ficou extremamente ansioso e começou a sentir medo de que o encontro com o terapeuta havia sido produto da sua imaginação. Ele telefonou para o terapeuta, em pânico, solicitando uma sessão extra imediatamente. O terapeuta disse que acreditava que S. poderia esperar até o próximo encontro agendado para o o dia seguinte. Com isso, a ansiedade do paciente diminuiu.

No caso recém descrito, o terapeuta abandonou seu papel de provedor de um ambiente terapêutico (um espaço analítico) e passou, pelo contrário, a se inserir na vida do paciente como um objeto onipotente. O paciente desejava tal relação objetal (uma transferência materna primitiva), mas era saudável o suficiente para lutar contra a adição escravizadora que tal relacionamento inevitavelmente gera.

## Descoberta traumática e não traumática de estar separado

No período do fenômeno transicional, o bebê (ou paciente) não deve ser confrontado abruptamente com o fato vivencial de que ele tem sua própria mente, de que ele tem sua própria área de experiência dentro da qual ele pensa seus pensamentos, sente seus sentimentos, sonha os seus sonhos e brinca a sua brincadeira. O bebê necessita de tempo para vivenciar essa descoberta por si mesmo. Se o bebê tem essa oportunidade, a descoberta pode, ao menos parcialmente, ser bem-vinda (ver a descrição de Mahler [1968] da alegria da subfase da prática de separação-individuação).

O fenômeno psicológico-interpessoal crucial que possibilita o desmame do bebê da matriz psicológica provida pela mãe é a manutenção de uma série de paradoxos: O bebê e a mãe são um e o bebê e a mãe são dois; o bebê criou o objeto e o objeto estava lá para ser descoberto; o bebê deve aprender a estar sozinho na presença da mãe; e assim por diante. É essencial que o bebê ou criança nunca seja questionado sobre qual é verdadeiro (Winnicott, 1951). Ambos são verdadeiros. A manutenção simultânea da verdade emocional de unicidade com a mãe e de estar separado dela possibilita ao bebê brincar no espaço potencial entre mãe e bebê. (Nos Capítulos 8 e 9, o desenvolvimento normal e patológico do espaço potencial será discutido.)

A experiência da ausência da mãe enquanto objeto é um fenômeno da posição depressiva (ou seja, o período do desenvolvimento no qual a relação com objetos inteiros está sendo consolidada). A reação frente à perda da mãe-como-objeto se dá com sentimentos de tristeza, solidão, culpa e, por vezes, desolação. Se a capacidade de estar sozinho foi alcançada (ou seja, se a mãe ambiental tiver sido internalizada), é possível sobreviver a essa perda. A perda da mãe-como-ambiente é um evento muito mais catastrófico, ao qual o indivíduo responde com um sentimento de perda iminente de si mesmo. A pessoa vivencia a si própria como à beira da dissolução. Por vezes, se a situação não tiver chegado a um ponto em que o paciente tenha sido tomado por um estado de pânico ou que tenha empreendido uma retirada defensiva maciça, ele pode relatar ser incapaz de pensar ou não saber quem ele é.

> *Certa vez, trabalhando com um paciente nesse estado, eu me referi ao paciente (Todd) pelo nome. Ele olhou para mim com uma combinação de espanto, medo e desespero e disse em um tom monótono, "Todd está morto e perdido para sempre". O paciente me disse que ele não sabia qual era seu nome, mas acreditava que não era Todd. Ele então entrou em um estado de pânico absoluto e fugiu do consultório. No corredor, ele gritava sem palavras e se lançava contra as paredes. Foi apenas ao ser firmemente segurado nos braços de três membros da equipe que ele pôde parar de se debater e começar a se acalmar.*

Conforme o pânico aumenta para um paciente vivenciando essa forma de dissolução do *self*, há uma poderosa necessidade de reconstrução de um ambiente de *holding*. É geralmente nesse ponto (como no caso descrito) que o paciente de sente compelido a criar tamanho estrago (uma externalização da catástrofe interna) que se torna necessário que a equipe de enfermagem ou a polícia contenham o paciente fisicamente e, por vezes, violentamente. É essencial que a atividade de contenção seja uma interação humana, isto é, uma pessoa deve estar presente com o paciente em camisas de força, em amarras, ou em uma "sala de isolamento". Caso contrário, o terror do paciente é multiplicado, deixando-o apenas com as alternativas de suicídio, retirada autística profunda ou automutilação como métodos de manejo do seu estado de catástrofe psicológica. Em um caso no qual a contenção interpessoal não foi oferecida, me foi relatado que o paciente que havia sido trancado em uma sala de isolamento havia extirpado um olho com seus dedos, o que foi posteriormente inferido como uma tentativa de expelir a experiência insuportável.

Com essa concepção da matriz psicológica em mente, é possível agora reconsiderar aspectos do pensamento kleiniano de uma perspectiva levemente alterada. Para Klein, há um conceito implícito de que a matriz da vida psicológica do bebê é fundamentalmente biológica. Os instintos de vida e de morte enquanto veículos para preconcepções filogeneticamente herdadas são, juntos, o organizador e o continente da vida psicológica. A estrutura instintual profunda é uma entidade biológica que organiza a psicologia e nunca é diretamente vivenciada, assim como o indivíduo nunca vivencia diretamente seu cérebro ou sua estrutura linguística profunda. A manifestação vivencial da função estruturante dos instintos é o efeito organizador e continente da atribuição de significado (em linhas biologicamente predeterminadas) à gama caótica de dados sensoriais brutos. É desnecessário afirmar que a psicologia é permeada pela biologia (isto é, fenômenos mentais têm substratos fisiológicos), mas as teorias kleiniana e freudiana de instinto vão além disso, para oferecer implicitamente uma concepção de biologia (talvez denominada com maior precisão como psicobiologia) como uma matriz para um sistema de significados psicológicos.

Para Winnicott, a matriz biológica do bebê interpenetra a matriz provida pela mãe: ambas são presentes de forma circunspecta a não ser que haja um rompimento da matriz interpessoal. Quando tais rompimentos ocorrem, como inevitavelmente acontece, o bebê deve utilizar suas próprias defesas psicológicas biologicamente determinadas, incluindo formas muito primitivas de clivagem, projeção, introjeção, negação e idealização. A partir de uma perspectiva winnicottiana, essas operações psicológicas não são vistas como defesas contra os derivados do instinto de morte, mas como facetas da capacidade constitutivamente herdada do bebê de conter e organizar sua própria experiência frente à uma emergência decorrente da falha inevitável da faceta materna de sua matriz psicológica.

### III. O período de relação com objetos inteiros

Até o momento, abordei a concepção winnicottiana de papel da mãe como um ambiente de *holding* postergador e o papel da mãe como executora do processo de desmame através do qual a "internalização" (ou apropriação pelo bebê) da matriz psicológica ocorre. Agora abordarei o papel da mãe no período do desenvolvimento durante o qual o bebê conquista um *"status* unitário", isto é, relação com objetos inteiros na posição depressiva.

## A sobrevivência do objeto e a descoberta da externalidade

Na posição depressiva, o bebê não é mais dependente da mãe como matriz para seus conteúdos psicológicos. Ele é capaz de prover muito disso para si mesmo. Entretanto, sua dependência da mãe de forma alguma terminou; ela assumiu uma nova forma. O bebê é agora dependente da mãe-como-objeto, de quem ele está no processo de descoberta (em oposição a criação). Seu desenvolvimento emocional contínuo, incluindo o desenvolvimento da capacidade de "usar objetos" (Winnicott, 1968) e o desenvolvimento da realidade psíquica, depende da mãe desempenhar seu papel como objeto externo ao longo do tempo. Se nós virmos *holding* como dominante dentre as funções da mãe no estágio mais primitivo do desenvolvimento e *desmame* como a função dominante no período do fenômeno transicional, a tarefa crítica da mãe na posição depressiva[9] pode ser concebida como a de *sobreviver ao longo do tempo*.

Aqui, mais uma vez, não é possível entender esse aspecto da contribuição de Winnicott ao diálogo psicanalítico de forma isolada de uma compreensão da contribuição kleiniana. O que está sendo desenvolvido nesse aspecto do pensamento de Winnicott é uma teoria do relacionamento do bebê com seus objetos internos, o relacionamento de objetos internos com objetos reais e o relacionamento de objetos internos com representações mentais de objetos externos. Na teoria clássica, não há um equivalente ao conceito kleiniano de objetos internos. Para Klein, o objeto interno se origina nas preconcepções herdadas associadas aos instintos (ao que me referi como estrutura psicológica profunda). A representação mental do objeto não é herdada, mas a estrutura para a ideia é herdada e recebe forma como uma representação mental quando o bebê encontra objetos reais. O seio real, por exemplo, é meramente uma forma dada à "pré-concepção" (Bion, 1962a, 1962b) do seio. Deve-se enfatizar que a "pré-concepção" não é ainda um conceito (uma ideia), mas o potencial para uma ideia, que se torna uma ideia quando a preconcepção encontra sua "realização" (Bion, 1962a, 1962b) no encontro real com o seio. O bebê não antevê o seio real no sentido de ter uma imagem mental dele antes de encontrá-lo; por outro lado, o bebê o "reconhece" quando o encontra, pois o seio é parte da sua organização interna biologicamente estruturada que estava silenciosamente disponível para receber forma representacional.

A partir de uma perspectiva kleiniana, a formação de um objeto interno é apenas secundariamente um processo de internalização. Mais fundamentalmente, essa forma de objeto mental tem suas origens na estrutura psicológica profunda do bebê, recebe forma através da experiência do bebê no mundo e é, então, (re)internalizada com as qualidades representacionais que acumulou. Apenas as qualidades do objeto externo real que tem correspondência com o objeto estruturalmente preconcebido são utilizadas ("vistas") na criação da representação do objeto interno. Representações de objetos internos formados nessa maneira contrastam com representações de objetos externos que são desenvolvimentos posteriores. A formação de representação objetal externa é predominantemente um processo de internalização e depende da capacidade do bebê de aprender com a experiência, isto é, de perceber e utilizar a diferença entre o objeto real e o objeto antecipado. Logo no início, o objeto real é ofuscado pelo objeto antecipado.[10] Como os objetos internos são a primeira criação do bebê, eles operam quase inteiramente sob a égide do pensamento onipotente.

Para Klein, a identificação projetiva é o principal método pelo qual os objetos internos formados na maneira recém-descrita são modificados. A continência da mãe a uma identificação projetiva é um processo de modificação de uma preconcepção do bebê. Através desse processo, os objetos internos são gradualmente "limpos" (Grotstein, 1980a, 1980b) de distorção projetiva levando à formação de representações objetais externas. Nenhuma representação mental perde inteiramente sua conexão com suas origens como um objeto interno, mas com a continência materna adequada das identificações projetivas do bebê, as representações mentais adquirem autonomia crescente dessas origens e do pensamento onipotente associado com relações entre objetos internos.

Essa consolidação da "externalidade" da representação objetal é refletida no grau em que o indivíduo é capaz de ingressar em relacionamentos com objetos reais em uma maneira que envolve mais do que uma simples projeção transferencial de seu mundo objetal interno. O paciente esquizoide é muito mais prisioneiro de seu mundo objetal interno onipotente (que é projetado em objetos atuais) do que o indivíduo saudável, para quem a transferência fornece apenas um pano de fundo para relações com objetos reais, cujas qualidades são percebidas e respondidas mesmo quando essas qualidades diferem das expetativas transferenciais do sujeito.

A partir da perspectiva desenvolvida até o momento, o problema teórico para a psicanálise não é simplesmente dar conta da criação de objetos fantasiosos (objetos internos), mas também da criação de objetos externos. Em outras palavras, a psicanálise necessita de uma teoria que se refira à forma como o bebê desenvolve a capacidade de ver além do mundo que ele criou através da projeção de objetos internos.

Apesar do fato de que Winnicott não estava satisfeito com a resolução kleiniana a este problema teórico (isto é, a noção de limpeza dos objetos internos através de maturação de sucessivas identificações projetivas), ele aceitou muitas das premissas básicas a partir das quais esse problema teórico foi formulado. Especificamente, ele adotou o conceito kleiniano implícito da origem de objetos internos em preconcepções biologicamente determinadas, embora a concepção de Winnicott sobre a especificidade e a natureza dessas preconcepções diferisse marcadamente da de Klein. Para Winnicott, o bebê nasce com uma prontidão estrutural apenas vaga para objetos que atenderão às suas necessidades. Eu infiro que essa prontidão estrutural é responsável pela ausência de surpresa ou excitação no bebê ao se defrontar com o objeto (por exemplo, o seio) que é empaticamente fornecido pela mãe uma vez que o seio corresponde ao mundo que o bebê antecipa. A não ser que os objetos sejam completamente "esperados", isto é, completamente congruentes com a organização interna do bebê de coisas que são anteriores à experiência real, o bebê irá "notar" o objeto, o que resultaria em consciência prematura de estar separado. O bebê está estruturalmente (e não por motivação) antecipando o objeto, e por isso o objeto pode ser percebido sem ser notado como separado ou diferente do *self*.

Na concepção de Winnicott de desenvolvimento, deve ser dado espaço psicológico para a descoberta do objeto externo. Winnicott (1968) afirma, de maneira enigmática, que é a destruição do objeto pelo bebê (enquanto a mãe sobrevive à destruição) que permite ao bebê descobrir a externalidade. Acredito que ele esteja se referindo ao fato de que a renúncia pelo bebê da onipotência dos objetos internos implica um ato crucial de fé. O bebê se permite cair dos braços do objeto impotente interno[11] para os braços de um objeto (potencial) a quem ele ainda não conhece, visto que até esse ponto a mãe externa tem sido ofuscada pelo objeto-mãe-interno onipotente. Do ponto de vista de um observador externo, o objeto-mãe-externo sempre esteve lá e criou (com o bebê) a ilusão do objeto subjetivo. Entretanto, o próprio fato de que essa ilusão foi exitosamente criada e mantida, permitiu ao bebê *não estar ciente da existência do* objeto-mãe-externo, que existe fora do domínio de sua onipotência. O bebê obviamente a conheceu, porém não a "percebeu"; ele a confundiu com ele mesmo (isto é, sua criação). O ato de fé que ocorre na desistência ("destruição") do objeto interno é um ato de confiança na presença (ainda invisível) do objeto-mãe-externo. É, portanto, crucial que a mãe real e separada esteja disponível (para pegar o bebê) quando o bebê estiver no processo de abrir espaço para ela e reconhecê-la através do seu ato de renúncia (destruição) do objeto-mãe-interno onipotente:

> *O sujeito diz ao objeto [o objeto interno]: "Eu destruí você", e o objeto [o objeto-mãe-externo] está lá para receber a comunicação. De agora em diante, o sujeito diz, "Olá, objeto!" "Eu destruí você." "Eu amo você." "Você é valioso para mim por ter sobrevivido à minha destruição de você. Enquanto eu estou lhe amando [a mãe-real-no--mundo, fora da onipotência do bebê], estou todo tempo destruindo você [objeto-mãe-interno] em (fantasia in-*

*consciente) [...] O sujeito pode agora usar o objeto [externo] que sobreviveu (Winnicott, 1968, p. 90).*

Nessa conjuntura, o objeto externo pode ser usado pela primeira vez, pois o objeto que está sendo reconhecido e com ele interagido é um objeto-no-mundo, fora do indivíduo. Até esse ponto, as qualidades reais do objeto e o enraizamento do objeto-no-mundo fora do indivíduo eram imperceptíveis e, portanto, não utilizáveis. O bebê pagou pelo seu isolamento (necessário) na ilusão do objeto subjetivo, através do adiamento da descoberta de um mundo de objetos utilizáveis, isto é, pessoas com quem ele pode ingressar em um domínio de experiência-no-mundo compartilhada, fora dele mesmo.

A sobrevivência do objeto é uma maneira de conter a situação ao longo do tempo de tal forma que o objeto-mãe (ou terapeuta) fique emocionalmente presente enquanto o bebê (ou paciente) tenta levar adiante o gesto de confiança que permite relaxar o apego ao objeto--mãe-internalizado onipotente.

Uma incapacidade de renunciar ao objeto interno emerge quando o objeto externo falha em estar disponível para pegar o bebê quando ele se permite cair em seus braços, ou quando a experiência do bebê com a ilusão do objeto subjetivo não instilou nele fé suficiente no mundo para se permitir cair nos braços de um objeto que ele ainda não viu. Quando o objeto externo falha em sobreviver (isto é, falha em estar física ou emocionalmente presente quando ele precisa), o bebê precisa reforçar seu apego no objeto interno onipotente, que então se torna a única forma de segurança disponível ao bebê. O indivíduo fica aprisionado em seu mundo objetal interno mágico no qual ele, então, rigidamente se apega. Como resultado, ele desenvolve muito pouco a habilidade de reconhecer ou fazer uso da externalidade do seu mundo objetal.

Uma versão posterior desse mesmo processo ocorre quando a criança se permite deixar a "órbita" da mãe pré-edípica e mover-se em direção da "atração gravitacional" do amor objetal edípico. O objeto parental real do amor edípico deve estar disponível para "pegar a criança" quando ele ou ela assumir o risco de enamorar-se. Quando o objeto de amor edípico não está física ou emocionalmente disponível para reconhecer, aceitar e (em algum grau) retribuir o amor edípico da criança, ela se retrai para a órbita da mãe pré-edípica poderosa, de cuja dominação ele ou ela pode nunca ser capaz de escapar.

## Compaixão, culpa e círculo benigno

No mesmo processo psicológico-interpessoal através do qual o bebê descobre a externalidade dos objetos, ele também desenvolve uma consciência do seu impacto no recém-descoberto objeto-mãe-externo. Até esse ponto, ele tratou sua mãe "impiedosamente" (Winnicott, 1954-1955), isto é, sem compaixão (preocupação). O bebê agiu dessa forma, não porque em sua onipotência ele desejou machucar o objeto, mas porque ele ainda não desenvolveu consciência do objeto enquanto um sujeito e, portanto, não teve empatia pelo objeto.

O bebê, ao descobrir a externalidade dos objetos, começa a desenvolver um sentido de quão feroz ele pode ser em seus esforços para satisfazer suas vontades e de eliminar o que impede o seu caminho. O bebê teme inconscientemente que ele cause algum dano sério à sua mãe ao exigir e receber. A função da mãe nesse ponto é a de "conter a situação ao longo do tempo" (Winnicott, 1954-1955, 1968) para que o bebê, enquanto danifica a mãe em fantasia (inconsciente), esteja, ao mesmo tempo, descobrindo, momento a momento, que ela está viva e presente e de uma forma que difere de sua experiência de fantasia inconsciente. É nessa experiência simultânea da destruição fantasiada do objeto-mãe-interno e da vivência de um relacionamento com uma mãe enquanto objeto presente e não retaliador, que o bebê tem a oportunidade de justapor duas formas de experiência, ambas reais (realidade interna e externa). É dessa justaposição ao longo do tempo que o bebê constrói o estado da mente que denominamos realidade psíquica.

Se, por exemplo, a mãe é capaz de suportar (ao longo de um período de tempo) a agressão envolvida em uma mamada vigorosa e suas sequelas, ela está disponível, não apenas para sobreviver à experiência, mas também para reconhecer o significado de um presente reparador do bebê e aceitar um tal presente (por exemplo, uma evacuação ou um "arrulho"). Assim, a mãe permite ao bebê reparar o mal fantasiado que ele causou e continua a causar em fantasia e pela tensão que ele, de fato, causou.

Embora Klein (1935, 1940) tenha introduzido a ideia do desenvolvimento do desejo de fazer reparações na posição depressiva, ela não explorou em profundidade a natureza da interação interpessoal mediadora desse desenvolvimento ou da descoberta da externalidade do objeto. Klein estava, obviamente, ciente de que os sentimentos de culpa do bebê e seu desejo de reparação são fenômenos relacionados a objetos. Entretanto, ela não deu atenção suficiente à natureza do relacionamento com o objeto real externo: alguém deve estar disponível para reconhecer os sentimentos de culpa do bebê e aceitar o presente reparatório para que o ato psicológico do bebê seja completado. Para a completude desse "círculo benigno" (Winnicott, 1958a, p. 24) o bebê é absolutamente depende da mãe enquanto objeto e não pode crescer sem o ato de sobrevivência da mãe à destruição fantasiada do bebê, através do reconhecimento inconsciente dela do significado e da aceitação da dádiva.

Para recapitular, o conceito de Winnicott dessa terceira forma de dependência do bebê pela mãe (isto é, a dependência da mãe enquanto objeto) foi desenvolvido no contexto da concepção de Klein sobre objetos internos e o seu conceito de posição depressiva. Winnicott diferiu de Klein ao tornar central o papel da experiência do bebê com a mãe enquanto objeto. A experiência do bebê com um objeto sobrevivente ao longo do tempo, em conjunção com sua renúncia inconsciente do objeto interno, cria as condições necessárias para o descobrimento do objeto externo. Esse interjogo de fantasia e experiência com objetos também gera as condições para a criação de realidade psíquica, uma conquista construída sobre a diferenciação de realidade interna e externa. A externalidade não é criada de uma vez por todas por um único ato de "destruição" (renúncia) do objeto interno. Deve-se consistentemente resistir à atração do laço primitivo com o objeto interno. Em termos psicológicos, o objeto interno deve ser constantemente destruído em fantasia inconsciente abrindo, portanto, espaço contínuo para a redescoberta do objeto externo.

## Resumo

Nesse capítulo, o conceito de Winnicott do desenvolvimento mãe-bebê em uma mãe e um bebê foi discutido em relação a três formas de dependência por parte do bebê. A conceptualização de cada uma dessas formas de dependência foi compreendida em relação a aspectos específicos da contribuição kleiniana, que são tanto preservados como suplantados na contribuição winnicottiana.

De acordo com Winnicott, o bebê, no princípio, pode sobreviver e se desenvolver apenas dentro do envelope protetor e postergador do ambiente de *holding* materno e, nesse sentido, no princípio, "não existe tal coisa como um bebê". A unidade de desenvolvimento psicológico no princípio é a mãe-bebê. A atividade física e psicológica da mãe fornece a matriz inicial para a experiência mental e corporal do bebê. O bebê é protegido do conhecimento de estar separado pela provisão materna da ilusão do objeto subjetivo (a ilusão de que externalidade e internalidade são uma coisa só).

No período do fenômeno transicional, a tarefa desenvolvimental do par mãe-bebê é o desmame não traumático do bebê da provisão materna da matriz psicológica. Isso é conquistado, em parte, através da experiência do bebê de brincar sozinho na presença da mãe ausente e na ausência da mãe presente. Em outras palavras, o bebê deve ter a experiência de brincar na presença da mãe-como--ambiente e na ausência da mãe-como-objeto. Através da internalização da mãe ambiental, o bebê desenvolve a capacidade de gerar para si mesmo uma matriz para sua experiência psicológica e corporal. A intrusão persistente da mãe na brincadeira do bebê resulta em dependência extrema do objeto-mãe-externo real. Isso leva a uma internalização defensiva da mãe-como-objeto e a um relacionamento aditivo a um objeto-mãe-interno onipotente, em vez do estabelecimento do ambiente de *holding* interno autogerado pelo bebê (matriz psicológica).

A terceira forma é a dependência do bebê da capacidade da mãe de sobreviver ao longo do tempo no período de relacionamento com objetos inteiros. O objeto-mãe-externo real foi, até esse ponto, altamente ofuscado pela projeção do bebê de seu mundo objetal interno. No período de relações com objetos inteiros, o bebê dá andamento a um processo de renúncia (em fantasia inconsciente, "destruição") do objeto-mãe-interno onipotente, abrindo espaço, portanto, para a descoberta do objeto-mãe-externo real. Isso envolve um ato de fé no qual o bebê se permite cair dos braços do objeto-mãe-interno onipotente para os braços do objeto externo que esteve sempre disponível, mas nunca fora percebido. Nesse processo, a mãe real deve estar física e emocionalmente presente ao longo do tempo para sobreviver aos atos de destruição reais e fantasiados do bebê e, reconhecer e aceitar suas dádivas reparatórias. O objeto externo que está sendo descoberto (em oposição a criado) é um objeto que pode ser "utilizado" em uma forma inteiramente nova, já que um relacionamento com o objeto descoberto é um relacionamento com um objeto enraizado no mundo, fora da onipotência do bebê.

## Notas

1. Estou ciente de que estou revertendo a maneira usual de ver uma sequência do desenvolvimento. Em circunstâncias comuns, uma fase primitiva do desenvolvimento é vista como preparatória para a sucessiva. Estou sugerindo que uma fase mais primitiva do desenvolvimento também previne a próxima. Obviamente, nenhuma intencionalidade está sendo atribuída à função biológica da postergação.

    A psicologia não é meramente um epifenômeno da biologia: biologia e psicologia são facetas inseparáveis de um único processo de desenvolvimento/maturação. Estágios primitivos de maturação psicológica e desenvolvimento servem para auxiliar o organismo a operar em um estado de imaturidade biológica e, nesse sentido, assegurar tempo ao organismo para amadurecer. O conceito de Freud (1895, 1896b, 1918) de "ação protelada" (*nachtraglich*) diz respeito a esse mesmo ponto: por exemplo, "O retardamento da puberdade possibilita processos primários póstumos" (1895, p. 359).

2. Um eixo diacrônico do desenvolvimento envolve uma concepção linear, sequencial do desenvolvimento, na qual uma fase do desenvolvimento é construída com base na anterior através de processos que incluem diferenciação estrutural, integração e desdobramento epigenético dos potenciais maturacionais. A sequência de Freud (1905) de fases psicossexuais, a concepção de Anna Freud (1965) de linhas de desenvolvimento, o conceito de Piaget (1964) de desenvolvimento das estruturas por etapas através de assimilação e acomodação e o conceito de Erikson (1950) de um desdobramento epigenético dos estágios psicossociais são todos exemplos de conceitos diacrônicos do desenvolvimento. Um eixo sincrônico de desenvolvimento envolve uma concepção de níveis de desenvolvimento hierarquicamente inter-relacionados coexistentes. A concepção de Freud (1896b, 1918) de "estratifica-

ção", a noção de Klein (1932b) de distribuição da excitação libidinosa pelos níveis de desenvolvimento e o conceito de Lacan (1957) de organizações simbólicas e imaginárias da experiência representam concepções sincrônicas do desenvolvimento.

3. É importante enfatizar que a inadequação da maternagem é apenas uma das possíveis causas de falha do ambiente de *holding*. Outras causas importantes incluem prematuridade do nascimento, doença física do bebê, sensibilidade incomum por parte do bebê e "falta de encaixe" entre os temperamentos de uma mãe específica e um bebê específico.

4. Freud (1900, 1911) compreendia o desenvolvimento psicológico primitivo como envolvendo um movimento a partir de um mundo inicialmente solipsista de satisfação alucinatória dos desejos. Isso é visto como o resultado do interjogo da maturação biológica do organismo e da experiência real com objetos. O bebê primeiramente utiliza satisfação alucinatória dos desejos para isolar-se da realidade externa frustrante. Entretanto, à medida que o bebê amadurece biologicamente, ele sofre uma mudança, partindo de seus esforços para criar uma realidade gratificadora de forma alucinatória, em direção a um esforço para utilizar a experiência real de frustração no sentido de encontrar outras formas mais efetivas, adaptativas e indiretas de gratificar necessidades instintivas.

5. A palavra "matriz" é derivada da palavra latina que define útero. Embora Winnicott (1958b) tenha utilizado apenas uma vez a palavra "matriz" em seu trabalho escrito (quando se referia a relacionamento do ego como a "matriz da transferência"), parece-me que *matriz* é uma palavra particularmente adequada para descrever o espaço continente silenciosamente ativo no qual as experiências psicológica e corporal ocorrem.

6. O conceito de Lacan (1956a) de "o outro" refere de forma similar a uma terceira entidade psicológica (uma entidade intersubjetiva) gerada no *setting* analítico que é distinta do paciente e do analista: "O outro é, portanto, o *locus* no qual é constituído o eu que fala com ele que ouve" (p. 141).

7. Lewin (1950) se refere a esse "pano de fundo" (p. 83) sobre o qual o sonho ocorre como a "tela de sonho"; Khan (1972) usa o termo *espaço do sonho* para essa área de experiência; Grotstein (1981) se refere a esse e outros contextos da experiência como o "objeto de fundo da identificação primária".

8. Rimas infantis (com frequência, simbolicamente, sobre dormir e contadas na hora de deitar) são repletas de referências ao medo da criança de cair.

*O bebê balançando
No topo da árvore –
Quando o vento soprar,
O berço vai balançar.
Quando o galho quebrar,
O berço vai cair
E o bebê virá abaixo,
Com berço e tudo.*

O perigo aqui não é o de simplesmente se machucar fisicamente, ou mesmo o da ansiedade de separação; é o perigo de rompimento do continente do sono, a matriz psicológica parcialmente interna e parcialmente externa do bebê.

9. A conquista gradual da posição depressiva para Winnicott (1954-1955) ocorre aproximadamente na segunda metade do primeiro ano de vida. Esse desenvolvimento é marcado pelo fato de o bebê tornar-se capaz de "brincar de deixar coisas caírem" (p. 263), uma habilidade que o bebê geralmente desenvolve como "especialista" (p. 263) aos aproximadamente 9 meses de idade.

10. Quando pensadores analíticos clássicos (por exemplo, Jacobson [1964] e Mahler [1968]) se referem a relações objetais, eles estão se referindo predominantemente à interação real com objetos externos reais e à internalização que se segue dessa interação. O objeto primitivo não é predominantemente criado pelo bebê; ele obtém reações, influencia e é influenciado pelo bebê e modifica a estrutura psicológica do bebê através de um processo de internalização. A teoria britânica de relações objetais (sob influência das ideias desenvolvidas por Klein) coloca mais ênfase no papel da fantasia, projeção e "antecipação" estrutural profunda de objetos.

11. Para Winnicott, objetos internos onipotentes inconscientes são defensivamente criados em resposta a rompimentos dolorosos, porém inevitáveis, do ambiente de *holding* materno. O bebê lida com a ansiedade e o sentimento de desamparo decorrentes de uma consciência prematura de estar separado pela construção de um mundo de objetos internos que operam de acordo com regras que refletem sua própria onipotência.

# 8. O espaço potencial

Dentre as ideias introduzidas por Donald Winnicott, talvez a mais importante e, ao mesmo tempo, a menos acessível seja o conceito de espaço potencial. *Espaço potencial* é o termo genérico utilizado por Winnicott para se referir a área intermediária da experiência que reside entre fantasia e realidade. Formas específicas de espaço potencial incluem o espaço de brincar, a área do objeto transicional e seus fenômenos, o espaço analítico, a área da experiência cultural e a área da criatividade. O conceito de espaço potencial permanece parcialmente enigmático, devido à dificuldade em desatrelar o significado do conceito do elegante sistema de imagens e metáforas no qual se encontra aninhado. Esse capítulo é uma tentativa de esclarecer o conceito de espaço potencial e de explorar as implicações desse aspecto do trabalho de Winnicott sobre a teoria psicanalítica do desenvolvimento normal e patológico da capacidade de simbolização e de subjetividade.

Embora o espaço potencial se origine em um (potencial) espaço físico e mental *entre* mãe e bebê, torna-se possível mais tarde, no curso do desenvolvimento normal, para o bebê, a criança ou o adulto desenvolver a sua própria capacidade de gerar espaço potencial. Essa capacidade constitui um conjunto organizado e organizador de atividades psicológicas operantes em um modo particular. O conceito do processo dialético será explorado como um possível paradigma para a compreensão da forma ou modo de a atividade psicológica gerar espaço potencial.

## A linguagem de Winnicott

Iniciarei apresentando, nas palavras de Winnicott, seu conceito da natureza do espaço potencial. Nesse ponto, não tentarei explicar ou interpretar e, no momento, honrarei a advertência de Winnicott de permitir que os paradoxos sejam "aceitos e tolerados e respeitados [...] e não solucionados" (Winnicott, 1971e, p. xii). Para Winnicott, como talvez para nenhum outro escritor analítico, é crucial que iniciemos com suas ideias em suas próprias palavras. Para Winnicott, o significado reside na forma da escrita tanto quanto no conteúdo: "O todo forma a unidade" (Winnicott, 1967a, p. 99).

1. "Espaço potencial [...] é a área hipotética que existe (mas não pode existir) entre o bebê e o objeto (a mãe ou parte dela) durante a fase do repúdio do objeto como não eu, isto é, ao final da fase de estar fundido com o objeto" (Winnicott, 1971f, p. 107).

2. O brincar, a criatividade, os fenômenos transicionais, a psicoterapia e a experiência "cultural" ("com destaque em experiência," 1967a, p. 99) têm um lugar onde acontecem. Esse lugar, o espaço potencial, "não é *dentro*, em nenhum emprego da palavra [...] Tampouco é *fora*, o que equivale a dizer que não constitui parte do mundo repudiado, do não eu, aquilo que o indivíduo decidiu identificar (com

qualquer dificuldade e até mesmo sofrimento) como verdadeiramente externo, fora do controle mágico." (1971c, p. 41). O espaço potencial é uma área intermediária da experiência que reside entre (a) o mundo interno, "realidade psíquica interna" (1971b, p. 106), e (b) "realidade real ou externa" (1971c, p. 41). Ele reside "entre o objeto subjetivo e o objeto objetivamente percebido, entre extensões do eu e do não eu" (1967a, p. 100).

3. "A característica essencial [dessa área de experiência em geral e do objeto transicional em particular] é [...] *o paradoxo e a aceitação do paradoxo:* o bebê cria o objeto, mas o objeto ali estava, à espera de ser criado [...] Pelas regras do jogo, todos sabemos que nunca desafiaremos o bebê a dar resposta à pergunta: você o criou ou o encontrou?" (1968, p. 89).

4. Essa "área é um produto das *experiências da pessoa individual* (bebê, criança, adolescente, adulto) no meio ambiente que se estabelece" (1971b, p. 107).

5. Espaço potencial tanto une quanto separa o bebê (a criança, ou o adulto) e a mãe (objeto). "Esse é o paradoxo que aceito e não tento solucionar. A separação que o bebê faz entre o mundo dos objetos e o eu (*self*) só é conseguida pela ausência de um espaço intermédio, sendo o espaço potencial preenchido do modo como estou descrevendo" [isto é, com ilusão, com brincar e com símbolos] (1971b, p. 108).

Parece-me que, dentro da estrutura de metáforas e paradoxos gerados por Winnicott para transmitir sua concepção de espaço potencial, há muito pouco, se há algo, que eu possa acrescentar para esclarecer ou ampliar o que ele disse. É muito difícil encontrar palavras próprias para discutir o conjunto de ideias extremamente complexo que Winnicott conseguiu condensar em sua linguagem enganosamente simples e altamente metafórica. As ideias de Winnicott estão aprisionadas, em um grau muito mais elevado do que normalmente acontece, na linguagem na qual elas são apresentadas. O resultado é uma combinação peculiar de claridade e opacidade do pensamento de Winnicott sobre o espaço potencial, que recebeu apelo popular (particularmente o conceito de objeto transicional) enquanto, ao mesmo tempo, as ideias foram isoladas de exploração sistemática, modificação e extensão.

Uma das tarefas desse capítulo é a de utilizar uma linguagem que não a usada por Winnicott para discutir os fenômenos abordados pelo conceito de espaço potencial. Espera-se que os novos termos não alterem os significados essenciais da linguagem original e que possam fornecer acesso a compreensões do espaço potencial não fornecidas por Winnicott.

## O fenômeno do brincar

Nesse ponto, pode ser útil apresentar alguns dos referenciais de experiência para o conjunto abstrato de ideias envolvidas no conceito de espaço potencial. No exemplo a seguir, o estado da mente necessário para brincar (isto é, o espaço potencial) é primeiramente ausente e depois se torna presente.

> *Uma criança de dois anos e meio, após ter se assustado por ficar com a sua cabeça embaixo da água enquanto lhe davam um banho de banheira, passou a ficar altamente resistente quanto a tomar banho. Alguns meses mais tarde, após a persuasão delicada, porém persistente de sua mãe, ele permitiu de forma muito relutante ser*

*colocado na banheira com 10 centímetros de água. O corpo inteiro da criança estava tenso; suas mãos estavam firmemente presas nas de sua mãe. Ele não estava chorando, mas seus olhos suplicantes estavam colados nos de sua mãe. Uma perna estava esticada enquanto o outro joelho estava flexionado de forma a manter a maior parte possível do corpo fora da água. Sua mãe imediatamente começou a tentar fazer com que se interessasse por alguns brinquedos de banho. Ele não estava nem um pouco interessado até que ela lhe disse que gostaria de tomar um chá. Nesse momento, a tensão que estava aparente em seus braços, pernas, abdômen e, particularmente, em seu rosto cedeu lugar a um novo estado físico e psicológico. Seus joelhos agora estavam um pouco dobrados; seus olhos avaliavam as xícaras e os pires de brinquedo e avistaram uma garrafa vazia de xampu, o que ele escolheu utilizar como leite para o chá; a tensão em sua voz mudou do apelo tenso e insistente, "Meu não gosta de banho, meu não gosta de banho", para uma narrativa do seu brinquedo: "Chá não muito quente, está bom agora. Meu assopro para você. Chá gostoso". A mãe toma um pouco de "chá" e pede mais. Após alguns minutos, a mãe começou a pegar a toalhinha de banho. Isso resultou no encerramento do brinquedo pela criança tão abruptamente quanto como ele havia começado, com um retorno de todos os sinais iniciais de ansiedade que precederam à brincadeira. Após a mãe assegurar a criança que ela iria segurá-lo para que ele não escorregasse, ela lhe perguntou se ele tinha mais chá. Ele tinha, e então a brincadeira continuou.*

O exemplo apresentado é um dado observacional e não decorre de um processo psicanalítico. Contudo, as observações transmitem um sentido da forma na qual um estado da mente foi gerado por mãe e criança, no qual houve uma transformação da água de algo assustador para um meio maleável (descoberto e criado pela criança) com significados que puderam ser comunicados. Nessa transformação, a realidade não é negada; a água perigosa é representada na brincadeira. Nem a fantasia é roubada de sua vitalidade – o sopro da criança transformou magicamente a água perigosa em um presente amoroso. Também há a qualidade de "eu-dade" que é gerada na brincadeira, que difere do olhar firme e do agarrar desesperado que conectaram a mãe e o bebê antes do início da brincadeira. No decorrer desse capítulo, será discutida a importância de cada característica do estado de mente observado aqui.

## *O espaço potencial e o processo dialético*

Dialética é um processo no qual cada um de dois conceitos opostos criam, informam, preservam e negam o outro, em um relacionamento dinâmico (sempre em mudança) com o outro (Hegel, 1807; Kojève, 1934-1935). O processo dialético se move em direção à integração, porém a integração nunca é completa. Cada integração cria uma nova oposição dialética e uma nova tensão dinâmica. Em psicanálise, a dialética central é a da concepção de Freud do relacionamento entre a mente consciente e a inconsciente. Não pode haver mente consciente sem uma mente inconsciente e vice-versa; cada qual cria a outra e existe somente como uma possibilidade hipotética sem a outra. Na linguagem matemática, a mente consciente e a mente inconsciente, se independentes uma da outra, são conjuntos vazios; eles se tornam preenchidos apenas em relação um com o outro. A mente inconsciente adquire conteúdos psicológicos somente na medida em que há uma categoria de evento psicológico que tem a qualidade da consciência e vice-versa.

O processo dialético é envolvido de forma central na criação da subjetividade. Por subjetividade, estou me referindo à capacidade de autoconsciência variando da autorreflexão intencional (uma conquista muito tardia) ao sentido mais sutil e discreto de "eu-dade", pelo qual a experiência é sutilmente constituída com a qualidade de que o indivíduo está pensando seus pensamentos e sentindo seus sentimentos, de forma oposta a viver em um estado de reatividade reflexa. A subjetividade está relacionada à consciência, porém não é o mesmo que essa. A experiência de consciência (e inconsciência) sucede à conquista da subjetividade. A subjetividade, como será discutido, é um reflexo da diferenciação entre símbolo, simbolizado e sujeito intérprete. A emergência de um sujeito no curso dessa diferenciação possibilita a uma pessoa desejar. O desejo de se tornar desconhecedor de um aspecto do sistema de significados do indivíduo define o campo para a diferenciação dos domínios consciente e inconsciente da experiência.

De forma paradoxal, a "eu-dade" é possibilitada pelo outro. Winnicott (1967b) descreve esse fato como a descoberta do bebê de si mesmo no que ele vê refletido nos olhos de sua mãe. Isso constitui uma dialética interpessoal, na qual "eu-dade" e outridade criam um ao outro e são preservados um pelo outro. A mãe cria o bebê e o bebê cria a mãe. (Ao discutir dialética, estamos sempre considerando conceitos [por exemplo, o conceito de mãe o conceito de bebê] e não entidades materiais.)

O significado resulta da diferença. Não pode haver significado em um campo completamente homogêneo. A própria existência do campo homogêneo nem poderia ser reconhecida, pois não haveria termos que não este para atribuir a ele. É impossível haver um dicionário com apenas uma palavra; em teoria, é possível ter um dicionário com duas palavras, pois cada palavra iria fornecer o contraste necessário para identificação e definição da outra. Dessa perspectiva, a mente inconsciente *em si mesma* não constitui um sistema de significados. Não há negações e contradições no inconsciente (Freud, 1915b), simplesmente a coexistência estática de opostos, que é o marco do pensamento no processo primário. O sistema consciente é necessário para gerar *significado* inconsciente e o sistema inconsciente é necessário para criar *significado* consciente.

No princípio (talvez um momento apenas hipotético), a subjetividade da unidade mãe-bebê é apenas um potencial mantido pelo aspecto da mãe que reside fora do mãe-bebê. As palavras de Winnicott (1960a) pode ser tomadas literalmente quando ele diz que não existe tal coisa como um bebê (sem uma mãe). Eu acrescentaria que, dentro da unidade mãe-bebê, também não há tal coisa como uma mãe. A preocupação da mãe (o que um observador veria como a mãe) com o colocar-se no lugar do bebê seria considerada uma doença se esse tipo de perda de si mesmo em outro ocorresse em um *setting* diferente (Winnicott, 1956).

O mãe-bebê (isolado da parte da mãe que está fora dessa unidade) é incapaz de subjetividade. Em vez disso, há a "ilusão"[1] (em muitas formas, mais próxima a um delírio) de que a mãe e o bebê não são separados e de fato não existem. A mãe existe somente na forma do ambiente invisível de *holding*, no qual há uma satisfação das necessidades do bebê de uma forma tão discreta que o bebê não vivencia suas necessidades como necessidades. Como resultado, ainda não há um bebê.

Se há um encaixe suficientemente bom entre mãe e bebê e tal ilusão/delírio é criada, não há necessidade de símbolos, mesmo os do tipo mais primitivo. Em vez disso, há um estado imperturbado de "ser em progressão" (Winnicott, 1956, p. 303) que, posteriormente, se tornará o pano de fundo da experiência, mas que no presente é invisível, pois não há nada com o que contrastar; é tanto pano de fundo como segundo plano. Os símbolos são necessários apenas quando há desejo; no estágio do desenvolvimento em discussão, existe apenas necessidade que é satisfeita; a necessidade satisfeita não gera desejo (isto é, desejar) para os quais os símbolos são requeridos.

A unidade mãe-bebê funcionando de forma harmoniosa e imperturbada pode ser uma entidade psicológica apenas hipotética, devido à imperfeição inevitável do encaixe entre mãe e bebê.[2] A frustração bem dosada que é resultante fornece a primeira oportunidade para a ciência de estar separado.

Nesse ponto, a tarefa do aspecto da mãe que não é parte da unidade mãe-bebê é o de tornar sua presença (a mãe como objeto) conhecida em uma forma que não seja assustadora e, portanto, não demande do bebê que ele utilize negação ou outras formas de defesa contra ela. É esse período da ciência mais precoce de estar separado, começando "aproximadamente dos quatro aos seis aos oito aos doze meses" (Winnicott, 1951, p. 4), que foi o foco do trabalho de Winnicott sobre espaço potencial. Ele propôs que, para que essa transição de unidade mãe-bebê para um estado em que existe mãe-e-bebê não seja patogênica, deve haver um espaço potencial entre mãe e bebê, que seja sempre potencial (nunca real) porque é preenchido com o estado da mente que incorpora o paradoxo nunca desafiado: o bebê e a mãe são um e o bebê e a mãe são dois.

O movimento partindo da unidade mãe-bebê (mãe ambiental invisível) para mãe e bebê (mãe como objeto) requer o estabelecimento da capacidade para uma dialética psicológica de unicidade e de estar separado, em que cada qual cria e informa o outro. De início, a "dualidade" (que coexiste com a unicidade) não pode ser distribuída entre a mãe e o bebê de uma forma que demarque claramente os dois como indivíduos separados; pelo contrário, nesse ponto, a dualidade é uma qualidade do mãe-bebê. É a isso que Winnicott (1958a) está se referindo quando fala sobre o desenvolvimento da capacidade do bebê de estar sozinho na presença da mãe. O objeto transicional é um símbolo para esse estar separado em unidade, unidade em estar separado. O objeto transicional, ao mesmo tempo, é o bebê (a extensão de si mesmo criada de forma onipotente) e não é o bebê (um objeto que ele descobriu que está fora do seu controle onipotente).

A aparência de um relacionamento com um objeto transicional não é simplesmente um marco no processo de separação-individuação. O relacionamento com o objeto transicional é também um reflexo importante do desenvolvimento da capacidade de manter um processo psicológico dialético.

As consequências dessa conquista são importantes e incluem a capacidade de gerar significados pessoais representados em símbolos que são mediados por subjetividade (a experiência de si mesmo como sujeito que criou seus símbolos). A realização da capacidade de manter uma dialética psicológica envolve a transformação da unidade que não requereu símbolos em "trindade", um interjogo dinâmico de três entidades diferenciadas. Essas entidades são o símbolo (um pensamento), o simbolizado (aquilo que está sendo pensado) e o sujeito intérprete (o pensador gerando seus próprios pensamentos e interpretando seus próprios símbolos). Para fins heurísticos, a homogeneidade original da unidade mãe-bebê pode ser pensada como um ponto (Grotstein, 1978). A diferenciação de símbolo, simbolizado e sujeito intérprete cria a possibilidade de triangularização, dentro da qual o espaço é criado. Esse espaço entre símbolo e simbolizado, mediado por um *self* intérprete, é o espaço no qual a criatividade se torna possível e no qual nós estamos vivos enquanto seres humanos, em oposição a sermos seres simplesmente reflexamente reativos. Esse é o espaço potencial de Winnicott.

Essa transformação de unidade em trindade coincide com a transformação da unidade mãe-bebê em mãe, bebê e observador de mãe-e-bebê como três entidades distintas. A unicidade (o mãe-bebê invisível) se torna trindade, já que, no momento da diferenciação dentro da unidade mãe-bebê, não há apenas a mãe e o bebê criados como objetos, mas também o bebê criado como sujeito. O bebê enquanto sujeito é o observador da mãe e do bebê como objetos (simbólicos); o bebê é agora o criador e o intérprete de seus símbolos.

## Psicopatologia do espaço potencial

Winnicott afirma que os símbolos se originam dentro do espaço potencial. Na ausência do espaço potencial, existe apenas fantasia; dentro do espaço potencial, a imaginação pode se desenvolver. Em fantasia, "um cachorro é um cachorro é um cachorro" (1971d, p. 33), enquanto a imaginação envolve camadas de significados simbólicos. Nessas breves afirmativas, Winnicott aponta para uma teoria da psicopatologia da função simbólica, uma teoria que permanece incompleta. Neste tópico, tentarei começar a preencher essa teoria da psicopatologia da simbolização ao estudar várias formas de incompletude ou colapso da capacidade de manter um processo psicológico dialético. Como veremos, a função simbólica é uma consequência direta da capacidade de manter uma dialética psicológica e, a psicopatologia da simbolização é baseada em formas específicas de falha em criar ou manter essa dialética.

Como discutido anteriormente, quando existe um encaixe suficientemente bom entre mãe e bebê, bem no princípio (no período do mãe-bebê invisível), não há necessidade ou oportunidade para símbolos. Dentro do contexto da unidade mãe-bebê, a pessoa a quem um observador veria como a mãe é invisível ao bebê e existe somente na satisfação da necessidade que o bebê ainda não reconhece como necessidade. A unidade mãe-bebê pode ser rompida pela substituição pela mãe de algo dela mesma em resposta ao gesto espontâneo do bebê. Winnicott (1952) se refere a isso como "intrusões". Algum grau de falha da empatia é inevitável e, de fato, é essencial para que o bebê possa reconhecer necessidades como desejos. Entretanto, existe um ponto no qual intrusões repetidas constituem "trauma cumulativo" (Khan, 1963; Ogden, 1978).

Trauma cumulativo está em um dos polos de um amplo espectro de causas de rompimento prematuro da unidade mãe-bebê. Outras causas incluem hipersensibilidade constitucional (de muitos tipos) por parte do bebê, trauma resultante de doenças físicas do bebê e, doença ou morte de um dos pais ou irmãos. Quando o rompimento prematuro da unidade mãe-bebê ocorre por qualquer razão, várias formas distintas de falha em criar ou manter adequadamente o processo psicológico dialético podem resultar:

1. A dialética de realidade e fantasia desmorona em direção à fantasia (isto é, a realidade é subordinada à fantasia), de modo que a fantasia torna-se uma coisa-em-si-mesma tão tangível, poderosa, perigosa e gratificante como a realidade externa da qual ela não pode ser diferenciada.

2. A dialética de realidade e fantasia pode ser limitada ou desmoronar em direção à realidade, quando a realidade é utilizada predominantemente como defesa contra a fantasia. Em tais circunstâncias, a realidade rouba a fantasia de sua vitalidade. A imaginação é bloqueada.

3. A dialética de realidade e fantasia se torna restrita quando realidade e fantasia estão dissociadas de forma a evitar um conjunto específico de significados, por exemplo, a "clivagem do ego" no fetichismo.

4. Quando a mãe e o bebê encontram dificuldades sérias e contínuas em ser um mãe-bebê, a ciência prematura e traumática do bebê quanto ao seu estar separado torna a experiência tão insuportável que medidas defensivas extremas são instituídas, tomando a forma de uma cessação da atribuição de significado à percepção. A experiência é impedida. Não é que a fantasia ou a realidade sejam negadas; em vez disso, nenhuma delas é criada.

Essas quatro categorias são somente exemplos dos tipos de limitação do processo dialético. De forma alguma, essa lista deve ser considerada completa.

## Realidade subordinada à fantasia

A primeira das formas de falha em criar e manter um processo psicológico dialético é a forma na qual o "polo da realidade" da dialética psicológica não é estabelecido em um plano igualitário ao "polo da fantasia", ou é enfraquecido pela experiência real que é sentida como indistinguível e, portanto, poderosamente confirmadora da fantasia. O termo *realidade* não é utilizado para denotar algo independente do processamento individual de percepção, visto que até em nosso modo mais "realista", nós organizamos e, nesse sentido, criamos, nossas percepções de acordo com nossos esquemas psicológicos individuais. O termo *realidade* é utilizado aqui para se referir ao que é vivenciado como fora do domínio da onipotência do sujeito.

Quando o "polo da realidade" da dialética psicológica entra em colapso, o sujeito fica fortemente aprisionado no domínio de objetos fantasiados como coisas-em-si-mesmas. Esse é um mundo bidimensional, o qual é vivenciado como uma coleção de fatos. A alucinação não parece uma voz, *é* uma voz. O marido não se comporta simplesmente com frieza, ele *é* gelo. A pessoa não se sente como seu pai, o seu pai *é* o seu sangue e o indivíduo deve sangrar de forma a se liberar de seu pai. A forma de transferência gerada quando a dialética psicológica da realidade e fantasia entra em colapso na direção da fantasia é a transferência delirante (ver Little, 1958; Searles, 1963): o terapeuta não é como a mãe do paciente, ele *é* a mãe do paciente.

> *Um paciente* borderline *vivenciando a forma de colapso do espaço potencial que está sendo discutida, passou a ter muito medo de manequins de lojas de departamento, sentindo como se eles fossem pessoas vivas. Para esse paciente, não havia um conceito de manequins "parecidos com real"; ou eles estavam vivos ou não estavam. Uma coisa não pode denotar outra. As coisas são o que elas são. (Segal [1957] usa o termo equação simbólica para esse relacionamento de símbolo e simbolizado.)*

Conforme o sujeito se aproxima do estado onde nada é sentido como representante de alguma coisa além de si mesma, o sujeito fica cada vez mais aprisionado no domínio da coisa-em-si-mesma. Pouco do que o sujeito vivencia pode ser *compreendido*, pois a compreensão envolve um sistema de camadas de significados, onde uma camada forma o contexto pelo qual as outras recebem significância. Por exemplo, o passado, o presente, sonhos e experiências de transferência, cada qual fornece um contexto para a compreensão dos outros e é compreensível somente em termos dos outros.

Com capacidade limitada para distinguir símbolo e simbolizado, aquilo que é percebido não é mediado pela subjetividade (um sentido de *self* como criador de significados). A conclusão é de que percepções carregam consigo um imperativo impessoal para ação e é necessário livrar-se delas, agarrar-se a elas, ocultá-las, escondê--las, colocá-las em outra pessoa, idolatrá-las, despedaçá-las etc. O que a pessoa não consegue é compreender. Isso não se deve ao fato de que a pessoa não deseja entender a sua experiência; pelo contrário, acontece porque conforme o indivíduo se aproxima do domínio da coisa-em-si-mesma, tudo é o que é e, então, o potencial para entendimento simplesmente não existe.

> *Uma paciente* borderline *sabia que o terapeuta, que havia começado a sessão três minutos atrasado, havia feito isso porque preferia o paciente cuja hora precedia a dela. A paciente disse ao terapeuta que havia decidido terminar a terapia, algo que ela vinha pensando em fazer por um longo tempo, mas não havia contado ao terapeuta anteriormente. As tentativas do terapeuta de entender por que a paciente interpretara o seu atraso dessa forma foram recebidas com exasperação. A paciente acusou o terapeuta de se valer de interpretações livrescas para negar o óbvio.*

Para essa paciente, sentimentos são fatos sobre os quais deve--se atuar e não respostas emocionais a serem compreendidas. Não há espaço entre simbolizado (o atraso do terapeuta) e o símbolo (a representação emocionalmente colorida do terapeuta pela paciente). Os dois (a interpretação e o evento externo) são tratados como um. Um paciente recentemente me disse, "Você não pode me dizer que eu não vejo o que vejo". Com o colapso da distinção entre símbolo e simbolizado, não há espaço para "entreter" as ideias e sentimentos. A transferência assume uma qualidade mortalmente séria; a ilusão se torna delírio, pensamentos se tornam planos; sentimentos se tornam ações iminentes; projeções transferenciais se tornam identificações projetivas; brincar se torna compulsão.

É possível compreender o significado da experiência do indivíduo apenas quando uma coisa pode dar suporte à outra sem ser a outra; isso é que o que constitui a conquista da capacidade de formação simbólica adequada (Segal, 1957). O desenvolvimento da capacidade de formação simbólica adequada liberta o indivíduo da prisão do domínio da coisa-em-si-mesma.[3]

## A realidade como defesa contra a fantasia

Uma segunda forma de distorção patológica do processo psicológico dialético é quando o "polo da realidade" é usado predominantemente como uma defesa contra a fantasia. Sempre que o potencial para um processo psicológico dialético é limitado por propósitos defensivos (isto é, para excluir, modificar ou diminuir a significância de um dado grupo de pensamentos possíveis), paga-se um preço. Nesse caso, o preço é o impedimento da imaginação.

Quando um processo psicológico dialético relativamente livre de restrições se estabeleceu, uma menininha brincando de casinha é tanto uma menininha quanto uma mãe e a questão de qual ela é nunca emerge. Ser uma menininha que se sente amada pela mãe (*em realidade*) proporciona segurança para que ela pegue emprestado o que é de sua mãe (*em fantasia*) sem medo de retaliação ou de perder-se em sua mãe e, como resultado, desaparecer como uma pessoa separada. Ser uma mãe (*em fantasia*) dá acesso e permite à menininha utilizar toda a riqueza de símbolos culturais, familiares e pessoais (por exemplo, em relação ao que significa ser mulher, mãe e filha) que foram transmitidos consciente e inconscientemente no decorrer da experiência *real* com mãe, pai e outros.

Por outro lado, se a menininha é *somente* uma menininha, ela não é capaz de brincar; ela não é capaz de imaginar e será incapaz de sentir-se viva de qualquer forma plena. Tal situação emerge quando a realidade deve ser usada como defesa contra a fantasia.[4]

*Um menino que havia testemunhado seus pais em relação sexual, bem como o parto muito doloroso de seu irmão mais novo, desenvolveu, aos 6 anos, uma inteligência precoce e um modo "adulto" de se relacionar profundamente marcado por ceticismo. Ele se interessava em encontrar explicações "lógicas" para coisas "incríveis", em particular, cenas televisivas de ação. Quando ele tinha 7 anos de idade, ele foi levado a um show de marionetes, seus pais ficaram preocupados porque o menino achou o show nada agradável e, pelo contrário, estava aflito pela sua ciência do fato de que os personagens eram apenas figuras de madeira talhada, suspensos em cordas que eram manipuladas por pessoas atrás da tela. Obviamente, sua percepção estava "correta", mas a poderosa ciência dessa realidade impediu o interjogo dialético de fantasia e realidade que gera possibilidade para imaginação. Para essa criança, o perigo de desejos e medos "se tornarem verdade" em um modo destrutivo e terrivelmente assustador havia muito provavelmente se tornado muito real pela sua interpretação do que ele havia presenciado ("nos bastidores") mais cedo em sua vida. Tais experiências dramáticas precoces não são uma condição necessária e nem suficiente para as fantasias serem experimentadas como coisas assustadoras que precisam ser controladas através de um interesse exagerado pela realidade.*

Pacientes que vivenciam cronicamente essa forma de colapso do processo dialético apresentam poucos ou nenhum sonho, dispensando os que se apresentam como "sem sentido", "louco", "idiota", "estranho" e similares. Quando os sonhos são apresentados por esses pacientes, frequentemente são pouco distinguíveis dos seus pensamentos conscientes, por exemplo, os sonhos podem descrever situações embaraçosas sobre as quais o paciente regularmente pensa conscientemente. Associações com os sonhos são geralmente uma catalogação de quais partes do sonho "realmente" aconteceram ou não e, precisamente, qual era a situação real que foi aludida ou representada no sonho.

Alguns desses pacientes são observadores perspicazes e notarão quando um único livro tiver sido movido em uma grande estante no consultório do terapeuta. Quando o paciente é questionado sobre sua resposta a um detalhe que fora observado, o paciente ficará extremamente cético sobre qual benefício poderia decorrer de uma discussão de algo tão trivial. Em alguns momentos, me foi dito que procurar por algum significado pessoal no detalhe observado seria "como tentar tirar sangue de pedra". A rigidez do foco do paciente na realidade é, de fato, moldada para "drenar o sangue" da fantasia. A ressonância dialética de significados realistas e fantásticos é bloqueada, deixando o paciente incapaz de imaginação.

## Dissociação entre realidade e fantasia

Fetiches e perversões podem ser compreendidos como representações de uma forma particular de limitação do processo dialético, no qual os polos de realidade e fantasia se tornam dissociados um do outro. Freud (1927) destacou que os fetiches envolvem uma "clivagem do ego" de tal forma que o objeto sabe e não sabe que mulheres não têm pênis. Esse estado psicológico não constitui uma dialética psicológica verdadeira, pois foi construída amplamente a serviço da negação e, como resultado, envolve uma profunda limitação da forma pela qual um polo da dialética pode informar e ser informada pelo outro. Um processo dialético se torna limitado quando o sujeito impõe restrições sobre ele: todas as combinações possíveis de significados são possíveis, exceto aquelas que levam ao pensamento de que mulheres não têm pênis. Esse pensamento, ou qualquer derivativo dele, nunca pode ser pensado. Na medida em que tal limitação é colocada no processo dialético, realidade e fantasia não mais informam uma à outra e, pelo contrário, ficam isoladas em um estado de coexistência estática. Um relacionamento dialético permite a ressonância de significados, por exemplo, significados conscientes e inconscientes. A clivagem do tipo envolvido nas perversões e no fetichismo pode ser entendida como envolvendo não apenas negação, mas também impede a ressonância dialética que poder gerar significados que o indivíduo sente como perigosos.

## Impedimento da realidade e da fantasia

A forma final de falha na conquista da capacidade de criar e manter um processo psicológico dialético, que será agora discutida, é mais extrema do que as discutidas até o momento. Todas as formas de disfunção descritas anteriormente envolviam uma limitação (metaforicamente, um "colapso") de uma dialética que havia sido estabelecida, em um grau significativo, e que foi secundariamente se tornando limitada. O que será discutido agora é uma falha primária em gerar um processo psicológico dialético manifestando-se como um "estado de não experiência" (Ogden, 1980). Em um estado de não experiência, existe percepção, mas a percepção permanece um dado sensorial bruto que não recebe significado. Os significados não são negados, eles simplesmente não são criados. Esse estado tem sido variavelmente descrito como um "fechamento" psicológico (McDougall, 1974), como uma "ausência" análoga à vista em crises epilépticas "*petit*-mal" (Meltzer, 1975), como "psicose vazia" (Green, 1975), "não ser" psicótico (Grotstein, 1979b) e como "morte-em-vida" (Laing, 1959). No contexto de um trabalho psicanalítico intensivo com pacientes esquizofrênicos crônicos, eu descrevi o estado da não experiência como um estado no qual

> *[...] toda experiência é emocionalmente equivalente, uma coisa é tão boa ou má quanto qualquer outra coisa; todas as coisas, pessoas, lugares e comportamentos são emocionalmente intercambiáveis [...] Tudo pode ser substituído por qualquer outra coisa, criando uma situação análoga a um sistema numérico no qual existe um número infinito de números inteiros, mas todos são iguais uns aos outros em valor. Adição, subtração e todas as outras operações seriam formalmente possíveis, porém não haveria sentido em nenhuma delas, visto que se chegaria sempre no mesmo valor com o qual se começou (Ogden, 1980, p. 520).*

Como eu discuti em outros trabalhos (Ogden, 1980, 1982a, 1982b), vejo o estado da não experiência como uma defesa suprema à qual se recorre quando todas as outras operações defensivas se provaram insuficientes para proteger o bebê contra um sofrimento psicológico esmagador e contínuo. Em tais circunstâncias, o bebê deixa de atribuir significado à sua percepção, falhando, assim, em gerar significância emocional (significado pessoal) de qualquer tipo. No contexto da presente discussão, isso se soma aos impedimentos da possibilidade de gerar significados tanto reais como fantásticos, negando, assim, ao bebê, os elementos a partir dos quais ele pode construir um processo dialético envolvendo fantasia e realidade.

## O símbolo, o simbolizado e a subjetividade

Como foi discutido, o estabelecimento do processo psicológico dialético cria condições nas quais a experiência recebe significados que podem ser compreendidos em vez de simplesmente constituir um padrão de fatos a serem atuados. O estabelecimento da distinção entre o símbolo e o simbolizado é inseparável do estabelecimento da subjetividade: as duas conquistas são duas facetas do mesmo evento do desenvolvimento. Parafraseando Winnicott, poderia-se dizer que o espaço potencial reside entre o símbolo e o simbolizado. Distinguir símbolo de simbolizado é distinguir os pensamentos do indivíduo daquilo sobre o quê ele está pensando, os sentimentos do indivíduo daquilo ao que ele está respondendo. Para que o símbolo permaneça independentemente do simbolizado, deve haver um sujeito engajado no processo de interpretação de percepções. Alguém poderia perguntar o que há de novo nesse suposto avanço do desenvolvimento, pois do ponto de vista lógico, sempre existiu uma pessoa interpretando sua experiência. Isso é verdade, obviamente, do ponto de vista de um observador externo, mas não era o caso do ponto de vista do sujeito. De fato, um sujeito não existia quando símbolo e simbolizado eram indiferenciáveis.

A conquista da capacidade de distinguir símbolo e simbolizado é a conquista da subjetividade.[5] Desse ponto em diante, a função simbólica sempre envolve a trindade do inter-relacionamento de três entidades distintas: (1) o símbolo (o pensamento); (2) o simbolizado (aquilo que está sendo pensado); e (3) o pensador (o *self* intérprete), que está criando seus pensamentos e que fica separado tanto do pensamento como da coisa sendo pensada. O espaço potencial deixa de existir conforme qualquer dois desses três elementos deixam de ser diferenciados: o pensador e o símbolo, o símbolo e o simbolizado, ou o pensador e o objeto de pensamento (o simbolizado).

Existem importantes implicações na discussão anterior para uma teoria do desenvolvimento da capacidade de simbolização. O período anterior ao estabelecimento do processo dialético (anterior ao período do fenômeno transicional) é caracterizado não por objetos internos como coisas-em-si-mesmas, como diria Melanie Klein (1946), mas, pelo contrário, por uma ausência total da necessidade de símbolos. No período da unidade mãe-bebê "invisível", não há uma mãe e nem um bebê, tendo em vista que a mãe ambiental existe somente como o preenchimento invisível das necessidades do bebê antes que essas se tornem desejos.

Como discutido anteriormente, a concepção de Winnicott sobre desenvolvimento pode ser pensada como um movimento a partir de um estado original de "unicidade" que não é vivenciado como unicidade porque a homogeneidade da situação impede uma avaliação da diferença e, portanto, o delineamento de significados. A progressão do desenvolvimento, no contexto de uma maternagem suficientemente boa é a de "trindade", na qual existe um relacionamento entre símbolo e simbolizado que é mediado por um sujeito intérprete. O mãe-bebê invisível se tornou um mãe-e-bebê como objetos (simbólicos) e o bebê como um sujeito intérprete. O bebê como sujeito possibilita ao bebê se tornar ciente da subjetividade da mãe. Isso, então, permite o desenvolvimento da "compaixão" (Winnicott, 1958), a capacidade de preocupação por outra pessoa como um ser humano inteiro e separado, capaz de sentimentos *similares*, não os mesmos, que os do próprio indivíduo. Com o desenvolvimento dessa consciência da subjetividade do outro, surge a capacidade para culpa, luto, empatia e para o desejo de fazer reparações em vez de restaurações mágicas do objeto danificado.

A partir dessa perspectiva, a quebra do processo dialético gerador do domínio da coisa-em-si-mesma pode ser compreendido como tendo um lugar específico no desenvolvimento das relações objetais: dualidade (bebê e mãe como objetos na ausência de um bebê como sujeito intérprete) corresponde ao domínio da coisa-em-si-mesma. Existem apenas objetos e não sujeitos. Isso é sempre produto da quebra da trindade (a dialética de fantasia e realidade, símbolo e simbolizado mediado por um sujeito) e não a progressão normativa a partir da unicidade invisível da unidade original mãe-bebê.

Winnicott, portanto, indica que ele vê o desenvolvimento normal da fantasia como sendo desde o princípio parte do processo dialético no qual a fantasia cria e é criada pela realidade. Tal conclusão vai contra o conceito de Melanie Klein (1946, 1952c) de que a fantasia tem lugar no desenvolvimento da posição esquizoparanoide anterior à posição depressiva. Na posição esquizoparanoide, fantasia, equação simbólica e relações com objetos parciais predominam. Para Klein, a posição depressiva (trindade consistindo de sujeito, símbolo e simbolizado) se desenvolve fora da dualidade da posição esquizoparanoide (símbolo e simbolizado na ausência de um sujeito capaz de consciência da realidade psíquica). Para Winnicott, a forma de fantasia que Klein associa com a posição esquizoparanoide (uma forma de fantasia utilizando equação simbólica como modo de simbolização) sempre representa um rompimento da trindade. Existem quebras inevitáveis no desenvolvimento da trindade devido às falhas inevitáveis e necessárias no relacionamento mãe-bebê. Isso leva o bebê a se defender psicologicamente em um modo esquizoparanoide. O desenvolvimento patológico acontece somente quando as falhas do relacionamento mãe-bebê (levando ao colapso da trindade) são extremas ou crônicas.

## Empatia e identificação projetiva

A discussão anterior sobre o desenvolvimento do processo dialético e da simbolização fornece um contexto para uma compreensão aprimorada de aspectos da identificação projetiva e seu relacionamento com a empatia.

Empatia é um processo psicológico (bem como uma forma de relação objetal) que ocorre dentro do contexto de uma dialética de ser e de não ser o outro. Dentro desse contexto (Winnicott diria, "dentro do espaço potencial"), o indivíduo brinca com a ideia de ser o outro enquanto está ciente de que não o é. É possível testar uma identificação e depois outra (isto é, brincar com o sentimento de ser o outro em formas diferentes), pois o polo oposto da dialética diminui o perigo de ficar preso e de definitivamente perder-se no outro. A identificação projetiva, por outro lado, pode ser compreendida como um processo psicológico-interpessoal (uma forma de defesa, de comunicação e de relação objetal) que ocorre fora da dialética de ser e de não ser o outro, isto é, fora do espaço potencial.

A identificação projetiva pode ser pensada como envolvendo os seguintes componentes ou "fases" (Ogden, 1979, 1982a): (1) uma fantasia projetiva inconsciente de depositar uma parte de si mesmo no outro, (2) uma pressão interpessoal exercida no outro para vivenciar a si mesmo e se comportar em congruência com a fantasia projetiva inconsciente, e (3) o processamento por parte do "receptor" da experiência induzida, seguido pela reinternalização por parte do projetor (por meios da introjeção ou identificação) de uma versão modificada daquele aspecto de si mesmo que fora (em fantasia) ejetado.

Em caráter interpessoal, a identificação projetiva é o negativo do brincar; é uma inclusão coercitiva de outra pessoa para desempenhar um papel na fantasia inconsciente externalizada do projetor. O efeito desse processo no receptor é o de ameaça à sua possibilidade de vivenciar seu estado subjetivo como realidade psíquica.

Em vez disso, suas percepções são vivenciadas como "realidade" e não como uma construção pessoal. Esse processo representa uma limitação dos processos psicológicos dialéticos do receptor, pelos quais os significados simbólicos são gerados e compreendidos. Nem o projetor e nem o receptor da identificação projetiva são capazes de vivenciar uma amplitude de significados pessoais. Pelo contrário, existe apenas um poderoso sentido de inevitabilidade. Nenhuma parte pode conceber a si mesma ou à outra, de forma diferente ou menos intensa do que o faz no presente (Ogden, 1981).

O processamento de uma identificação projetiva por um terapeuta pode ser compreendido como o ato do terapeuta de restabelecer um processo psicológico dialético no qual o estado sentimental induzido pode ser vivenciado, pensado e compreendido por um sujeito intérprete. Esse processo dialético tem dimensões intrapsíquicas e interpessoais. Ou seja, tanto a subjetividade como a intersubjetividade estão envolvidas. O conjunto de significados gerado nesse processo fornece os dados com os quais o terapeuta pode desenvolver um entendimento da transferência, em vez de sentir compelido a atuar sobre ela, negar ou aceitar a inevitabilidade dessa experiência atual de si mesmo e do paciente.

> *Fui solicitado a avaliar uma paciente diagnosticada como* borderline, *que estava hospitalizada havia alguns dias, após uma tentativa de suicídio. Um membro da equipe de enfermagem, do sexo masculino, que estava trabalhando com essa paciente, me disse que ela era extremamente competitiva, ao ponto de ser quase impossível se engajar em qualquer tipo de atividade de recreação com ela. Na noite anterior, ele tinha visto a paciente com um baralho de cartas e havia lhe perguntado se ela*

*queria jogar. A paciente concordou, mas imediatamente passou a criticá-lo fortemente sobre a forma como ele embaralhava e distribuía as cartas. O enfermeiro me disse que ele havia explicado para a paciente que não desejava ingressar em uma briga com ela e que quando ela quisesse jogar cartas, ele ficaria feliz em fazê-lo se ela lhe dissesse. Então, ele foi embora e a paciente não o abordou depois disso.*

*Quando eu falei com a paciente em consulta, ela disse que estava nervosa quanto a falar comigo e, quando eu perguntei o motivo, ela disse que tinha medo de não se sair bem fazendo isso. Quando a questionei de que forma ela estava com medo de falhar, ela me disse que estava preocupada em ser menos do que honesta – não que ela seria desonesta no sentido de mentir, mas que ela me deixaria com uma falsa impressão dela. No decorrer da entrevista, ela me disse várias coisas a seu respeito, todas as quais, conforme eu descobri, mais tarde, com o seu terapeuta, eram interpretações que ele havia lhe dado. A entrevista dava uma impressão de rotineira, muito parecida com a de um paciente falando com um médico. Havia muito pouco sentido de descoberta, surpresa, humor ou originalidade de qualquer uma das partes. Eu não conseguia me desprender da consciência de que estávamos sentados em uma sala, em um hospital e, que eu era um psiquiatra conduzindo uma entrevista com uma paciente. Como resultado, parecia que nada espontâneo poderia acontecer entre nós. A paciente deu alguns insights que ela achou que eu esperava dela, mas não estava esgotada ou havia sido roubada no processo, pois os insights não eram dela e ela não os valorizava. Eles eram propriedade do hospital dados à ela por outro médico e ela estava meramente passando-os para mim. Alguma coisa a mais estava acontecendo entre mim e a paciente, que eu estava apenas subliminarmente ciente durante a entrevista, mas que ficou mais clara imediatamente após o término da entrevista. Quando eu saí do encontro com essa paciente, senti uma necessidade premente de falar com alguém. Não precisava ser alguém em particular ou sobre algum assunto específico, mas a necessidade de falar com alguém era evidente. Levou algum tempo para que eu percebesse a solidão que senti enquanto falava com essa paciente.*

Enquanto eu pensava sobre a entrevista com essa paciente, o seu comportamento com o enfermeiro na noite anterior fez mais sentido. Ela havia ridicularizado a forma que ele estava jogando, não para derrotá-lo, mas para esconder dele e dela mesma o fato de que ela não sabia como jogar. Obviamente, ela sabia as regras do jogo, mas não conseguia entrar em uma estrutura mental na qual o jogar pudesse ocorrer. Comigo, de forma similar, ela começou a entrevista me alertando de que nossa conversa poderia parecer uma troca significativa, mas que não seria. (Estou me referindo à sua ansiedade de que me passaria uma falsa impressão dela.) O que pareceria descobertas sobre ela se provariam ser apenas repetições banais das ideias do seu terapeuta. Sua principal comunicação com o enfermeiro e comigo foi um apelo para que entendêssemos que ela estava se sentindo intensamente isolada pela sua inabilidade de brincar. Sua comunicação não foi em palavras, mas por meios de uma indução de um sentimento de solidão em mim. Isso é o que Winnicott chamaria de "comunicação direta" (1971d, p. 54) e o que eu entenderia como identificação projetiva. Quando um paciente é incapaz de gerar o estado mental necessário para que o brincar ocorra, ele ou ela será isolado dos outros exceto por meios do tipo direto de conexão possível na identificação projetiva. "Apenas na brincadeira a comunicação é possível, exceto a comunicação direta que pertence à psicopatologia ou a um extremo de imaturidade" (Winnicott, 1971d, p. 54).

## Resumo

Eu propus que o conceito de Winnicott de espaço potencial seja compreendido como um estado da mente baseado em uma série de relacionamentos dialéticos entre fantasia e realidade, eu e não eu, símbolo e simbolizado etc., cada polo da dialética criando, informando e negando o outro. A conquista de tal processo dialético ocorre por meios de um avanço do desenvolvimento a partir da "unicidade invisível" da unidade mãe-bebê para a trindade subjetiva da mãe-e-bebê (como objetos simbólicos) e o bebê (como sujeito intérprete). Uma falha em criar ou manter o processo dialético leva a formas específicas de psicopatologia que incluem a experiência do objeto fantasiado como uma coisa-em-si-mesma, o uso defensivo da realidade que impede a imaginação, o relacionamento com um objeto de fetiche e, o estado da "não experiência". O "processamento" de uma identificação projetiva é entendido como o restabelecimento da capacidade do receptor de manter um processo dialético (por exemplo, de mim e de não mim) que fora limitado no decorrer da participação inconsciente do receptor na fantasia inconsciente, externalizada pelo projetor.

## Notas

1. O termo *ilusão* é utilizado em diferentes pontos por Winnicott para se referir a dois fenômenos bastante distintos. O primeiro é a ilusão do objeto subjetivo (mais precisamente descrito como a ilusão do sujeito e objeto invisíveis), onde a capacidade de resposta empática da mãe protege o bebê

da consciência prematura do *self* e do outro. Essa ilusão fornece um isolamento protetor para o bebê (Winnicott, 1948).

A segunda (posterior em termos de desenvolvimento) forma de ilusão é a ilusão que preenche o espaço potencial, por exemplo, a forma de ilusão encontrada no brincar. Aqui, a experiência de unicidade com a mãe e de estar separado dela, coexistem em uma oposição dialética (Winnicott, 1971c).

2. Os resultados das pesquisas de Brazelton (Brazelton e Als, 1979), Sander (1964), Stern (1977) e outros revelam um "diálogo" ativo entre mãe e bebê a partir dos primeiros dias de vida. Isso sugere a possibilidade de sentido precoce e não traumático de outridade. Grotstein (1981) argumenta que não é necessário decidir se há unidade mãe-bebê ou se há ciência precoce de outridade. Os dois podem coexistir como "faixas" separadas de uma consciência dupla. (A necessidade do pensamento em desenvolvimento de incluir tanto eixos sincrônicos como diacrônicos foi discutida no Capítulo 7.)

3. Lacan (1949-1960) destacou que o indivíduo, tendo desenvolvido a capacidade de simbolização, se torna liberto de uma forma de aprisionamento (a da experiência sensorial não mediada) apenas para ingressar em uma nova prisão, a de ordem simbólica. No domínio da ordem simbólica, a linguagem nos proporciona símbolos que existem desde muito antes de nós e que dessa forma determina nossos pensamentos, mesmo que nós trabalhemos sob a ilusão de que criamos nossos próprios símbolos.

4. Se a menininha for *somente* uma mãe, ela está psicótica e, com o tempo, ficará aterrorizada pela sua possessão fantasiada de sexualidade adulta e de poder (onipotente) adulto sobre a vida e a morte. Aqui, o polo da realidade da dialética desabou sobre o polo da fantasia da dialética, como discutido anteriormente.

5. Essa concepção é paralela ao conceito de Klein sobre a criação da realidade psíquica na posição depressiva (Klein, 1958).

# 9. O espaço onírico e o espaço analítico

Neste capítulo, serão considerados aspectos de duas formas de espaço potencial: o espaço onírico e o espaço analítico. O sonho é entendido como uma comunicação interna, na qual uma apresentação onírica é gerada por um aspecto do *self* e compreendida por outro aspecto do *self*. A apresentação onírica como coisa-em-si-mesma é trazida para um processo dialético por outro aspecto do *self*, através do qual os significados simbólicos e a experiência do sonho são gerados. O esquizofrênico, quando incapaz de manter um processo psicológico dialético, transforma a apresentação onírica em uma alucinação.

O espaço analítico é visto como um estado intersubjetivo, gerado por paciente e terapeuta, no qual é possível brincar com os significados, considerá-los, entendê-los etc. A identificação projetiva do paciente é uma forma "direta" de comunicação que enfraquece a capacidade do terapeuta de manter um processo psicológico dialético. O terapeuta enfraquece o espaço analítico quando suas intervenções constituem "afirmações de fatos". Esse último contribui para inibir o domínio de significados e experiências pessoais.

## O espaço onírico

Até o momento das contribuições de Donald Winnicott em seu trabalho sobre espaço potencial, a psicanálise havia desenvolvido um conhecimento bastante pleno sobre a construção e o simbolismo do sonho, mas uma compreensão muito incompleta sobre o sonhar. Neste capítulo, proponho que a apresentação onírica deve ser submetida a uma transformação em um "espaço onírico" para que o sonhar ocorra. Essa é uma extensão da distinção feita por Winnicott entre fantasia e imaginação: a primeira é um processo estático e dissociado que permanece isolado de viver e sonhar (1971b, p. 27). A imaginação representa o resultado de uma transformação a que a fantasia é submetida quando é trazida ao espaço potencial, isto é, quando há um "lugar a partir do qual se tornar ciente" (1971b, p. 27, nota de rodapé) das fantasias do indivíduo. Antes de existir tal lugar (o espaço potencial), um objeto fantasiado é uma coisa-em-si-mesma estática, desprovida de significados simbólicos ressonantes, representando nada além de si mesma: na fantasia, "um cachorro é um cachorro é um cachorro" (1971b, p. 33).

Um sonho será visto aqui como uma comunicação interna envolvendo a construção de um processo primário gerado por um aspecto do *self* que deve ser *percebido*, *compreendido* e *vivenciado* por outro aspecto do *self*. A construção do processo primário constitui a apresentação onírica que é um evento sensorial interno. Como com qualquer outro registro sensorial (incluindo comunicações de outras pessoas), a apresentação onírica constitui inicialmente uma coisa-em-si-mesma, do ponto de vista do aspecto do *self* que está tentando compreendê-la. Esse dado sensorial bruto deve passar por alguma forma de transformação psicológica para que o sonhar ocorra.

Grotstein (1976b) faz uma distinção similar entre a apresentação onírica e o sonhar quando ele diferencia o sonhador-que-sonha-o--sonho do sonhador-que-entende-o-sonho. O sonhador-que-sonha--o-sonho cria a representação do processo primário; o sonhador--que-entende-o-sonho é o intérprete, o criador de significados simbólicos. Sandler (1976) distingue o "trabalho do sonho" (um modo de processo primário de pensamento) do "trabalho de entendimento" (uma função simbólica de ordem superior). Sandler destaca que não haveria sentido no trabalho do sonho se não houvesse outro aspecto da pessoa para entender o desejo ocultado no sonho.

*Sonhar* envolve a capacidade de transformar a coexistência estática de opostos, vista no processo de pensamento primário em um relacionamento dialético com opostos, onde significados e experiência[1] de sonho são gerados. No processo primário de pensamento (resultando na representação do sonho), não há negação; cada polo de uma contradição existe independentemente do outro. O conceito de coexistência estática de opostos no inconsciente segue diretamente da observação de Freud (1915b) de que não há negativas no inconsciente. Quando opostos coexistem estaticamente (isto é, antes da apresentação da coisa inconsciente ficar hipercatexizada no processo de se tornar consciente), nenhum significado pode ser gerado, visto que o significado requer diferença, um relacionamento dinâmico entre uma ideia e aquilo que não é. Em um campo completamente homogêneo, não pode haver significado, pois o campo inteiro é invisível até que seja contrastado com algo que não é.[2]

Sonhar é o processo de trazer a apresentação onírica para um processo dialético, criando portanto a experiência do sonho, isto é, criando experiência significativa onde havia somente coexistência estática de pedaços de dados. A apresentação onírica ingressa em um processo dialético através da transformação da apresentação em símbolos que podem ser compreendidos por um *self* que interpreta. A simbolização ocorre apenas no contexto de um processo dialético e, reciprocamente, a existência de um processo dialético manifesta-se pelo processo de geração de significados simbólicos (embora não seja, de forma alguma, restrita ao processo de geração de significados simbólicos).

Na ausência de um processo dialético (e, portanto na ausência da capacidade de simbolização), a apresentação onírica, ao invés de ser transformada em um conjunto de significados simbólicos no processo de sonhar, se transforma em uma alucinação. O esquizofrênico, quando incapaz de manter um processo psicológico dialético é, consequentemente, incapaz de *sonhar* (criar a experiência do sonho). Não é que esquizofrênicos não sonhem, como se acreditava; pelo contrário, a apresentação onírica é transformada em uma alucinação que é subjetivamente intercambiável com experiência alucinatória vigil e, portanto, não é percebida pelo esquizofrênico como uma forma única de evento psicológico.

> *Um paciente esquizofrênico crônico, hospitalizado, a quem eu atendia cinco vezes por semana em psicoterapia por vários anos, relatou que seu colega de quarto havia levantado no meio da noite e o afogado em uma banheira segurando sua cabeça embaixo da água até que ele morresse. A equipe de enfermagem me disse que o paciente havia dormido durante a noite toda, então eu lhe perguntei se ele havia sonhado aquilo. Ele ficou surpreso com a minha pergunta e pareceu confuso.*

Para esse paciente, a experiência do sonho foi tão intercambiável com a experiência do estado vigil que o fato de que ele estava vivo e falando comigo não era em absoluto mais real para ele do que aquilo que eu imaginara ter sido um sonho. Para ele, havia iguais possibilidades de que a experiência atual fosse uma alucinação e que a experiência do sonho fosse real. Mesmo nesse caso, há razões para acreditar que houve alguma reconstrução simbólica da apresentação onírica. O fato de que o paciente esquizofrênico criou um evento psicológico que pôde não apenas ser percebido e lembrado, mas que também foi suficientemente importante para me comunicar mostra que alguma reconstrução da apresentação onírica ocorreu. O paciente transformou a apresentação onírica em uma forma de alucinação em vez de em uma forma simbólica. (Apesar da minha suspeita de que a alucinação apresentada por esse paciente tenha começado como uma apresentação onírica, também é possível que a experiência do paciente de ter sido afogado tenha sido uma elaboração alucinatória de algum evento real ou, ainda, pode ter sido uma alucinação atual [uma memória alucinatória].)

Para um paciente neurótico, o sonho ocorre quando ele submete a apresentação onírica (a coisa-em-si-mesma) a uma transformação simbólica. O sonho é "sonhado" (é criado como experiência de sonho) no momento em que a transformação simbólica ocorre, seja no momento em que uma compreensão inconsciente é alcançada durante o sono e que possa apenas ser vivenciada mais tarde como um elemento em algum estado de humor durante a vigília, seja no momento do despertar, ou no momento em que é "lembrado" em uma sessão analítica.

## O espaço analítico

O espaço analítico pode ser pensado como o espaço entre paciente e analista, no qual a experiência analítica (incluindo a ilusão da transferência) é gerada e, na qual é possível gerar significados pessoais e brincar com eles. É um espaço potencial e não há qualquer garantia de que ele vá existir.

> *A psicoterapia se efetua na sobreposição de duas áreas de brinquedo, a do paciente e a do terapeuta. Se o terapeuta é incapaz de brincar, então ele não está apto para o trabalho. Se o paciente é incapaz de brincar, então algo necessita ser feito para habilitar o paciente a se tornar apto para brincar, e após isso a psicoterapia pode começar (Winnicott, 1971e, p. 54).*

(Vai além do escopo desse trabalho discutir o problema de pacientes que não incapazes de brincar. A presente discussão se refere ao trabalho com pacientes que são capazes de participar da criação e do rompimento do espaço analítico.)

Dentro do espaço analítico, fantasia e realidade estabelecem um relacionamento dialético uma com a outra. A capacidade para transferência madura (em oposição à transferência delirante) envolve a capacidade de gerar uma ilusão que é vivenciada como real e irreal, simultaneamente. Se a experiência de transferência se torna muito real (isto é, se o relacionamento dialético se choca na direção da fantasia), a transferência delirante é gerada. Se a realidade é muito presente (defensivamente), a intelectualização obsessiva e o pensamento operacional concreto (Marty e M'Uzan, 1963; McDougall, 1984b) frequentemente predominam.

O uso de identificação projetiva de um paciente pode ser considerado um colapso do espaço analítico de uma forma que ameaça a capacidade do terapeuta de manter um estado da mente no qual seus próprios sentimentos e pensamentos podem ser compreendidos como construções simbólicas em vez de registros de fatos

(Ogden, 1982b). Winnicott (1971e) vê a identificação projetiva como uma "comunicação direta". Ela é "direta" no sentido de que é uma comunicação por meios de uma indução direta de um estado sentimental em outra pessoa, que não é predominantemente (e frequentemente de forma alguma) mediada por símbolos verbais. Quando o paciente utiliza fortemente a identificação projetiva como forma de comunicação, defesa e relação objetal, o terapeuta se sente preso em uma posição ou sequência rígida de estados afetivos rígidos em relação a si mesmo e ao paciente. Há um sentido tão poderoso de inevitabilidade acerca do estado sentimental, que o indivíduo nem ao menos o considera como um estado subjetivo; pelo contrário, é tratado como "realidade".

O terapeuta que trabalha com pacientes *borderline* e esquizofrênicos deve aceitar um grau de participação involuntária no mundo objetal do paciente, como um caminho inevitável para entender a transferência (Ogden, 1979, 1981). Quando o terapeuta se permite ser usado dessa maneira, ele, *em parte*, não é mais uma pessoa separada ouvindo outra pessoa. Ele se tornou a parte "expelida" do paciente. Essa parte, contudo, continua sendo parte do paciente, cujo perímetro psicológico agora inclui o terapeuta. Ao tornar-se disponível dessa maneira, o terapeuta renuncia ao seu próprio acesso a uma dialética eu/não eu e se torna *em certo grau* o paciente, de uma forma que não é modificada pelo conhecimento de que ele não é o paciente.

Quando o terapeuta está funcionando como o objeto de uma identificação projetiva, ele frequentemente se sente impelido a "fazer algo" a respeito do que está acontecendo, em vez de tentar entender o que está vivenciando. Quando o terapeuta se sente compelido a atuar dessa forma, ele está frequentemente exacerbando o colapso do espaço terapêutico, o espaço no qual os significados podem ser entendidos ao invés de dissipados.

Não é somente sob a pressão da identificação projetiva de um paciente que o terapeuta pode contribuir para o colapso do espaço analítico. A terapia analítica é conduzida no domínio dos significados, no espaço entre símbolo e simbolizado mediado pelo *self* (como intérprete dos símbolos do individuo). Pacientes *borderline* operam caracteristicamente no domínio da ação (como coisa-em--si-mesma); o paciente deprimido utiliza autopunição como uma forma de atividade que serve para descarregar (o potencial para) culpa e, portanto, evitar a experiência de culpa (Loewald, 1979); o fetichista congela a experiência potencial em uma coisa (objeto de fetiche) que o excita e serve de substituto para a experiência de estar vivo com outra pessoa: "Ele [o fetichista] rouba seus próprios sonhos" (Pontalis, 1972, p. 33).

Muitos pacientes *borderline*, por exemplo, não conseguem suspender da consciência uma percepção imediata do fato de que o analista é "apenas um cara tentando ganhar uma grana" e que seus pacientes são seus clientes. Para um paciente capaz de criar um espaço analítico com o terapeuta, o fato de que o analista deve ser pago pelo seu trabalho pode ser motivo de brinquedo, isto é, usado como material para gerar ilusão transferencial. Uma forma de brincar com essa percepção é a criação da ilusão transferencial (por exemplo, sob o embalo da transferência materna) de que o analista continuaria atendendo o paciente quer ele possa pagar pelos encontros, quer não. A partir daí, talvez, a ideia será elaborada de forma a incluir a imagem do paciente tendo sofrido alguma lesão, não podendo trabalhar, sem dinheiro e, ainda sim, continuando a ser atendido pelo analista. Dentro do espaço potencial, essa brincadeira com uma ideia constitui imaginação. O espaço potencial entra em colapso quando a questão "O que aconteceria se eu não estivesse pagando?" *precisa* ser respondida. Em tais condições, o paciente pode parar de pagar as contas do tratamento por meses, forçando o terapeuta a responder concretamente à questão do paciente. Nesse caso, a imaginação (o brincar com ideias e sentimentos) se degenerou em uma atuação da fantasia em realidade (atuação de um conjunto de ideias e sentimentos que são tratados como fatos). Isso é análogo à perturbação do brincar na terapia com crianças: devido à ansiedade do paciente, o espaço intersubjetivo no qual a brincadeira ocorre é substituída por um espaço real no qual é possível manejar o perigo e sobre ele atuar.

É tarefa do terapeuta, através do manejo da estrutura da terapia e através das suas interpretações, promover condições nas quais o paciente pode ousar criar significados pessoais em uma forma que ele pode vivenciar e brincar com eles. O terapeuta que trabalha com pacientes *borderline* está sempre tentando "forçar a abertura" do espaço entre símbolo e simbolizado, criando, portanto, um campo no qual o significado existe, onde uma coisa exerce relação com a outra em uma forma que pode ser pensada e compreendida. Quando o símbolo é indistinguível do simbolizado, cada apresentação representa apenas a si mesma e, portanto, nada pode ser entendido: cada percepção é o que é e isso é tudo o que há.

Seja por falta de treinamento ou pela pressão de sentimentos contratransferenciais intensos, o terapeuta pode parar de interpretar os significados simbólicos que o paciente é capaz de criar e, em vez disso, apresentar intervenções que constituem coisas-em-si-mesmas, "afirmações factuais". Os exemplos seguintes dizem respeito a tais intervenções: "Eu concordo que você fez agiu mal nesse caso". "Se eles não lhe pagarem, você não deve trabalhar mais lá." "Você vai se sentir melhor daqui a um pouco de tempo." (Obviamente, existe hora e lugar para sugestões, estímulos e reasseguramentos. Estou falando aqui de problemas derivados de uma dependência de tais formas de comunicação e relacionamento.) Nessas intervenções, há pouco espaço entre símbolo e simbolizado no qual um significado possa ser compreendido. Quando um terapeuta intervém regularmente dessa forma, o domínio dos significados fica em grande parte excluído para o paciente e é provável que haja atuação subsequente por parte deste.

O que segue são exemplos de tipos de intervenções menos importunas que tendem a erodir o espaço analítico ao afirmar "fatos", em vez de investigar o modo do paciente de construir seus próprios significados simbólicos.

> *Um terapeuta atendendo um paciente que quando criança tinha sentido a pressão de atender às "expectativas impossíveis e inconstantes" dos pais disse ao paciente, "Você nunca podia ter certeza de qual era o padrão e como passar no teste".*

A intervenção do terapeuta foi uma afirmativa de um aspecto da realidade psíquica do paciente, isto é, uma forma na qual o paciente via a si mesmo e a seus pais. Entretanto, a intervenção afirmou a realidade psíquica (a visão do paciente de si mesmo enquanto criança) como um fato e não como uma construção pessoal simbólica criada e mantida por razões que podem ser compreendidas – era um significado criado pelo paciente, não um fato descoberto pelo terapeuta. O impacto da intervenção foi o de suportar sutilmente a defesa do paciente, que consistia em se ver como vítima de forças externas (seus pais, professores, administradores da escola e o terapeuta, nenhum dos quais parecia ser capaz de uma decisão). Uma forma alternativa de formular a intervenção teria sido dizer, "Parece que você sentia que os padrões dos seus pais estavam constantemente mudando e, então, você não sabia como satisfazê-los. Você disse que, mesmo agora, frequentemente vivencia as coisas dessa maneira".

Ao oferecer esclarecimentos e interpretações genéticas, é importante não tratar a simbolização do paciente de sua experiência passada como se fosse exatamente a mesma coisa que o simbolizado, isto é, a mesma coisa que a própria experiência passada. O que é importante é a forma na qual o paciente constrói sua representação simbólica do passado. O passado não existe mais e é absolutamente irrecuperável. O paciente cria sua própria história no presente, isto é, o paciente cria símbolos representando suas concepções de seu passado. É uma das tarefas analíticas entender as razões do paciente para a representação simbólica de seu passado da forma como ele o faz. (Ver o conceito de Schafer [1975] sobre a história do paciente como uma construção evolutiva, em oposição a uma entidade estática passível de descoberta).

> *Você falha em reconhecer o quão autodestrutivo você é em seu emprego e no seu trabalho comigo",* De forma alternativa, se poderia dizer, *"Eu acho que lhe assusta pensar que é você que investe em derrotar a si mesmo em seu emprego e comigo". No primeiro exemplo, o terapeuta sabe que o paciente tem sido autodestrutivo e lhe diz que ele está sendo cego quanto a esse fato. Na segunda versão, o terapeuta está dizendo que lhe parece que o paciente se sente assustado (por razões que podem ser compreendidas) em construir (simbolizar) seu comportamento de uma maneira específica.*

Um terceiro exemplo:

> *Uma paciente do sexo feminino disse ao terapeuta que ela o ama e que tem fantasias sexuais sobre ele, além de desejos de ter um caso com ele. Na sessão seguinte,*

> *ela sente-se repulsiva e não sabe por quê. O terapeuta responde: "O meu não envolvimento sexual com você lhe fez sentir-se repulsiva por desejar que isso acontecesse". De forma alternativa, o terapeuta poderia dizer, "Eu acho que você usou o meu não envolvimento sexual e romântico como você como evidência de que eu sinto que você não deveria querer isso e que vocevéorepulsiva por ter esses desejos". Na primeira versão, o terapeuta diz à, paciente que ela sente-se repulsiva como resultado de algo que ele fez (isto é, como resultado do seu não envolvimento sexual e romântico com ela). Isso deixa em aberto a possibilidade de que há uma inevitabilidade[3] em sua resposta: desejos românticos e sexuais não correspondidos fazem com que o individuo sinta-se repulsivo. Na segunda, a ênfase não é no relacionamento de causa e efeito (uma coisa inevitavelmente levando à outra), mas na interpretação da paciente sobre o significado do que ocorreu.*

O espaço analítico é uma estrutura da mente na qual paciente e terapeuta contribuem e onde é possível abordar e brincar com uma multiplicidade de significados. Um pensamento não "causa" ou tem um impacto direto sobre outro. O sujeito, através de seu ato de interpretação, medeia entre significados e cria relacionamentos entre símbolos. Cada significado pessoal influencia a maneira do sujeito de construir e inter-relacionar seus símbolos e, consequentemente, afeta seus atos subsequentes de interpretação da experiência. Esse é o equivalente hermenêutico do relacionamento de causa-e-efeito na ciência física. Quando o espaço analítico entra em colapso, o paciente se torna aprisionado nos confins de símbolos conectados uns aos outros por um sentido opaco de inevitabilidade.

## Notas

1. Pontalis (1972) acredita que os analistas erram em limitar suas concepções de um sonho a seu valor como transmissor de significados simbólicos, negligenciando, assim, a centralidade da "experiência do sonho", isto é, "a experiência subjetiva do sonhador sonhando e, a experiência intersubjetiva da terapia na qual o sonho é trazido ao analista, tanto oferecido como retido, falado embora em silêncio" (p. 23).

2. Sartre (1943) fala sobre algo parecido quando afirma que deve haver um aro de negação (o nada) em torno de "ser-em-si" para que a consciência reflexiva ("ser-para-si") seja gerada.

3. Os pacientes têm convicções poderosas a respeito da inevitabilidade de significado, que deve ser desatrelada pelo analista. Por exemplo, analisandos frequentemente tratam como autoevidente que uma mulher sentir-se-ia repulsiva por ser "gorda" ou que um homem sentir-se-ia envergonhado de ter um pênis "muito pequeno". Os pacientes evidenciam resistência considerável em visualizar essas ideias como crenças pessoais que elas construíram por razões que podem ser entendidas.

# Referências

Abraham, K. (1924). A short study of the development of the libido, viewed in the light of mental disorders. In *Selected Papers on Psycho-Analysis* (pp. 418-507). London: Hogarth Press, 1927.

Balint, M. (1968). *The Basic Fault*. London: Tavistock.

Bettelheim, B. (1983). *Freud and Man's Soul*. New York: Knopf.

Bibring, E. (1947). The so-called English school of psychoanalysis. *Psychoanalytic Quarterly*, 16, 69-93.

Bick, E. (1968). The experience of the skin in early object relations. *International Journal of Psycho-Analysis*, 49, 484-486.

Bion, W. R. (1950). The imaginary twin. In *Second Thoughts* (pp. 3-22). New York: Jason Aronson, 1967.

Bion, W. R. (1952). Group dynamics: a review. In *Experiences in Groups* (pp. 141-192). New York: Basic Books, 1959.

Bion, W. R. (1956). Development of schizophrenic thought. In *Second Thoughts* (pp. 36-42). New York: Jason Aronson, 1967.

Bion, W. R. (1957). Differentiation of the psychotic from the non-psychotic personalities. In *Second Thoughts* (pp. 43-64). New York: Jason Aronson, 1967.

Bion, W. R. (1959). Attacks on linking. *International Journal of Psycho-Analysis*, 40, 308-315.

Bion, W. R. (1962a). *Learning from Experience*. New York: Basic Books.

Bion, W. R. (1962b). A theory of thinking. In *Second Thoughts* (pp. 110-119). New York: Jason Aronson, 1967.

Bion, W. R. (1963). *Elements of Psycho-Analysis*. In *Seven Servants*. New York: Jason Aronson, 1977.

Bion, W. R. (1967). *Second Thoughts*. New York: Jason Aronson.

Borges, J. L. (1956a). The immortal. In *Labyrinths* (pp. 105-119). New York: New Directions Books, 1964.

Borges, J. L. (1956b). Tlon, Uqbar, Orbis, Tertius. In *Labyrinths* (pp. 3-18). New York: New Directions Books, 1964.

Bornstein, M. (1975). Qualities of color vision in infancy. *Journal of Experimental Child Psychology*, 19, 401-419.

Bower, T. G. R. (1971). The object in the world of the infant. *Scientific American*, 225, 30-48.

Bower, T. G. R. (1977). *The Perceptual World of the Child*. Cambridge, MA: Harvard University Press.

Bowlby, J. (1969). *Attachment and Loss* (Vol. 1). New York: Basic Books.

Boyer, L. B. (1967). Historical development of psychoanalytic psychotherapy of the schizophrenias: the followers of Freud. In L. B. Boyer, & P. L. Giovacchini, *Psychoanalytic Treatment of Schizophrenic, Borderline, and Characterological Disorders* (pp. 71-128). New York: Jason Aronson.

Boyer, L. B. (1983). *The Regressed Patient.* New York: Jason Aronson.

Boyer, L. B., & Giovacchini, P. L. (1967). *Psychoanalytic Treatment of Schizophrenic, Borderline and Characterological Disorders.* New York: Jason Aronson.

Brazelton, T. B. (1981). *On Becoming a Family: The Growth of Attachment.* New York: Delta/Seymour Lawrence.

Brazelton, T. B., & Als, H. (1979). Four early stages in the development of the mother–infant interaction. *Psychoanalytic Study of the Child,* 34, 349-369.

Chomsky, N. (1957). *Syntactic Structures.* The Hague, Netherlands: Mouton.

Chomsky, N. (1968). *Language and Mind.* New York: Harcourt, Brace and World.

Eimas, P. (1975). Speech perception in early infancy. In L. B. Cohen, & P. Salapatek (Eds.), *Infant Perception: From Sensation to Cognition* (Vol. 2, pp. 193-228). New York: Academic Press.

Eliade, M. (1963). *Myth and Reality.* New York: Harper & Row.

Erikson, E. (1950). *Childhood and Society.* New York: Norton.

Fain, M. (1971). Prelude a la vie fantasmatique. *Revue Française Psychanalyse,* 35, 291-364.

Fairbairn, W. R. D. (1940). Schizoid factors in the personality. In *Psychoanalytic Studies of the Personality* (pp. 3-27). London: Routledge and Kegan Paul, 1952.

Fairbairn, W. R. D. (1941). A revised psychopathology of the psychoses and psychoneuroses. In *Psychoanalytic Studies of the Personality* (pp. 28-58). London: Routledge and Kegan Paul, 1952.

Fairbairn, W. R. D. (1944). Endopsychic structure considered in terms of object-relationships. In *Psychoanalytic Studies of the Personality* (pp. 82-136). London: Routledge and Kegan Paul, 1952.

Fairbairn, W. R. D. (1946). Object-relationships and dynamic structures. In *Psychoanalytic Studies of the Personality* (pp. 137-151). London: Routledge and Kegan Paul, 1952.

Fairbairn, W. R. D. (1958). On the nature and aims of the psycho--analytical treatment. *International Journal of Psycho-Analysis*, 39, 374-385.

Freud, A. (1965). *Normality and Pathology in Childhood: Assessments of Development*. New York: International Universities Press.

Freud, S. (1894). *The neuro-psychoses of defence*. S. E. 3.

Freud, S. (1895). *Project for a scientific psychology*. S. E. 1.

Freud, S. (1896a). *Further remarks on the neuropsychoses of defence*. S. E. 3.

Freud, S. (1896b). Letter to Fliess, December 6, 1896. In M. Bonaparte, A. Freud, & E. Kris (Eds.), *Origins of Psycho-Analysis* (pp. 173-181). New York: Basic Books, 1954.

Freud, S. (1900). *The Interpretation of Dreams*. S. E. 4/5.

Freud, S. (1905). *Three Essays on the Theory of Sexuality*. S. E. 7.

Freud, S. (1911). *Formulations on the two principles of mental functioning*. S. E. 12.

Freud, S. (1911-1915). *Papers on technique*. S. E. 12.

Freud, S. (1914). *On narcissism: an introduction*. S. E. 14.

Freud, S. (1915a). *Instincts and their vicissitudes*. S. E. 14.

Freud, S. (1915b). *The unconscious*. S. E. 14.

Freud, S. (1916-1917). *Introductory lectures on psycho-analysis, XXIII*. S. E. 15/16.

Freud, S. (1917). *Mourning and melancholia.* S. E. 14.

Freud, S. (1918). *From the history of an infantile neurosis.* S. E. 17.

Freud, S. (1920). *Beyond the Pleasure Principle.* S. E. 18.

Freud, S. (1923). *The Ego and the Id.* S. E. 19.

Freud, S. (1926). *The question of lay analysis.* S. E. 20.

Freud, S. (1927). *Fetishism.* S. E. 21.

Freud, S. (1932). *New Introductory Lectures XXXI: the dissection of the psychical personality.* S. E. 22.

Freud, S. (1940a). *An Outline of Psycho-Analysis.* S. E. 23.

Freud, S. (1940b). *Splitting of the ego in the process of defence.* S. E. 23.

Glover, E. (1945). Examination of the Klein system of child psychology. *Psychoanalytic Study of the Child*, 1, 75-118.

Glover, E. (1968). *The Birth of the Ego.* New York: International Universities Press.

Green, A. (1975). The analyst, symbolization, and absence in the analytic setting (On changes in analytic practice and analytic experience). *International Journal of Psycho-Analysis,* 56, 1-22.

Greenberg, J., & Mitchell, S. (1983). *Object Relations in Psychoanalytic Theory.* Cambridge, MA: Harvard University Press.

Groddeck, G. (1923). *The Book of the It.* New York: Vintage Books, 1949.

Grotstein, J. (1978). Inner space: its dimensions and its coordinates. *International Journal of Psycho-Analysis*, 59, 55-61.

Grotstein, J. (1979a). Demoniacal possession, splitting and the torment of joy. *Contemporary Psychoanalysis*, 15, 407-445.

Grotstein, J. (1979b). Who is the dreamer who dreams the dream and who is the dreamer who understands it. *Contemporary Psychoanalysis*, 15, 110-169.

Grotstein, J. (1980a). The significance of Kleinian contributions to psychoanalysis. I. Kleinian instinct theory. *International Journal of Psychoanalytic Psychotherapy*, 8, 375-392.

Grotstein, J. (1980b). The significance of Kleinian contributions to psychoanalysis. I. Freudian and Kleinian conceptions of early mental development. *International Journal of Psychoanalytic Psychotherapy*, 8, 393-428.

Grotstein, J. (1981). *Splitting and Projective Identification*. New York: Jason Aronson.

Grotstein, J. (1983). *The Dual Track Theorem*. Unpublished manuscript.

Grotstein, J. (1985). A proposed revision for the psychoanalytic concept of the death instinct. *Yearbook of Psychoanalysis and Psychotherapy* (Vol. 1, pp. 299-326). Hillsdale, MI: New Concept Press.

Habermas, J. (1968). *Knowledge and Human Interests*. (J. Shapiro, trad.). Boston, MA: Beacon Press, 1971.

Hartmann, H. (1964). *Essays on Ego Psychology*. New York: International Universities Press.

Hegel, G. W. F. (1807). *Phenomenology of Spirit*. Trans. A. V. Miller. London: Oxford University Press, 1977.

Isaacs, S. (1952). The nature and function of phantasy. In M. Klein, P. Heimann, S. Isaacs, & J. Riviere (Eds.), *Developments in Psycho--Analysis* (pp. 67-121). London: Hogarth Press.

Jacobson, E. (1964). *The Self and the Object World*. New York: International Universities Press.

Jacoby, R. (1983). *The Repression of Psychoanalysis: Otto Fenichel and the Political Freudians*. New York: Basic Books.

Kernberg, O. (1970). A psychoanalytic classification of character pathology. *Journal of the American Psychoanalytic Association*, 18, 800-822.

Khan, M. M. R. (1963). The concept of cumulative trauma. *Psychoanalytic Study of the Child*, 18, 286-306.

Khan, M. M. R. (1972). The use and abuse of dream in psychic experience. In *The Privacy of the Self* (pp. 306-315). New York: International Universities Press, 1974.

Khan, M. M. R. (1979). *Alienation in Perversions*. New York: International Universities Press.

Klein, M. (1928). Early stages of the Oedipus conflict. In *Contributions to Psycho-Analysis, 1921-1945* (pp. 202-214). London: Hogarth Press, 1968.

Klein, M. (1930). The importance of symbol-formation in the development of the ego. In *Contributions to Psycho-Analysis, 1921-1945* (pp. 236-250). London: Hogarth Press, 1968.

Klein, M. (1932a). The effect of early anxiety situations on the sexual development of the girl. In *The Psycho-Analysis of Children* (pp. 268-325). New York: Humanities Press, 1969.

Klein, M. (1932b). *The Psycho-Analysis of Children*. New York: Humanities Press, 1969.

Klein, M. (1935). A contribution to the psychogenesis of manic-depressive states. In *Contributions to Psycho-Analysis, 1921-1945* (pp. 282-311). London: Hogarth Press, 1968.

Klein, M. (1940). Mourning and its relation to manic-depressive states. In *Contributions to Psycho-Analysis, 1921–1945* (pp. 311-338). London: Hogarth Press, 1968.

Klein, M. (1945). The Oedipus complex in the light of early anxieties. In *Contributions to Psycho-Analysis, 1921-1945* (pp. 339-390). London: Hogarth Press, 1968.

Klein, M. (1946). Notes on some schizoid mechanisms. In *Envy and Gratitude and Other Works, 1946-1963* (pp. 1-24). New York: Delacorte, 1975.

Klein, M. (1948). On the theory of anxiety and guilt. In *Envy and Gratitude and Other Works, 1946-1963* (pp. 25-42). New York: Delacorte, 1975.

Klein, M. (1952a). Mutual influences in the development of ego and id. In *Envy and Gratitude and Other Works, 1946-1963* (pp. 57-60). New York: Delacorte, 1975.

Klein, M. (1952b). On observing the behaviour of young infants. In *Envy and Gratitude and Other Works, 1946-1963* (pp. 94-121). New York: Delacorte, 1975.

Klein, M. (1952c). Some theoretical conclusions regarding the emotional life of the infant. In *Envy and Gratitude and Other Works, 1946-1963* (pp. 61-93). New York: Delacorte, 1975.

Klein, M. (1955). On identification. In *Envy and Gratitude and Other Works, 1946-1963* (pp. 141-175). New York: Delacorte, 1975.

Klein, M. (1957). Envy and gratitude. In *Envy and Gratitude and Other Works, 1946-1963*. New York: Delacorte, 1975.

Klein, M. (1958). On the development of mental functioning. In *Envy and Gratitude and Other Works, 1946-1963* (pp. 236-246). New York: Delacorte, 1975.

Klein, M. (1961). *Narrative of a Child Analysis*. New York: Delacorte, 1975.

Klein, M. (1963a). On the sense of loneliness. In *Envy and Gratitude and Other Works, 1946-1963* (pp. 300-313). New York: Delacorte, 1975.

Klein, M. (1963b). Some reflections on *The Oresteia*. In *Envy and Gratitude and Other Works, 1946-1963* (pp. 275-299). New York: Delacorte, 1975.

Klein, M. (1975). *Envy and Gratitude and Other Works, 1946-1963*. New York: Delacorte.

Klein, M., Heimann, P., Isaacs, S., & Riviere, J. (1952). *Developments in Psycho-Analysis*. London: Hogarth Press.

Kojeve, A. (1934-1935). *Introduction to the Reading of Hegel* (J. H. Nichols Jr., trad.). Ithaca, NY: Cornell University Press, 1969.

Lacan, J. (1949-1960). *Ecrits*. (A. Sheridan, trad.). New York: W. W. Norton, 1977.

Lacan, J. (1956a). The Freudian thing or the meaning of the return to Freud in psychoanalysis. In *Ecrits* (pp. 114-145). New York: W. W. Norton, 1977.

Lacan, J. (1956b). The function and field of speech and language in psychoanalysis. In *Ecrits* (pp. 30-113). New York: W. W. Norton, 1977.

Lacan, J. (1957). On a question preliminary to any possible treatment of psychosis. In *Ecrits* (pp. 179-225). New York: W. W. Norton, 1977.

Lacan, J. (1961). The direction of the analysis and the principles of its power. In *Ecrits* (pp. 226-280). New York: W. W. Norton, 1977.

Laing, R. D. (1959). *The Divided Self*. Baltimore, MD: Pelican, 1965.

Langs, R. (1976). *The Bipersonal Field*. New York: Jason Aronson.

Lemaire, A. (1970). *Jacques Lacan*. Boston, MA: Routledge and Kegan Paul.

Lewin, B. (1950). *The Psychoanalysis of Elation*. New York: Psychoanalytic Quarterly.

Little, M. (1958). On delusional transference (transference psychosis). *International Journal of Psycho-Analysis*, 39, 134-138.

Loewald, H. (1979). The waning of the Oedipus complex. In *Papers on Psychoanalysis* (pp. 384-404). New Haven, CT: Yale University Press, 1980.

Lorenz, K. (1937). *Studies in Animal and Human Behaviour* (Vol. 1, R. Martin, trad.). London: Methuen.

Mackay, N. (1981). Melanie Klein's metapsychology: phenomenological and mechanistic perspectives. *International Journal of Psycho-Analysis*, 62, 187-198.

Mahler, M. (1968). *On Human Symbiosis and the Vicissitudes of Individuation* (Vol. 1). New York: International Universities Press.

Malin, A., & Grotstein, J. (1966). Projective identification in the therapeutic process. *International Journal of Psycho-Analysis*, 47, 26-31.

Marty, P., & M'Uzan, M. de (1963). La pensee operatoire. *Revue Franpaise Psychoanalyse*, 27, 345-356.

McDougall, J. (1974). The Psychosoma and the Psycho-Analytic Process. *International Review of Psycho-Analysis*, 1, 437-459.

McDougall, J. (1984a). On psychosomatic vulnerability. *International Journal of Psychiatry in Medicine*, 14, 123-131.

McDougall, J. (1984b). The disaffected patient: reflections on affect pathology. *Psychoanalytic Quarterly*, 53, 386-409.

Meltzer, D. (1975). The psychology of autistic states and of post--autistic mentality. In D. Meltzer, J. Bremner, S. Hoxter, D. Weddell, & I. Wittenberg (Eds.), *Explorations in Autism* (pp. 6-29). London: Clunie Press.

Nemiah, J. (1977). Alexithymia: theoretical considerations. *Psychotherapy and Psychosomatics*, 28, 199-206.

Nichols, J. (1960). Translator's Note. In *Introduction to the Reading of Hegel*. (A. Kojeve, trad.). Ithaca, NY: Cornell University Press, 1969.

Ogden, T. (1974). A psychoanalytic psychotherapy of a patient with cerebral palsy: the relationship of aggression to self and body representations. *International Journal of Psychoanalytic Psychotherapy*, 3, 419-433.

Ogden, T. (1976). Psychological unevenness in the academically successful student. *International Journal of Psychoanalytic Psychotherapy*, 5, 437-448.

Ogden, T. (1978). A developmental view of identifications resulting from maternal impingements. *International Journal of Psychoanalytic Psychotherapy*, 7, 486-507.

Ogden, T. (1979). On projective identification. *International Journal of Psycho-Analysis*, 60, 357-373.

Ogden, T. (1980). On the nature of schizophrenic conflict. *International Journal of Psycho-Analysis*, 61, 513-533.

Ogden, T. (1981). Projective identification in psychiatric hospital treatment. *Bulletin of the Menninger Clinic*, 45, 317-333.

Ogden, T. (1982a). *Projective Identification and Psychotherapeutic Technique*. New York: Jason Aronson.

Ogden, T. (1982b). Treatment of the schizophrenic state of non-experience. In L. B. Boyer, & P. L. Giovacchini (Eds.), *Technical Factors in the Treatment of the Severely Disturbed Patient* (pp. 217-260). New York: Jason Aronson.

Ogden, T. (1985). Instinct, structure and personal meaning. *Yearbook of Psychoanalysis and Psychotherapy* (Vol. 1, pp. 327-334). Hillsdale, MI: New Concept Press.

Piaget, J. (1936). *The Origins of Intelligence in Children*. New York: International Universities Press, 1954.

Piaget, J. (1946). *Play, Dreams and Imitation in Childhood*. New York: W. W. Norton, 1962.

Piaget, J. (1954). *The Construction of Reality in the Child*. New York: Basic Books.

Pontalis, J. B. (1972). Between the dream as object and the dream-text. In *Frontiers in Psycho-Analysis* (pp. 23-55). New York: International Universities Press, 1981.

Racker, H. (1957). The meanings and uses of countertransference. *Psychoanalytic Quarterly*, 26, 303-357.

Samuels, A. (1983). The theory of archetypes in Jungian and post-Jungian analytical psychology. *International Review of Psycho-Analysis*, 10, 429-444.

Sandler, J. (1976). Dreams, unconscious fantasies and "identity of perception". *International Review of Psycho-Analysis*, 3, 33-42.

Sandler, J., & Rosenblatt, B. (1962). The concept of the representational world. *Psychoanalytic Study of the Child*, 17, 128-145.

Sander, L. (1964). Adaptive relations in early mother-child interactions. *Journal of the Academy of Child Psychiatry*, 3, 231–264.

Sander, L. (1975). Infant and caretaking environment: investigation and conceptualization of adaptive behaviour in a system of increasing complexity. In E. J. Anthony (Ed.) *Explorations in Child Psychiatry* (pp. 129-166). New York: Plenum Press.

Sartre, J. P. (1943). *Being and Nothingness*. (H. Barnes, trad.). New York: Philosophical Library.

Schafer, R. (1968). *Aspects of Internalization*. New York: International Universities Press.

Schafer, R. (1975). The psychoanalytic life history. In *Language and Insight* (pp. 3-28). New Haven, CT: Yale University Press.

Schafer, R. (1976). *A New Language for Psychoanalysis*. New Haven, CT: Yale University Press.

Schmideberg, M. (1935). Discussion, British Psychoanalytical Society, October 16, 1935. Citado por E. Glover, *Psychoanalytic Study of the Child*, 1, 75-118.

Searles, H. (1963). Transference psychosis in the psychotherapy of chronic schizophrenia. In *Collected Papers on Schizophrenia and Related Subjects* (pp. 654-716). New York: International Universities Press.

Searles, H. (1972). The function of the patient's realistic perceptions of the analyst in delusional transference. *British Journal of Medical Psychology*, 45, 1-18.

Searles, H. (1979). Jealousy involving an internal object. In J. LeBoit, & A. Capponi (Eds.), *Advances in Psychotherapy of the Borderline Patient* (pp. 347-404). New York: Jason Aronson. S

Searles, H. (1982). Some aspects of separation and loss in psychoanalytic therapy with borderline patients. In L. B. Boyer, & P. Giovacchini. (Eds.), *Technical Factors in the Treatment of the Severely Disturbed Patient* (pp. 131-160). New York: Jason Aronson.

Segal, H. (1957). Notes on symbol formation. *International Journal of Psycho-Analysis*, 38, 391-397.

Segal, H. (1964). *An Introduction to the Work of Melanie Klein*. New York: Basic Books.

Sifneos, P. (1972). *Short-Term Psychotherapy and Emotional Crisis*. Cambridge, MA: Harvard University Press.

Spitz, R. (1959). *A Genetic Field Theory of Ego Formation*. New York: International Universities Press.

Stern, D. (1977). *The First Relationship: Infant and Mother*. Cambridge, MA: Harvard University Press.

Stern, D. (1983). The early development of schemas of self, other, and "self with other." In J. Lichtenberg, & S. Kaplan (Eds.), *Reflections on Self Psychology* (pp. 49-84). Hillsdale, MI: Analytic Press.

Tinbergen, N. (1957). On anti-predator response in certain birds: a reply. *Journal of Comparative Physiologic Psychology*, 50, 412-414.

Trevarthan, C. (1979). Communication and cooperation in early infancy: a description of primary intersubjectivity. In M. Bellowa (Ed.). *Before Speech*. Cambridge: Cambridge University Press.

Tustin, F. (1972). *Autism and Childhood Psychosis*. London: Hogarth Press.

Waelder, R. (1937). The problem of the genesis of psychical conflict in early infancy. *International Journal of Psycho-Analysis*, 18, 406-473.

Winnicott, D. W. (1945). Primitive emotional development. In *Through Paediatrics to Psycho-Analysis* (pp. 145-156). New York: Basic Books, 1975.

Winnicott, D. W. (1947). Hate in the countertransference. In *Through Paediatrics to Psycho-Analysis* (pp. 194-203). New York: Basic Books, 1975.

Winnicott, D. W. (1948). Paediatrics and psychiatry. In *Through Paediatrics to Psycho-Analysis* (pp. 157-173). New York: Basic Books, 1975.

Winnicott, D. W. (1951). Transitional objects and transitional phenomena. In *Playing and Reality* (pp. 1-25). New York: Basic Books, 1971.

Winnicott, D. W. (1952). Psychoses and child care. In *Through Paediatrics to Psycho-Analysis* (pp. 219-228). New York: Basic Books, 1975.

Winnicott, D. W. (1954). Metapsychological and clinical aspects of regression within the psycho-analytical set-up. In *Through Paediatrics to Psycho-Analysis* (pp. 278-294). New York: Basic Books, 1975.

Winnicott, D. W. (1954-1955). The depressive position in normal development. In *Through Paediatrics to Psycho-Analysis* (pp. 262-277). New York: Basic Books, 1975.

Winnicott, D. W. (1956). Primary maternal preoccupation. In *Through Paediatrics to Psycho-Analysis* (pp. 300-305). New York: Basic Books, 1975.

Winnicott, D. W. (1957). "Why do babies cry?" In *The Child, The Family and the Outside World* (pp. 58-68). Baltimore, MD: Penguin Books, 1964.

Winnicott, D. W. (1958a). Psycho-analysis and the sense of guilt. In *The Maturational Processes and the Facilitating Environment* (pp. 15-28). New York: International Universities Press, 1965.

Winnicott, D. W. (1958b). The capacity to be alone. In *The Maturational Processes and the Facilitating Environment* (pp. 29-36). New York: International Universities Press, 1965.

Winnicott, D. W. (1959-1964). Classification: is there a psychoanalytical contribution to psychiatric classification? In *The Maturational Processes and the Facilitating Environment* (pp. 124-139). New York: International Universities Press, 1965.

Winnicott, D. W. (1960a). Ego distortion in terms of true and false self. In *The Maturational Processes and the Facilitating Environment* (pp. 140-152). New York: International Universities Press, 1965.

Winnicott, D. W. (1960b). The theory of the parent-infant relationship. In *The Maturational Processes and the Facilitating Environment* (pp. 37-55). New York: International Universities Press, 1965.

Winnicott, D. W. (1962a). A personal view of the Kleinian contribution. In *The Maturational Processes and the Facilitating Environment* (pp. 171-178). New York: International Universities Press, 1965.

Winnicott, D. W. (1962b). Ego integration in child development. In *The Maturational Processes and the Facilitating Environment* (pp. 56-63). New York: International Universities Press, 1965.

Winnicott, D. W. (1963). Communicating and not communicating leading to a study of certain opposites. In *The Maturational Processes and the Facilitating Environment* (pp. 179-192). New York: International Universities Press, 1965.

Winnicott, D. W. (1967a). The location of cultural experience. In *Playing and Reality* (pp. 95-103). New York: Basic Books, 1971.

Winnicott, D. W. (1967b). Mirror role of mother and family in child development. In *Playing and Reality* (pp. 111-118). New York: Basic Books, 1971.

Winnicott, D. W. (1968). The use of an object and relating through cross identifications. In *Playing and Reality* (pp. 86-94). New York: Basic Books, 1971.

Winnicott, D. W. (1971a). Creativity and its origins. In *Playing and Reality* (pp. 65-85). New York: Basic Books.

Winnicott, D. W. (1971b). Dreaming, fantasying, and living. In *Playing and Reality* (pp. 26-37). New York: Basic Books.

Winnicott, D. W. (1971c). Playing: a theoretical statement. In *Playing and Reality* (pp. 38-52). New York: Basic Books.

Winnicott, D. W. (1971d). Playing: creative activity and the search for the self. In *Playing and Reality* (pp. 53-64). New York: Basic Books.

Winnicott, D. W. (1971e). *Playing and Reality*. New York: Basic Books.

Winnicott, D. W. (1971f). The place where we live. In *Playing and Reality* (pp. 104-110). New York: Basic Books.

Zetzel, E. (1956). An approach to the relation between concept and content in psychoanalytic theory (with special reference to the work of Melanie Klein and her followers). *Psychoanalytic Study of the Child*, 11, 99-121.

# Índice remissivo

**A**
*A interpretação dos sonhos*, 132
Abraham, K., 16, 137, 143-144
 e teoria de relações objetais de objetos internos 20, 139, 141, 151, 174
ação protelada, 204
responsabilidade pela, na posição depressiva, 90
actualization (externalização) 85, 111-114, 117, 138-139
adição à mãe como objeto 136-138, 167, 177
agentes ativos 145-146, 148-149, 156, 163, 171
Als, H., 235

ambiente, o papel do, 40
ambivalência, conquista da, 95
aniquilação iminente e o rompimento da matriz, *ver também niilação,* 144, 163, 187
aspectos *ativos* da pessoa, 142
atividade de fantasiar. *Ver* atividade primitiva de fantasiar 16-18
atividade primitiva de fantasiar e a forma simbólica na 16-18
ausência 85, 117, 135, 139, 143, 148, 155, 160, 167, 169-170, 177

**B**
Balint, M., 187
bebê

capacidades mentais do, 36
matriz psicológica do, 183-185
Bettelheim, B., 172
Bibring, E., 100-101
Bick, E., 36
Bion, W. R., 12, 14, 16, 27, 36, 44-49,
    55-56, 60, 74, 110, 140 152-156,
    171
e teoria de relações objetais de
    objetos internos, 141
Borstein, M., 24
Bower, T. G. R., 37, 39, 72
sobre a descontinuidade física dos
    objetos, 72
sobre as capacidades mentais do
    bebê, 36
Bowlby, J. sobre sistemas
    comportamentais, 31
Boyer, L. B., 9, 101, 102
Brazelton, T. B., 37-38, 235
brincar, fenômeno do, 210

C
capacidades mentais do bebê, 36
Chomsky, N. e o conceito de
estrutura linguística profunda,
    14, 23, 46, 53
círculo benigno, compaixão,
    culpa e, 200-201
ciúmes, inveja e, 127
clivagem, 48, 53-58, 60-63, 65-68,
    70-73, 78, 89, 92, 98, 102-104,
    119, 139, 142-144, 146, 152, 155,
    157, 170-172, 176, 183, 193, 218,
    224-225
como descontinuidade da história,
    70-72
falha em, 61
Klein e 2-5, 7-13, 15, 17-20, 22-24,
    26-33, 35-38, 51, 53, 57, 62-63,
    68-69, 72-74, 76, 95, 98, 100-102,
    104, 107, 109, 121-122, 125-127,
    133, 140-143, 146-147, 149, 151,
    169-170, 174
"A clivagem do ego no processo
    de defesa", 143
clivagem dupla, 157, 171
compaixão, culpa e círculo
    benigno, 200
Complexo de Édipo 14, 51, 67-71,
    91-92
Klein sobre 17, 22, 31, 72, 101, 147,
    174
posição depressiva e 35, 51-52, 56,
    60-61, 65-67, 72, 82, 93, 146
comportamentais, sistemas, 31
comportamento, padrões de, 31-32
composto, mãe-bebê como, 177
comunicação direta, 233-234, 243
conhecimento, herança de, 25
concepção de Freud de, Consciente
    2-4, 28, 35, 39, 43, 46, 51, 65, 85,
    99, 103, 105-106, 108-109, 115

contratransferência 46, 87, 91, 98,
　111-112, 122
transferência a nível edípico e, 126
transferência e, e relações objetais
　internas 5-6, 97-98, 101-102,
　104-105, 111, 116, 121-123
corolários mentais, 20
criação do seio 178
da distância reflexiva, 135
da história, 87
da realidade psíquica 86, 174

**D**

defesa 11, 19, 24, 28-29, 33, 35, 38, 42,
　44, 46, 56, 62-64, 67, 70, 72, 76,
　81, 95, 100, 130, 132, 140, 159,
　162, 164-165, 167, 170, 179, 182
contra a fantasia, a realidade
　como 162, 164-165
e individualidade, instinto 130
defesa maníaca 56, 62-64, 81
de Saussure, F., 23
descoberta da externalidade 141, 146
a sobrevivência do objeto e a 141, 145
de estar separado 130, 138-139, 143,
　147, 151, 159, 174
traumática e não-traumática 138
descontinuidade da história 45
a clivagem como 33, 35, 42, 45
desenvolvimento da subjetividade 54
desmame, 185, 191, 194, 203
diálogo psicanalítico 1-3, 6, 73, 125, 141

dissociação de realidade e fantasia 166
distância reflexiva, criação de 93
dualidade, 44, 134, 215-216, 229

**E**

ego 5, 12, 24, 29, 35, 37, 43, 52, 60,
　62, 73, 95, 97-105, 108-112,
　114-123, 131-132, 150, 162, 166
suborganizações do 104, 111, 122
Eimas, P., 24, 37
elementos alfa, 55
elementos beta, 55, 74
Eliade, M., 102
empatia e identificação projetiva, 271
equação simbólica, 32, 36, 70, 111,
　220, 229
Erikson, E., 204
escudo protetor, 184
Espaço analítico 90, 138, 153, 175,
　178-180, 182-184
onírico, 237-238
potencial. Ver Espaço potencial 5,
　26, 28, 73-74, 135, 139, 153-155,
　157, 159-161, 163, 168, 170,
　173-176, 178, 181
Espaço potencial
e o processo dialético 154, 157, 162
psicopatologia do, 217
estado do ser 52, 58, 70, 74, 84, 88, 92, 112
estágios primitivos de integração, 68
estar separado, descoberta traumática
　e não-traumática 138

estratificação, 205
estrutura(s), dinâmica 104-106, 109-111
  psicológica profunda 6-7, 10-11, 16,
    27, 32, 141-142
"Eu-dade" 19, 35, 47-48, 54, 87,
    157-158
experiência pré-subjetiva, 57
externalidade, descoberta da 141, 146
sobrevivência do objeto e 141, 145

**F**
Fain, M., 188
Fairbairn, W. R. D., 12, 14, 16, 20, 63,
    110, 140, 143-144, 146-152,
    155-157, 162-163, 170, 172
e resistência 115-117, 119
Falso *Self* 106, 132
fantasia. *Ver também* Dissociação de
    realidade e fantasia 166
realidade como defesa contra 164
realidade subordinada pela fantasia 162
fantasia, o conceito de Klein de, 32
fantasias primais, 29
Fenômenos transicionais, período
    dos 127, 133
"Fetichismo", 143, 225
forma padrão, 47
Freud, A. 78, 173, 204
Freud, S. 4-5, 8-9, 13-15, 29, 51, 60, 67-68,
    76, 87, 95, 98-104, 108, 110-111, 116,
    121, 131, 133, 149, 157-158, 166, 177
e satisfação alucinatória dos desejos 149

e "conhecimento herdado" 13

**G**
Glover, E., 78, 101, 174
Green, A., 226
Greenberg, J., 28
Grotstein, J., 9, 25, 37, 41, 48, 53, 56,
    154, 196, 205, 216, 226, 235, 239
modelo de duas vias, 154
Guntrip, H., 20

**H**
Habermas, J., 106
Hartmann, H., 140
Hegel, G. W. F., 75, 212
Heimann, P., 37
herança do conhecimento, concepção
    de Freud de, 30
Herança filogenética. *Ver também*
    Conhecimento 3, 9-10, 14, 16, 27, 69
história
criação da, 87
clivagem como descontinuidade da, 70
*holding*, 52, 181-182, 184-185, 188,
    192, 194, 203, 205-206

**I**
identificação
complementar, 158
concordante, 159
primária, objeto de fundo da, 205
primária, objeto de fundo da, 205

projetiva 24-29, 32, 34-35, 37-38,
 47-48, 52-53, 56, 58, 62, 64, 72,
 78-79, 95, 98, 107, 111-112, 114,
 122, 127, 137, 142-143, 164,
 170-171, 173, 175, 179-180
empatia e, 271
e, e relações objetais internas 5-6,
 97-98, 101-102, 104-105, 111,
 116, 121, 123
transferência, contratransferência
 111, 122
Ilusão 26, 28, 54, 63, 82, 108, 129,
 133, 144-145, 147, 155, 158-159,
 164, 174, 178-180
Impedimento, de realidade e
 fantasia 167
Impedimentos 168
Inconsciente 2-5, 13, 18, 25, 28-29,
 35, 39, 43, 49, 51, 57, 61, 63, 67,
 69-70, 72, 79, 82, 85-86, 91,
 97-103, 105-109, 111-112,
 114-115, 117, 119, 122, 131-132,
 144, 146-148, 151, 157-158, 166,
 171, 174, 177-178
Instinto
concepção de Klein de, Integração 53,
 73, 109
defesa e individualidade 130
estágios primitivos de 43
falha de 42
Internalização 37, 72, 97, 110-111,
 134-135, 141-142, 148, 151

Inveja e ciúmes, 85
Isaacs, S., 20-22, 25, 30, 32-33, 37, 146
"isso-dade", 52

**J**
Jacobson, E., 140, 206
Jakobson, R., 23
Jung, C. G., 25

**K**
Kernberg, O., 110
Khan, M. M. R., 205, 218
Klein, M. 2-5, 7-13, 15, 17-20, 22-24,
 26-33, 35-38, 51, 53, 57, 62-63,
 68-69, 72-74, 76, 95, 98, 100-102,
 104, 107, 109, 121-122, 126-127,
 133, 140-143, 146-147, 149, 151,
 169-170, 174
e a culpa do bebê, 102
e a forma simbólica da atividade
 primitiva de fantasiar 16-17
e a matriz da vida psicológica do
 bebê 140
e a posição esquizoparanoide 4, 7,
 31-32, 35, 38, 47, 51, 57, 75,
 122, 170
e a teoria de relações objetais de
 objetos internos 8, 97-98, 101-102
e clivagem 32-33, 60, 101, 121, 127
e fantasia 3, 7-8, 11-12, 17-22, 27-28,
 31, 35, 37-38, 63, 69, 101-102,
 127, 146, 151, 170

e o ambiente 22-23, 26, 28
e o desenvolvimento 5, 7-8, 12, 17, 26-33, 68-69, 73-74, 109, 121, 126-127, 133, 146, 149, 169-170
e o relacionamento mãe-bebê 126, 170
e o status teórico dos objetos internos 104, 107, 109
e os instintos 8, 12-13, 15, 23-24, 31-32, 140-141
e relações com objetos inteiros 72, 90, 148
estrutura psicológica profunda e 6-7, 10-11, 27, 32, 141-142
preconcepção e a realização e 12
sobre o Complexo de Édipo 68-69
sobre os sentimentos do bebê 53
Kojève, A., 87, 107, 212

**L**
Lacan, J. 44, 75, 131, 205, 235
Laing, R. D., 226
Langs, R., 56
Lemaire, A., 131
Levi-Strauss, C., 23
Lewin, B., 205
Little, M., 97, 220
Loewald, H., 102-103, 244
Lorenz, K., 25, 54
"Luto e Melancolia", 141

**M**
MacKay, N., 145
mãe ausente, presença da, 185-186, 203
mãe "suficientemente boa" 103, 105, 169
como objeto, adição à 136
Mahler, M., 191, 206
Malin, A., 56
manejo do perigo, na posição depressiva 56
Marty, P., 242
Matriz derivação da 6, 73, 125, 133-136, 138, 140-141, 147-148, 150
rompimento da, aniquilação 135, 140
iminente e psicológica, do bebê 101, 115, 135
matriz psicológica, do bebê 133-134, 136, 138, 148, 150
McDougall, J., 110-112, 188, 225, 242
Meltzer, D., 36, 225
metabolização, 44
mitchell, S., 28
Morte-em-vida, 226
mundo interno, 41, 43-44, 142-143, 147, 163, 209
M'Uzan, M. de, 242

**N**
não experiência, 111, 225-226, 234
não-ser 167, 170
narcisismo absoluto, 49
nascimento do sujeito histórico, 77
Nemiah, J., 111
Nichols, J., 107
niilação,. *Ver também* Aniquilação 55-56, 70

## O

objetificação, 186
objeto bizarro, 153, 155
objeto de fundo da identificação primária, 205
bizarro 108-110, 121
mãe como, adição à 136, 139, 141
self como 31, 56, 62, 76
sobrevivência do, e descoberta da externalidade 141, 145
subjetivo, período do 126, 129, 133, 144-145, 147, 154, 174
objeto subjetivo, 175, 129, 133, 144-145, 147, 154, 174
período do, 175
Ogden, T., 25, 43, 47, 55-56, 111, 151-153, 157, 161-162, 218, 225-226, 230-231, 243
sobre a não experiência, 111, 225-226, 234
e a identificação projetiva 25, 111
"O Outro", 44, 205

## P

padrões de comportamento, 31-32
pensamento-fantasioso, 146
perigo, manejo do, na posição depressiva 29, 33, 47, 56
Pontalis, J. B., 244, 249
posição depressiva e o nascimento do sujeito histórico 51
perigo na, manejo do 56
incursão à, 120
e o Complexo de Édipo 67
posição esquizoparanoide e 4, 32, 52-53, 57, 67, 75, 84, 170
entre 75
responsabilidade pela ação na 61
transferência na 66
transição para 52
posição histórica, 89
posição paranoide, 172
Posição esquizoparanoide 4, 17, 29, 31-32, 34-36, 38, 45-48, 51-57, 59-62, 65-67, 72, 75-77, 82, 87, 90, 92, 95, 122, 170
regressão aguda à 77
e a posição depressiva, entre 75
Klein e, transferência na 66
preconcepção, 17, 25, 27, 30
Preocupação materna primária 26, 128-129
Presença da mãe ausente 134-135, 148
Preservação defensiva do *self* 132
processo continente, 79
processo dialético, o espaço potencial e o, 208
psicopatologia do espaço potencial, 217
psicose vazia, 225-226

## R

Racker, H., 158-159
realidade como defesa contra a fantasia 164

realidade psíquica, criação da 53, 62,
  86, 119, 141, 146-147, 154,
  170-171, 174, 182
realização, preconcepção e 12-13
recipiente 107, 112
regressão aguda à posição
  esquizoparanoide, 112
relacionamentos, objetos parciais 37,
  43, 70
relações objetais clivadas, 58
relações objetais internas 5-6, 97-98,
  101-102, 104-105, 111, 116, 121, 123
clivadas 36
relações objetais internas 5-6, 97-98,
  101-102, 104-105, 111, 116, 121, 123
resistência 60, 84-86, 98, 110,
  115-117, 120-122, 184
responsabilidade pela ação, na
  posição depressiva 61
Rivière, J., 37, 173
rompimento da matriz 135, 140
Rosenblatt, B., 140
Rosenfeld, H., 37
aniquilação iminente e 101, 115, 135

S
Samuels, A., 25
Sander, L., 37, 235
Sandler, J., 40, 239
Sartre, J. P., 74, 249
Schafer, R., 90-91, 247
Schmideberg, M., 174

Scott, W. C. sobre a atividade
  primitiva de fantasiar, 33
Searles, H., 88, 97, 112, 170, 220
Segal, H., 36, 42, 70, 80, 92, 146, 220, 222
sobre a experiência do bebê 18-19, 24,
  142, 145, 147-148
seio, criação do, 178-179
*self* Verdadeiro 105-106, 132
self. *Ver também* Falso *Self*; *Self*
Verdadeiro 5, 19-20, 30-31, 34-38, 43,
  45-48, 52-54, 56, 59-62, 76, 95,
  97-98, 101, 105-107, 109-122,
  126, 130, 132, 139, 143, 155, 160,
  163, 168, 174-177, 180
preservação defensiva do 132
como objeto 31, 56, 62, 76
ser, estado do 56, 59, 62, 77
ser-em-si, 174, 249
ser-para-si, 249
sexuais 13-14, 28, 68-72, 76, 78,
  88-89, 93, 100, 149, 183
Sifneos, P., 111
significados 2-4, 10, 12-14, 16, 23, 29,
  34-35, 38, 44, 47, 62-63, 67-68,
  70, 73, 76, 84, 91, 93, 106, 110,
  122, 140, 155-158, 160-163,
  166-169, 171, 175-178, 180-184
Significados sexuais 13-14
Simbolização, modo de, grau de
  subjetividade e, na atividade
  primitiva de fantasiar 17-18, 38,
  45, 76, 153, 161, 169-170, 174

sobre ser-em-si 48, 184
símbolo, simbolizado, e subjetividade 168
sobrevivência, do objeto, e a
　descoberta da externalidade 141
Sociedade Psicanalítica Britânica, 173
sonhar 17, 238-240
Spitz, R., 78
*status* unitário, 194
Stern, D., 24, 37-38, 179, 235
sobre as capacidades mentais do bebê, 36
subjetividade grau de, e a forma de
　simbolização na atividade
　primitiva de fantasiar 12, 17-18
posição depressiva e o, Sujeito
　histórico, nascimento do 51

**T**
tela de sonho, 205
Tinbergen, N., 25, 54
trauma cumulativo, 218
"Tlon, Uqbar, Orbis, Tertius", 173
transferência e contratransferência,
　a nível edípico 87
e relações objetais internas 5-6, 97-98,
　101-102, 104-105, 111, 116, 121, 123
Trevarthan, C., 37
trindade, 216-217, 227-229, 234
Tustin, F., 36

**U**
unicidade invisível, 129-130, 133, 139,
　159-160, 169, 173-174

unidade mãe-bebê 25, 28, 128-129,
　158-161, 169, 173-174

**W**
Waelder, R., 101
Winnicott, D. W., *Ver também* Bebê;
　2-3, 5, 26, 28, 30, 32, 40, 51,
　73-74, 76, 95, 98, 103, 105-107,
　109, 125-135, 139-141, 143-147,
　150-151, 153-155, 158-161,
　168-170, 173-174, 176, 179
e a teoria de relações objetais de
　objetos internos 99
e o espaço onírico 175
e o período do objeto subjetivo 126
e o período dos fenômenos
　transicionais 133
e objetos internos 98, 106, 109, 141,
　143, 147, 151
linguagem de, sobre o espaço
　potencial 153-154
matriz; mãe e o desenvolvimento 125
sobre a satisfação das necessidades
　do bebê 130, 134, 158
sobre o brincar 135, 139, 148, 150,
　153-155, 164-165, 170-171,
　173-175, 178-181, 183

**Z**
Zetzel, E., 101

**GRÁFICA PAYM**
Tel. [11] 4392-3344
paym@graficapaym.com.br